"十二五"职业教育国家规划教材
经全国职业教育教材审定委员会审定

种子法规与实务

ZHONGZI
FAGUI YU SHIWU

第二版

梅四卫　弓利英　主编

化学工业出版社
·北京·

本教材以《中华人民共和国种子法》为主线，其他相关法律法规为引导，贯穿于种子生产的全过程，以案说法具体讲解相关法律法规。全书分为：项目一种子法规与实务基础知识、项目二种子行政法与行政管理、项目三农作物种质资源、项目四植物新品种保护与审定、项目五种子生产经营许可管理、项目六农作物种子质量控制、项目七种子包装与标签管理、项目八种子使用、附录一种子法规、附录二以案说法共十部分内容，设计为十七个工作任务，每个任务分为任务描述、任务目标、任务实施、任务考核、相关理论知识、课后训练六部分内容，结构简洁、内容简练。本书配有电子课件，可从 www.cipedu.com.cn 下载使用。

本书适合作为种子生产与经营专业和农业种植类相关专业教材，也可供广大种子经营者和农民朋友参考。

图书在版编目（CIP）数据

种子法规与实务/梅四卫，弓利英主编．—2 版．—北京：化学工业出版社，2018.7

“十二五”职业教育国家规划教材

ISBN 978-7-122-31756-8

Ⅰ.①种… Ⅱ.①梅… ②弓… Ⅲ.①种子-农业法-中国-高等职业教育-教材 Ⅳ.①D922.4

中国版本图书馆 CIP 数据核字（2018）第 051111 号

责任编辑：李植峰　迟　蕾　　　文字编辑：姚凤娟

责任校对：王　静　　　装帧设计：刘丽华

出版发行：化学工业出版社（北京市东城区青年湖南街 13 号　邮政编码 100011）

印　　刷：北京京华铭诚工贸有限公司

装　　订：三河市畋发装订厂

787mm×1092mm　1/16　印张 11¾　字数 290 千字　　2018 年 7 月北京第 2 版第 1 次印刷

购书咨询：010-64518888（传真：010-64519686）　售后服务：010-64518899

网　　址：http://www.cip.com.cn

凡购买本书，如有缺损质量问题，本社销售中心负责调换。

定　　价：32.00 元

《种子法规与实务》（第二版）编写人员

主　　编　梅四卫　弓利英

副 主 编　张学林　杨庆仁

编写人员　（按姓名汉语拼音排列）

陈文丽　（信阳农林学院）

崔保伟　（商丘职业技术学院）

弓利英　（河南农业职业学院）

黄修梅　（内蒙古农业大学职业技术学院）

姜明辉　（广东君孺律师事务所）

李学慧　（河南农业职业学院）

梅四卫　（河南农业职业学院）

杨　庆　（黑龙江省农业科学研究院）

杨庆仁　（内蒙古农业大学职业技术学院）

张学林　（河南农业大学）

朱涵珍　（河南农业职业学院）

本教材是由种子生产与经营专业教师与数家共建种子行业和企业专家为全面落实教育部全面提高高等职业教育教学质量的有关文件精神，强化工学结合，突出实践能力培养，改革人才培养模式而编写的。教材适应我国高职教育“以能力培养为主线”的要求，依据种子企业生产管理的法律法规需求，精选素材，对课程内容进行了精心设计。

种子法规与实务课程是种子专业教学过程中必不可少的重要环节，也是实现高职教育培养和提高教学质量的主要手段。本教材以专业能力为培养中心，将种子生产相关的法律法规有机地结合在一起，结合理论教学，以技能为核心，以案例为主线，独立安排教学内容，自成体系，可有效引导学生将来在种子行业工作中掌握相关的法律法规要点，既能独立应用，又可逐项实施，把法律法规应用于种子生产管理的实践当中，为学生就业与创业保驾护航。

本教材以《中华人民共和国种子法》(本书中简称《种子法》) 为主线，其他相关法律法规为引导，贯穿于种子生产的全过程，以案说法具体讲解相关法律法规。全书分为: 项目一种子法规与实务基础知识、项目二种子行政法与行政管理、项目三农作物种质资源、项目四植物新品种保护与审定、项目五种子生产经营许可管理、项目六农作物种子质量控制、项目七种子包装与标签管理、项目八种子使用、附录一种子法规、附录二以案说法共十部分内容，设计为十七个工作任务，每个任务分为任务描述、任务目标、任务实施、任务考核、相关理论知识、课后训练六部分内容，结构简洁、内容简练。

由于编者业务水平有限，不当与疏漏之处在所难免，敬请读者斧正。

编者

2018 年 1月

目录
CONTENTS

◎ 项目五　种子生产经营许可管理

◎ 项目六　农作物种子质量控制

项目一 种子法规与实务基础知识

种子不仅是农业生产的最基本生产资料也是农业再生产的基本保证和农业生产不断发展的重要条件。《种子法》的实施，对于保护和合理利用种质资源，规范品种选用和种子生产、经营、使用行为，维护品种选育者和种子生产者、经营者、使用者的合法权益，提高种子质量，推动种子产业化水平，促进农业发展具有重要意义。加快种子产业法制化建设进程有利于增强种子行业从业者的法律意识，规范种子行业从业者行为，净化种子产业领地，保护种子产业市场秩序，引领种子企业正确导向，促进种子产业健康持续发展。

任务 熟悉种子法规与实务基础知识

一、任务描述

通过对种子、品种含义对比，发现种子商品特性和特殊作用，探索我国种子产业发展历程，分析我国种子产业法制建设过程，推动我国种子产业科学化、法制化、规范化发展。

二、任务目标

掌握种子、品种含义，对种子的商品特性和独特特性有所认识，熟悉我国种子产业发展历史、现状和法制建设历程。

三、任务实施

1. 实施条件

种子法、农业生产相关法律法规、国审品种、省审品种。

2. 实施过程

① 种子与品种的异同。
② 种子商品特性及作用。
③ 我国种子产业发展历史。
④ 我国种子产业发展现状。
⑤ 我国种子产业法制建设历程。

四、任务考核

项目	重点考核内容	考核标准	分数总计
种子法规与实务基础知识	种子、品种	两者的含义、种子特性及作用	20
	我国种子产业发展历程	种子产业历史现状及未来发展趋势	30
	种子产业法制建设	种子产业法制化建设进程亟待修订完善及制订的法律法规	50
分数合计			100

五、相关理论知识

种子是农业生产中基本的、不可替代的、特殊的生产资料，同时又是最重要的农业生产技术，是“科学技术是第一生产力”的具体体现，是农业发展的基础。良种的选育与推广是农业生产技术进步过程中投资少、见效快的重要措施。然而，由于农民对良种的采用需要经过一系列环节，每个环节都会涉及一系列技术问题，任何环节出现问题，都可能引起农业生产的减产甚至绝收，对农民造成直接损失。因此，对良种从生产到农民采用过程中各个技术环节的管理与控制，成为一些国际组织及各国政府与农业科技人员普遍关注的问题，也是我国种子领域现存和亟待解决的问题，作为未来种子工作人员的种子专业的学生应该对此有所认识并有所突破。

种子不仅是农业生产的一种最基本生产资料，而且是农业再生产的基本保证和农业生产与进步的重要条件。从种子播种开始，标志着农业生产进入一个新的起点，多数农业生产成果的大小还取决于最终产品——种子，即产量的高低；而下一个起点的再现还必须通过贮藏的种子作保障。因此，种子不仅是农业生产的起点、终点，而且通过种子的贮藏与更新，可以实现农业生产的技术持续进步。

（一）种子的独特作用

1. 种子是基本的农业生产投入

农业增产虽是综合因素作用的结果，但种子是内因，各种增产措施只能通过良种才能得以发挥，一切增产技术措施和高产指标的提出和实现，都依赖于良种本身所具有的潜力，因此种子是其他各项技术的载体，是最基本的和最重要的农业生产资料，所以，在农业生产中占据主要地位。农业生产是在一定的时间与空间条件下进行的，而种子是维持和分配该特定时间与空间的最基本单位。通过种子的选择可以保证在特定的季节种植特定的作物；同时，通过播种时间与播种量的控制，可以使作物在最适宜的时间和最适宜的密度下进行生产。

2. 种子是变异的载体

不同作物品种的种子所携带的遗传基因不同，随着种子的改变，作物的性状与产量发生变化。在现代遗传学产生之前，这种改变虽然也经常发生，但非常缓慢、即随着生产的发展与社会的进步，农作物在不断地发生着适应新的生态环境与社会需求的进化，这种进化作用通过种子加以保留并遗传给下一代。在现代遗传学产生之后，现代育种学的方法大大加速了这种进化进程，而种子则是把这种进化由科学家试验田转移到农民大田的唯一载体。

3. 种子的物理与生理特性可以改变

携带特殊遗传基因的种子，在没有进行加工之前，由于在颜色、大小、纯度、发芽率、种子活力等物理与生理特性方面存在着差异，使其生产潜力的发挥受到影响，而通过人工的或机械的加工与处理，可以使种子的物理与生理特性得以改善，使种子的生产潜力得以最大限度地发挥。

4. 种子是一项农业生产技术

具有良好的生物特性的作物性状可以通过种子加以传递与传播，现代优良品种的种子在不同的生态类型区具有不同的增产潜力，通过对不同良种种子的选择与采用，可以实现农业生产的增产与增收，因此，种子是一项农业生产技术。同时，经过改良的携带较高产量与其他优良性状基因的种子可以有效地增加对农业生产的投入，提高农业生产的效率，使现代科技进步的成果得以体现。

（二）种子是特殊的商品

种子是一种特殊的商品，其固有特点及在农业生产发展中的独特作用决定了种子的商品性。在自给自足的小农经济条件下，种子往往不是以商品形式存在的。以满足自己生存为目的的农民，多以自己留种或者以粮换种来从事农业生产，所采用种子的交易范围与区域很小。随着商品经济的发展，当地或本地区原有的种子已不能满足生产发展的需要，生产上迫切需要一些高产、稳产、抗御各种自然灾害的品种，而这些品种的种子当地没有或者较少，需要从其他地区或种子科研与生产单位引种或调种。引种或调种者成了种子交易的中间人，使种子发展成为商品。

种子商品不同于一般的商品。由于种子具有生命力，具有自我繁殖能力，所以在种子经营过程中首先必须确保其生物活力不受损害，遗传特性不受影响，发芽率、纯度等物理特性不会改变，这就要求种子生产与经营者具有一定的生产经营条件和能力，保证为农业生产所提供种子的生产潜力不受影响。

由于种子是农业生产上的基本生产资料，其对农业生产的作用不可替代。同时，由于农业生产上种子的单位用量小，繁殖系数较高，同一作物不同品种间的外观性状差异较小，一般消费者很难对其质量、品质加以区分，这就决定了种子商品的防伪性不强，伪劣种子的生产影响较大，负乘数效应较强。一旦有伪劣种子流入市场，会给农业生产造成较大损失，形成各种各样的“种子事故”。我国每年都有发生种子事故的报道。

种子的生产周期较长，形成商品的周期易受自然、生态环境等的影响，如果在生产的某一季节遭受自然灾害，种子的生产量将减少，质量将下降，农业生产对种子的需求将得不到满足；另一方面，由于良种存在着较强的区域适应性，当种子生产量过多，往往形成积压，这时，不仅会导致大量的资金占用，而且由于积压种子的转商，给种子经营者造成经营性亏损。

种子不仅是优良生物性状与经济性状的携带者，具有使农业生产获得高产、稳产、优质的生产潜力；同时，种子也是多种病虫害的携带者与寄主，是病虫害的传播者与传播源。在农业生产上使用携带病虫害的种子不仅会给使用者的生产造成影响，而且也会传播所携带的病虫给使用者所在地区，使所在地成为所传播病虫的新疫区，造成病虫害的大流行和农业生产的大灾害，因此，种子商品的调运与经营必须经过检疫。

农民不仅是种子商品的生产者，同时也是种子商品的消费者。联结种子生产者与消费者的种子公司，作为中介人，在其经营活动中不仅要保证种子生产者生产量足质优的种子，保证当地农业生产需要的种子，同时还需保证所生产的种子符合当地的生态环境条件与经济发展水平，杜绝病虫害的传播与种子事故的发生。因此，种子经营者必须具备种子生产、经营与检疫能力。所有这些特性均表明了种子不仅是商品而且是特殊商品。

（三）种子和品种

1. 种子

种子在植物学、农业和法律上的含意是不同的。植物学上的种子指植物在有性世代中所形成的雌雄性配子相结合以后，由受精胚珠发育而成的真种子，由种皮和胚珠构成，如豆科、瓜类、十字花科、茄科的种子等。农业上的种子指可作为播种和繁殖的材料，不仅包括植物学上的种子，而且包括一些作为无性繁殖材料的营养器官及用组织培养技术等方法培育出来的人工种子。《中华人民共和国种子法》（以下简称《种子法》）第二条中指出：种子是指农作物和林木的种植材料或者繁殖材料，包括籽粒、果实和根、茎、苗、芽、叶、花等。农作物种子具体讲包括粮、棉、油、麻、茶、糖、菜、烟、果、药、花卉、牧草、绿肥及其他种用籽粒、果实和根、茎、苗、芽、叶、花等的繁殖材料。可见法律上的概念十分广泛。但是被列入《种子法》所调整的只是商品种子，是指用来作为商品与他人发生社会关系的自用种子；不是作为商品种子出售而是作为商品粮食、饲料等出售，但购买者自愿作为种子使用的，则不受《种子法》所调整。

各国种子法都明确规定，种子是指有性生殖和无性生殖的供种物质。对于种子法所调整的作物种类，德国、法国、肯尼亚、罗马尼亚、突尼斯、匈牙利等国家规定包括所有可供耕种的植物；加拿大、智利、赞比亚则规定不包括花卉、树木、果树；也有国家将农作物的种子和林木种苗分别立法，如日本。

《种子法》第九十三条规定："草种、食用菌菌种的种质资源管理和选育、生产、经营、使用、管理等活动，参照本法执行。"这一条规定可以作为草种、食用菌菌种种质资源管理和选育、生产、经营、使用、管理等活动的依据，即对草种、食用菌菌种可以参照《种子法》规定实行生产、经营许可制度，进行市场监管并对违法行为给予处罚。

2. 品种

作物品种是人类在一定的生态条件和经济条件下，根据社会生活的需要所选育的某种作物的某种群体；这种群体具有相对稳定的遗传特性，在生物学、形态学及经济性状上的相对一致性，而与同一作物的其他群体在特征、特性上有所区别；这种群体在相应地区和耕作条件下种植，在产量、品质、生育期、抗性等方面都能符合人类的需要，并能用普通的繁殖方法保持其恒定性。

品种是人类进行植物育种的结果。作物品种起源于野生植物。人类为了满足自己的需要，经过长期的选择和培育，使野生植物的遗传性向着人类需要的方向发展而成为各种作物品种。品种就植物自身而言是一个"畸形"发展的群体，其性状对人类有利，但对植物本身不一定是有利的，有些甚至是有害的。品种的个体发育和繁衍高度依赖于人类的保护。

品种具有鲜明的时空性。任何品种在生产上被利用的年限都是有限的，随着社会对农产品的需求、农业生产的自然条件、经济条件、耕作条件的改变，由于原有的品种不能适应，就必须不断地培育新品种进行品种更换。农业生产具有明显的区域性，不同地区的生态环境不同，与此相适应的品种生态类型也不同。诚然，不同的作物品种的适应性阈值可以不同，但没有一个作物品种能适应所有地区和一切栽培方法。离开了具体的空间和时间，离开了具体的条件发布所谓的"优良品种"信息，无助于人们对品种的利用。

品种具有相对一致的性状。在一般情况下，品种性状的一致性水平是指群体具有不妨碍使用的整齐程度。人们对作物品种在各种性状上一致性的要求程度依不同作物、不同性状和不同使用的目的而不同。随着商品经济的发展，农产品商品率愈高的地区对品种这方面的要求愈强烈。

作物品种可以用普通的繁殖方法保持其原有的状态和使用价值。所谓普通的繁殖方法核心是经济地、大量地、迅速地繁殖品种的高质量的种子。它与科学技术发展水平相一致，既包括利用土地的直接种植繁殖——常规品种的有性繁殖、无性繁殖；作物品种的无性繁殖和利用土地的间接种植繁殖——不稳定杂种优势（F_1）的亲本繁殖和杂交制种，也包括利用室内微繁产生克隆种苗技术和工厂化生产人工种子技术。

（四）中国种业的发展历程

自从有了作物栽培，就有了选种留种技术。甲骨文所记载的作物种类，如禾、黍、麦等不经选种是不能栽培的，不经留种是无法继续生产的。诗经里也有许多作物品种的记载。不言而喻选种留种的粗浅道理和它的技术措施一样，也早为劳动祖先所了解，但直到西汉时期，在《氾胜之书》中才详尽说明了选种留种的原理和技术。

中国种子事业发源于19世纪末期，罗振玉（1900）著《农事私议》中有一章“郡、县设售种所议”，建议从欧美引进玉米良种，并设立种子田“俾得繁殖，免远求之劳，而收倍蓰之利”。

新中国成立前国民党政府虽设有中央农业推广委员会、中央农业实验所，各省有农业改进所，各地有农事试验场，但由于历史原因，只有少数农事试验场和农业推广站从事主要作物引种示范推广，使得农家品种和少数育成品种、引进品种未能有计划地进行繁育和推广，良种面积只有1000多万亩，基本上无成型的种子生产和销售体系。

新中国成立以后，中国种业由解放初期的起步阶段到目前建立起比较发达的种子生产与供应体系，大致经历了5个阶段。

1. 自力更生、发动群众选种留种阶段（1949～1957）

国民经济恢复时期（1950～1952），基于旧中国落后的农业技术和几乎所有的农作物品种都为农家品种这一现实，1950年2月，农业部召开华北农业技术会议，制定了《粮食作物五年良种普及及计划实施方案》（1951年12月农业部正式发布时改为《粮食作物良种普及和实施方案》），要求广泛开展群众性的群选群育运动，对优良农家品种和科研部门育成的新品种就地繁育、就地推广。同年8月，农业部又召开了种子工作会议，总结了上半年良种普及工作，根据解放初期生产体制和生产水平制订了“家家种田，户户留种”的选种和繁育方针。根据《方案》的要求，一些省在接收旧中国原有农业试验场、果园苗圃的基础上，分别建立了省、专区、县农场，又利用土地改革中保留的公用耕地和垦荒地陆续建设了一批专区、县农场。这些农场日后成为良种示范和繁殖推广的主要依托。全国各级农业部门相继成立了种子机构，实行行政、技术两位一体的种子指导与推广体制。当时农业部粮食生产司设有种子处，省（区、直辖市）农业行政部门也分别设置种子管理单位，华东地区还建有经营业务的种子公司，一些专区、县在农业行政部门设立种子站，或在农业技术推广站内设种子组，组织群众评选良种，以粮换种；地方粮食、油脂部门负责粮油作物良种的收购、保管、调运、供应等业务。1952年良种推广面积达1.2亿亩。

“一五”计划时期（1953～1957），在组织群众评选推广农家品种的基础上，随着农业合作化的发展和农业科研、技术推广工作的调整，品种选育、种子生产和良种推广开始向体系建设发展。1956年中央农业部制定《关于良种繁育、区域试验及建立繁殖推广制度等工作规划的试行方案》并设立了种子管理局，各级地方农业部门也建立相应的种子管理机构、承担育种的科研所、试验站、承担种子繁育原种场、良种场、特约良种繁殖区，农业社开始建立种子田。初步形成农业科学研究所、试验站→专区、县示范繁殖农场、良种繁殖场、国营农场→农业社种子田或良种繁殖区→大田生产，这样的良种繁殖推广网促进了良种的迅速普及和提高。1957年全国良种覆盖率已超过51%，良种推广面积达到12.2亿亩。一些早期育成和引进品种也得到迅速推广。

纵观这一历史阶段，群选群育是其基本特征，但这种方式，仅仅适用于农业生产水平很低的状况，由于户户留种，邻里串种，很易造成种粮不分，以粮代种，难以大幅度提高单位面积产量。

2. “四自一辅”阶段（1958～1977）

1958年2月国务院五办、七办批转了粮食部、农业部《关于成立种子机构的意见的报告》，同意种子经营业务由粮食部门正式移交农业部门，指示“种子的经营机构应当及时地建立起来”，建立行政、技术、经营三者统一（即三位一体）的管理种子的工作体系。

1958年4月农业部在北京召开第三次全国种子工作会议，提出当前种子工作的方针应该是“主要依靠农业社自繁、自选、自留、自用，辅之以必要的调剂”（四自一辅）。这个方针符合当时中国农业生产的主体，是人民公社的集体经济以及中国农民有选种留种传统习惯的实际，较好地发挥了国家和集体两个积极性，国家集中力量繁殖新品种或更新原种支援集体，集体则主要靠自力更生解决生产用种。

在这一方针的指导下，全国各地普遍以县为单位成立了行政、技术、经营三位一体的种子公司（站），直接管理品种审定、种子生产和经营推广；并建立了以县良种场（即原有的示范繁殖农场）为核心，公社良种场或生产大队为桥梁，生产队种子田为基础的三级良种繁育体系；棉产区还建立了良棉轧花厂和良棉繁殖区。

1962年11月，中共中央、国务院发出《关于加强种子工作的决定》，其中再次强调了种子站集行政、技术与经营三位一体的种子工作体制，明确指出：“种子站是良种的经营单位，示范繁殖农场生产的种子和从外地引进的种子，由种子站经营。种子站又是全县种子工作的管理机关，通过技术服务站，在技术上指导和帮助生产队选种留种，保管种子，以及在播种前进行种子的消毒处理等”。由于这种体制明确了种子站对生产队选种、留种的技术指导地位，以及辅之以调剂短缺种子的种子经营作用，使农民所采用的种子既保证了较高的种子质量，又不增加成本，同时还可以及时得到最新的品种。但这时的种子经营主要还是“以粮（油）换种，等量交换，分别作价，差额付款”的方法，种子商品化程度不高。

“文化大革命”中，大部分地区撤销了种子专门机构，有的归入粮食部门，有的归农业行政部门兼管，良种繁育体系也遭到破坏，给种子工作的开展造成了不可估量的损失。

进入20世纪70年代，有些地区出现了公社、生产大队“三有三统一”的繁种供种体系，即有种子基地、有种子库、有专人，统一繁殖、统一保管、统一供应各生产队大田生产用种，把生产队分散留种集中到公社或大队一级。

1972年10月，国务院批转《农林部关于当前种子工作的报告》，其中再次强调要“坚持‘自繁、自选、自留、自用，辅之以必要的调剂’的种子工作方针。”

在这长达20年的历史阶段中，中国经历了“三年自然灾害”和“文化大革命”，种子工作及体系建设时断时续，历尽波折，虽然各地在贯彻“四自一辅”种子方针中取得了一定成效，但生产上品种多、乱、杂及混杂退化较严重的局面并未得到根本性地扭转。

“四自一辅”方针最突出的有两个弊端：一是只适于常规品种的繁育推广，而不适于需年年制种的杂交种的繁育和推广；二是过分强调依靠集体解决生产用种，这种传统农业自给自足经济的观念，使国家长期放松了种子建设方面的注意和投资，延缓了国家种子生产专业化的进程，影响了种子现代化建设。

3. “四化一供”阶段（1978～1994）

早在1976年1月农林部发布《主要农作物种子分级标准》和《主要农作物检验技术操作规程（试行草案）》。同年8月从前民主德国和瑞士引进复式和重力式种子精选机。同年10月农林部等召开种子标准化现场会。1977年8月农林部等召开马铃薯无病毒原种生产科研工作会议。这些事例表明中国种子业已出现现代化征兆。

1978年4月，国务院批准了农业部《关于加强种子工作的报告》（亦称97号文件），批准在全国建立种子公司，并继续实行行政、技术、经营三位一体的种子工作体制。同时提出要实现“品种布局区域化，种子生产专业化，种子加工机械化，种子质量标准化，以县为单位组织统一供种”的种子工作方针。“四化一供”的提出和种子公司的建立有力地促进了中国种业的发展，也可视为中国种子产业进入开始形成期。

随着农村实行家庭联产承包责任制的普及，以社队生产为基础的三级良种繁育推广体系自然而然解体。1985年国家实行种粮脱钩，种子交农业部门组织生产与经营，实行了“四化一供”的典型计划经济统一供种模式。国有种子公司迅速崛起，成为中国种子工作的主要支柱和种子生产、经营的组织者和实施者。民营和个体的种子经营者，多数以瓜菜类种子的生产、经营为主，处于从属和补充的地位。国营原种场成为良种繁育的骨干力量。农村特约种子基地的建设、稳定和完善，使种子专业化生产程度不断提高。虽然当时中国种业尚属于计划经济的运作体制，但以蔬菜、杂交玉米和杂交水稻为重点的商品种子生产与流通呈现出市场经济的新格局，很快打破了区域供种的旧格局，初步形成了覆盖全国的种子大市场。

随着商品经济的发展，尤其是农业生产向市场经济的过渡，种子工作面临着一系列的问题，迫切需要种子工作的法规，以促进种子工作向规范化和标准化方向迈进。为此，1989年3月国务院发布了《中华人民共和国种子管理条例》，并于1989年5月1日起施行。种子管理条例的颁布与实施使中国的种子工作有了法律依据，使种子工作中的新品种选育者、生产者、经营者和使用者以及种子工作中的各类关系得到了一定程度的改善。为了配合种子管理条例的实施，1991年6月农业部又颁布了《中华人民共和国种子管理条例农作物种子实施细则》，以确保条例的贯彻执行。

在这一时期，虽然种子经营活动在各项政策约束下，已经趋于正常，种子事业有了较大的发展，但从总体上看，由于种子经营是以县为单位统一组织供种，种子公司的种子价格受到限制，种子经营是微利经营。种子公司一方面为农业生产提供价格较低的种子，另一方面也可以从育种单位无偿或低偿得到这些新品种的原种种子。1992年底，各地均逐步放开了常规种子的价格，然而，由于受粮食价格较低的影响，粮食作物种子的价格仍不太高。

4. 实施“种子工程”阶段（1995～至今）

“四化一供”种子方针在中国贯彻推行10多年来，种子产业取得长足的进展，特别是在种子生产的专业化、商品化水平方面，有了很大的提高。但也应该看到：虽然“四化一供”中的“四化”反映了现代种子产业的要求，但在“一供”方面则采用了行政行为并划定了范围，属于典型的计划经济模式。随着中国社会主义市场经济的逐步建立和改革开放的发展，这一种体制存在的一些矛盾日益突出，并阻碍着种子产业进一步发展。中国种子体系是在计划经济体制下按行政区划建立的，其特点是政、事、企合一，经营小、全、散，育、繁、推脱节，习惯于行政指令和独家经营，市场竞争和法制意识淡薄。这种体制已越来越难以适应建立社会主义市场经济体制的要求，不能满足社会化大生产和集约化经营的要求。1995年9月，国务院副总理姜春云在全国种子会议上正式提出“要实现种子革命，创建种子工程”。

同月，在党的十四届五中全会上《中共中央关于制定国民经济和社会发展九五计划和2010年远景目标的建议》中明确提出：“要强化科技兴农，突出抓好种子工程，加快良种培育、引进和推广”。1996年中共中央国务院《关于“九五”时期和今后农村工作的主要任务和政策措施》中提出实施“种子工程”，并被正式纳入国家发展规划。

种子工程是“九五”以来国家实施的农业重点工程，是一项典型的农业工程，是涉及多领域、多学科、多部门的系统工程。中国种子工程是以农作物种子为对象，以为农业生产提供具有优良生物学特性和种植特性的商品化种子为目的，通过利用现代生物学手段、工程学手段和农业经济学原理以及其他现代科技成果，按照种子科研、生产、加工、销售、管理的全过程所形成的规模化、规范化、程序化、系统化的产业整体。可以看作是一个大的系统，具体由5个子系统组成：农作物改良（新品种引育）、种子生产、种子加工、种子销售和种子管理五大系统；按照其过程可细分为种质资源收集、育种、区域试验、品种审定、原种或亲本繁殖、种子生产、收购、储藏、加工、包衣、包装、标牌、检验、销售、推广等多个环节。

通过实施种子工程，推进种子产业化进程，实现种子工作“四个”根本转变，即由传统的粗放生产向集约化转变，由行政区域的自给性生产经营向社会化、国际化、市场化转变，由分散的小规模生产经营向专业化的大中型企业或企业集团转变，由科研、生产、经营相互脱节向育、繁、推、销一体化转变，最终建立适应社会主义市场经济的现代化种子产业体系，形成结构优化、布局合理的种子产业体系和富有活力的、科学的管理制度，实现种子生产专业化、经营企业化、管理规范化、育繁推销一体化、大田用种商品化。

实施种子工程的步骤是以种子加工和包装为突破口，抓中间带两头；以建设种子生产基地为基础，促进种子生产专业化。建设一批国家级原种场、种子生产基地以及国家南繁基地；以组建种子集团为途径，促进育、繁、推一体化；以良种选育、引进、筛选、提纯、扩繁为重点，加速品种更新换代，建设国家级农作物改良中心和分中心；强化宏观调控和监督管理，建设和完善一批国家级农作物种子质量检测认证中心、国家级区域试验站、国家级救灾备荒种子储备库、国家级种子信息服务网络终端；完善和建立种子法律法规制度、技术标准，改革种子管理体制，加大种子宏观管理调控力度。

农业部1995年提出创建种子工程以后的五年中，农业部与地方联合投资建设了国家农作物改良中心10个、国家级原种场27个、农作物种子质量检测中心43个、国家救灾备荒种子储备库35个、农作物品种区试站66个、薯类脱毒快繁中心11个、果茶良种苗木繁殖场15个，利用财政贴息等投资建设了215个大中型种子加工中心、种子包装材料厂、种子加工机械厂等，强化了产业基础，提高了中国种业的综合生产能力。全国商品种子生产能力由64亿千克提高到80亿千克，种子加工能力由33亿千克提高到50亿千克，种子储藏能力由18亿千克提高到22亿千克。在此期间共育成并推广农作物新品种1210个，推广面积达5066万公顷，主要农作物品种更换率达56%，良种覆盖率达95%，良种在农业增产和农民增收中的贡献份额由1995年的30%上升到40%。由于加强了管理，市场流通的种子质量得到了明显提高。

到20世纪末，全国已有各类种子企业6万多个，其中县级以上国营种子公司2700家，科研院校附属种子公司3000家，私营种子公司10000家，外资企业（独资和合资）70家，良种场1000家以及乡镇种子经销商（含农技推广站）。县级以上国营种子公司基本上是国有独资，约占大田作物种子市场的70%，基本控制了中国种业，是国家重点扶持的企业。科研院校附属种子公司虽然不是国有独资，但国有股占很大比重，这类公司具有一定的品种优势，但缺乏管理人才和经营资金。民营种子公司是中国改革开放以来，随着非主要农作物种子市场逐步放开而兴起并发展起来的，而且少数公司在资本市场成功上市。中国规模化种子企业数量逐年增多，经营规模不断壮大，2017年销售收入超过亿元的种子公司近10家，产业集中度较低，人才不断储备，技术实力持续加强，研发投入不断增加，创新能力逐步提高，逐渐实现育、繁、产、加、推、销一体化经营。在中国从事种子科研的主要有450家国有的农业科研院校，包括两大类，一类是农业院校，包括农业大学、农业专科学校、农业中等学校；另一类是农业科研院所，包括农业科学院、农业科学研究所，这些科研院校分布于中央、省、市、县四级行政区域，分归不同层次和不同部门管理，除进行基础性研究还进行应用性研究。机构林立，经费奇缺，技术贮备薄弱，只能进行低水平的重复研究。相反，中国种子企业自建的科研队伍不断壮大。

（五）法制建设

社会主义市场经济下种业的健康发展，离不开法制建设。世界上最早的种子立法是1861年瑞士颁布的禁止出售掺杂种子的法令。1869年英国议会也通过法令不准出售丧失生命力的种子、掺杂种子和含杂草率高的种子。其后，美国、日本、加拿大、巴西、墨西哥、印度、摩洛哥、荷兰、乌拉圭、德国、西班牙、意大利、肯尼亚、阿根廷、韩国、罗马尼亚、芬兰、赞比亚、法国、泰国、突尼斯、智利等国家先后制定和颁布了相关种子法规。1988年我国台湾地区也制定了《植物种苗法》。

1997年3月20日，国务院第213号令发布《中华人民共和国植物新品种保护条例》；1999年4月23日，中国正式向UPOV（国际植物新品种保护联盟）递交了《国际植物新品种保护公约（1978年文本）》加入书，成为其第39个成员，表明中国将在国际公认的植物新品种准则下开展这项工作，这标志着中国在知识产权保护法律体系建设方面又迈上了一个新台阶。1999年6月16日农业部第13号令发布《中华人民共和国植物新品种保护条例实施细则（农业部分）》；同时，农业部发布第14号令，公布第一批农业植物新品种保护名录。《中华人民共和国种子法》，2000年7月8日第九届全国人民代表大会常务委员会第十六次会议通过；2000年12月1日实施；根据2004年8月28日第十届全国人民代表大会常务委员会第十一次会议《关于修改〈中华人民共和国种子法〉的决定》第一次修正；2013年6月29日第十二届全国人民代表大会常务委员会第三次会议第二次修正；2015年11月4日第十二届全国人民代表大会常务委员会第十七次会议第三次修订，2016年1月1日开始实施。《中华人民共和国种子法》（以下简称《种子法》）的颁布实施，标志着中国种子行业管理更加规范、更加成熟，标志着农业、林业在依法行政、依法管理、依法治种进程中向前迈出了重要一步。随后，与之配套的《主要农作物品种审定办法》《农作物种子生产经营许可证管理办法》《农作物商品种子加工包装规定》和《主要农作物范围规定》2001年2月26日施行；《农作物种子标签二维码编码规定》2016年9月18日施行、《农作物种子标签使用与管理办法》2017年1月1日施行；同时国务院2001年5月9日颁布并施行《农业转基因生物安全管理条例》。

《种子法》及其配套法规的实施使得政府、种子生产者、经营者、使用者在同一准则下履行各自的权力、义务和职责，体现了合法、公开、公正。政府将会用不同的方式和适当的形式实行“产权”改革，摆脱“组织者”的身份，将主要履行宏观指导、监控、服务职能。政府制订的政策同样受《种子法》约束和制衡，这将对原有的体制和经营观念形成巨大的冲击。

2001年11月10日中国正式加入WTO（世界贸易组织），中国经济已融入世界经济中，并与世界通行的规则相接轨。种子行业也不例外，必须在竞争中求生存，求发展，这将促使种子产业的产权结构进行改革，促使投资趋向多元化，将使种子产业运行主体发生深刻改变，种子工程的内涵也将发生质的变化。按 WTO 农业协议的有关规定，中国今后对农业支持资金可达 480 多亿元。作为实施种子工程的一项重要内容，国家财力的扶持将会加大，但项目资金的投入将对各种投资主体一视同仁。

2001 年 12 月 5～6 日全国种子管理工作会议在广西南宁召开，农业部刘坚副部长在会上作了题为《面对挑战　抓住机遇　努力增强我国种业竞争力》的重要讲话，会议分析了当前中国种业所面临的形势，明确了中国种业发展的目标和思路。“十五”期间，中国种业发展的具体思路和目标是：紧紧围绕农业结构战略性调整、农民增收和加入世贸组织的总体要求，认真贯彻实施《种子法》，继续推进种子工程建设，以执法管理为中心、市场需求为导向、深化改革为动力、科技创新为基础，大力推进依法生产、经营和管理种子，初步建立起公平、公正的市场竞争环境和完整、规范的市场新秩序；加快种子企业改革和机制转换步伐，建立起适应市场经济的经营体制和企业化运行机制，使企业真正成为市场竞争的主体，形成一批初具国际竞争力的大型种子企业；提高种子科技创新能力和产业化水平，提升产业聚集度和规模效益，使主要农作物品种基本更换一次，商品供种率提高 10 个百分点，种子质量明显提高，良种在粮食增产中的科技贡献率由目前的 36%提高到 40%。

2003 年 11 月 19～20 日农业部在河北省廊坊市召开全国种子工作会议。中共中央政治局委员、国务院副总理回良玉对会议作出重要批示。他指出，国以农为本，农以种为先。各级农业部门要把建设新型种业体系，加快现代种业发展，作为新阶段提高农业效益、增加农民收入、确保国家粮食安全的基础性、战略性举措来抓。加大“种子工程”实施力度，加快优质专用品种的推广步伐；深化体制改革，创新经营机制，推进种子产业化；加强法制建设，建立统一开放、规范有序、公平竞争的种子市场。

随着种子市场的不断深入，相应的法制建设在不断完善：《农作物种子质量纠纷田间现场鉴定办法》2003 年 8 月 1 日实施；《农作物种质资源管理办法》2003 年 10 月 1 日起实施，《农作物种子标签作用与管理办法》2017 年 1 月 1 日实施，《中华人民共和国植物新品种保护条例实施细则》2008 年 1 月 1 日实施，新的《中华人民共和国种子法》于 2016 年 1 月 1 日起实施。

六、课后训练

1. 请叙述种子含义及特殊作用。
2.《种子法》修订历程及重点修订节点。

项目自测与评价

一、填空题

1.《中华人民共和国种子法》自（　　　　）起实施。

2. “四自一辅”是指（　　　　）、（　　　　）、（　　　　）和（　　　　），辅之一必要调剂。

3. “四化一供”是（　　　　）、（　　　　）种子生产专业化和（　　　　），（　　）。

4. 种子工程的五大系统是（　　　　）、（　　　　）、（　　　　）、（　　　　）和（　　）。

5. 种子和一般商品的区别是种子具有（　　　　）。

二、简答题

1. 种子在农业中的重要作用有哪些?
2. 种子的特性、种子的商品性的含意是什么?
3. 什么是种子?它与品种的关系如何?
4. 什么是种子工程?它的五大系统是什么?它的十五个环节是什么?
5. 我国到目前为止都有哪些与种子相关的法规?
6.《种子法》修订的次数及修订的关键节点?

项目二 种子行政法与行政管理

种子行政管理是指国家行政机关依法对种子市场进行管理的活动。种子生产者和经营者应了解种子行政管理在种子生产经营中的意义，认识《中华人民共和国种子法》在种子管理中的法律地位，懂得行政管理的程序及其相关法规的关系。

任务一 掌握种子行政法

一、任务描述

掌握种子行政法的法源及各行政法律法规之间的关系，明确种子法对种子行政管理事项的相关规定。

二、任务目标

掌握种子行政法的法源及与其他相关法律法规的关系。

三、任务实施

1. 实施条件

种子法、农业生产相关法律法规、种子生产者和种子经营者。

2. 实施过程

① 种子行政法的法源。

② 种子法具体贯彻执行的地方性法规。

③ 种子行政法法源之间的相互关系。

④《种子法》对种子行政管理事项的相关规定。

四、任务考核

项目	重点考核内容	考核标准	分数总计
种子行政法	种子行政法	种子行政法的含义	20
	种子行政法的法源	种子行政法与其他相关法律法规的关系	40
	《种子法》对种子行政管理事项的相关规定	行政管理在种子生产经营中的作用	40
分数合计			100

五、相关理论知识

（一）基本概念

1. 行政法的概念

行政法是国家重要的部门法之一，是调整行政关系及在此基础上产生的监督行政关系的法律规范的总称，或者说是调整因行政主体行使其职权而产生的各种社会关系的法律规范的总称。这个定义有两层含义：第一，行政法是国家一类法律规范和原则的总称；第二，这一系列法律规范和原则调整的对象是行政关系和监督行政关系，而不是别的社会关系。所谓调整行政关系和监督行政关系，就是规定行政关系和监督行政关系各方当事人之间的权利义务关系。

2. 种子行政法的概念

种子行政法是指调整种子行政主体履行职能过程中发生的各种社会关系的法律规范的总称。或者说是调整种子行政关系，规定种子行政组织、行政活动及行政法律监督的法律规范的总称。种子行政法是我国行政法的重要组成部分，它独立调整种子行政的各种社会关系。与公安行政法、产品质量行政法、工商行政法等诸多行政法之间存在密切关系，共同构成我国部门行政法。

（二）种子行政法的法源

1. 宪法

宪法是我国的根本大法，规定国家的基本制度，具有最高的法律地位和法律效力，是所有立法的依据。宪法中确认了一系列行政法的规范和原则，宪法确认的这些规范通常是基础性的、纲领性的、指导性的，对所有其他的行政法规具有统领的作用。种子行政法同其他行政法一样必须依据宪法作出，不得与宪法相抵触。

2. 法律

法律广义泛指一切规范性文件，狭义仅指全国人大及其常委会制定的规范性文件。这里仅用于狭义。法律的地位和效力仅次于宪法。如《中华人民共和国种子法》《中华人民共和国农业法》。

3. 行政法规

行政法规指由国家最高行政机关即国务院所制定的规范性文件。行政法规的地位和效力仅次于宪法、法律，内容不得于宪法和法律相抵触，全国人大常委会有权撤销国务院制定的同宪法、法律相抵触的行政法规、决定和命令。如国务院制定的《中华人民共和国种子保护条例》《农业转基因生物安全管理条例》。

4. 地方性法规

省、自治区、直辖市以及省级人民政府所在地的市和经国务院批准的较大的市的人民代表大会及其常委会有权制定地方性法规。地方性法规的地位和效力低于宪法、法律、行政法规及上级地方法规，在不同宪法、法律、行政法规及上级地方性法规相抵触的前提下才有效。如河南省人民代表大会常务委员会制定的《河南省实施〈中华人民共和国种子法〉办法》。

5. 部门规章

部门规章由国务院组成部门及直属机构在各自职权范围内制定的规范性文件。规定事项应当属于执行法律或国务院的行政法规、决定、命令的事项。部门规章的地位和效力低于宪法、法律、行政法规。如国家农业部制定的《主要农作物品种审定办法》《农作物种子生产经营许可证管理办法》《农作物种子标签管理办法》《农作物种子标签使用与管理办法》《农作物种子加工包装规定》《主要农作物范围规定》《农作物种质资源管理办法》《农作物种子质量纠纷田间现场鉴定办法》《农作物种子检验员考核管理办法》《农作物种子质量监督抽查管理办法》《中华人民共和国植物新品种保护条例实施细则》（农业部分）《中华人民共和国植物新品种保护名录》。

6. 地方性规章

省、自治区、直辖市人民政府及省、自治区人民政府所在地的市和经国务院批准的较大的市和人民政府依照法定程序制定出规范性文件。其地位和效力低于宪法、法律、行政法规、本级以上地方法规、上级地方规章。如河北省人民政府根据《中华人民共和国种子法》第二十七条，于 2002 年 3 月 18 日发布了《河北省农民剩余种子交易管理办法》。

这里有个问题是地方性法规与部门规章之间，部门规章之间、部门规章与地方政府规章之间对同一事项的规定不一致的情况下，如何选择适用的问题。《中华人民共和国立法法》规定如下。

① 地方性法规与部门规章之间对同一事项的规定不一致，不能确定如何适用时，由国务院提出意见，国务院认为应当适用地方性法规的，应当决定在该地方适用地方性法规的规定；认为应当适用部门规章的，应当提请全国人民代表大会常务委员会裁决；

② 部门规章之间、部门规章与地方政府规章之间对同一事项的规定不一致时，由国务院裁决。

7. 自治条例、单行条例

民族自治地方的人民代表大会有权依照当地民族的政治、经济和文化的特点，制定自治条例和单行条例，但要报全国或省级人民代表大会常委会批准之后才生效。其地位和效力类似本级地方性法规，但可对上位法作变通规定并在本区域内优先适用，如《广西壮族自治区推进种子管理体制改革加强市场监管实施方案》。

（三）《种子法》对种子行政管理事项的相关规定

（1）在法的适用上　《种子法》的第二条规定：在中华人民共和国境内从事品种选育、种子生产和经营管理等活动，适用《种子法》。

（2）在主管部门的确定上　《种子法》的第三条明确规定：国务院农业、林业主管部门分别主管全国农作物种子工作；县级以上地方人民政府农业、林业主管部门分别主管本行政区域内农作物种子和林木种子工作。

（3）在商品种子的生产管理上　《种子法》规定：主要农作物的商品种子的生产实行许可证制度。主要农作物杂交种子和其亲本种子、常规种原种种子的许可证，由生产所在地县级农业行政主管部门审核，省、自治区、直辖市人民政府农业行政主管部门核发；其他种子的生产许可证，由生产所在地县级以上地方人民政府农业行政主管部门核发。

（4）在商品种子的经营管理上　《种子法》规定：种子经营实行许可证制度。种子经营者必须先取得种子经营许可证后，方可凭种子经营许可证向工商行政机关申请办理营业执照。种子经营许可证由种子经营者所在地县级以上地方人民政府农业行政主管部门核发。主要农作物杂交种子及其亲本、常规种原种种子的种子经营许可证，由种子经营者所在地县级人民政府农业行政主管部门审核，省、自治区、直辖市人民政府农业行政主管部门核发。农民个人自繁、自用的常规种子有剩余的，可以在集贸市场上出售、串换，不需要办理种子经营许可证，按省、自治区、直辖市人民政府管理办法执行。

（5）在种子的质量安全上　《种子法》规定种子的生产、加工、包装、检验、储藏等质量管理办法和行业标准，由国务院农业主管部门制定，农业行政主管部门监督。

（6）在种子的市场管理上　《种子法》第五十条规定农业、林业主管部门是种子行政执法机关。种子执法人员执行公务时应当出示执法证件。第七十五条规定生产经营假种子的，由县级以上人民政府农业、林业主管部门责令停止生产经营，没收违法所得和种子，吊销种子生产经营许可证；违法生产经营的货值金额不足一万元的，并处一万元以上十万元以下罚款；货值金额一万元以上的，并处货值金额十倍以上二十倍以下罚款。第七十六条规定生产经营劣种子的，由县级以上人民政府农业、林业主管部门责令停止生产经营，没收违法所得和种子；违法生产经营的货值金额不足一万元的，并处五千元以上五万元以下罚款；货值金额一万元以上的，并处货值金额五倍以上十倍以下罚款；情节严重的，吊销种子生产经营许可证。

六、课后训练

阐述《种子法》与其他相关法律法规的关系。

任务二　熟悉种子行政管理

一、任务描述

努力降低种子行政执法成本，优化种子产业发展环境，尽可能为种子产业健康、繁荣发展创造宽松、公平、公正、自由竞争环境和制度，按照《种子法》的要求，加强种子行政管理，规范种子市场，促进种子产业的发展。种子行政管理要维护广大农业劳动者的利益，保障农业生产安全，促进粮食生产稳定发展和农业劳动者持续增收。

二、任务目标

在熟悉种子行政管理及特征的基础上，把握我国种子行政管理的主体及农作物种子主管部门主要职能，会正确运用我国种子管理体制管理我国种子产业，强化科学管理，规范我国种子市场秩序。

三、任务实施

1. 实施条件

种子行政管理单位和个人、种子行政法规。

2. 实施过程

① 种子行政管理的主体。

② 种子行政管理主体的主要职能。

③ 我国种子行政管理的主要内容。

④ 各国种子管理体制。

四、任务考核

项目	重点考核内容	考核标准	分数总计
种子行政管理	种子行政管理概述	掌握种子行政管理的概念和特征	30
	种子行政管理的主体及职能	种子主管部门及职能	50
	国外种子的管理体制及其运作基础	国外种子的管理体制	20
分数合计			100

五、相关理论知识

我国种子行政管理的指导思想是以邓小平理论和“三个代表”重要思想为指导，全面落实科学发展观，认真贯彻《中华人民共和国种子法》，按照建立社会主义市场经济体制的要求，强化管理，完善法制，规范种子市场秩序，维护广大农民的利益，保障农业生产安全，促进粮食生产稳定发展和农民持续增收。

（一）种子行政管理概述

1. 行政的概念

“行政”一词在日常生活中含义较多，一般是指“执行事务”、“政务的组织和管理”等。行政法领域的行政是指国家与公共事务的行政，相对社会组织、企业的“私人行政”而言，通称为“公共行政”。

行政是指国家行政机关对国家与公共事务决策、组织管理和调控。这个定义包含以下几层意思：

① 行政活动的主体是国家行政机关；

② 行政活动的范围逐步扩大，现代行政不限于管理国家事务，越来越广泛地管理公共事务；

③ 行政活动的目的是为了实现对国家事务和公共事务的组织与管理；

④ 行政活动的方法和手段是决策组织管理和调控。

2. 行政管理的概念及特征

行政管理，是指国家通过行政机关依法对国家事务、社会公共事务实施管理。

（1）行政管理的特点

① 行政管理的主体是行政机关；

② 行政管理的基本依据是行政权力；

③ 行政管理的根本原则是依法管理；

④ 行政管理具有执行性、政治性、权威性。

（2）理解行政管理的概念时需注意的问题

① 行政管理是随着阶级和国家的出现而出现的，是阶级和国家的产物；

② 行政管理不包括国家立法机关和司法机关的管理；

③ 行政管理必须依照宪法、法律、行政法规、行政规章等对国家事务和社会公共事务进行管理，行政管理人员不能想怎么管就怎么管，即必须依法行政；

④ 行政管理既对国家事务进行管理，又对社会公共事务进行管理；

⑤ 行政管理是公共管理，行政管理机关及其工作人员由公共权力机关授权管理公务，必须对公众负责。

3. 种子行政管理的概念及特征

种子行政管理是各级农业行政主管部门运用国家赋予的行政权力依据法律法规的规定对种质资源、品种选育、种子的生产、经营等行为进行规范、调节的活动。目的是为了保护和合理利用种质资源、维护品种选育和种子生产者、经营者、使用者的合法权益，推动种子产业的发展。

种子行政管理与其他活动相比，具有以下特征。

① 种子行政管理活动的主导方是国家行政机关，即政府及其农业主管部门。它们以自己的名义代表国家行使职权，具有国家的权威性，要求被管理的单位和个人必须服从。

② 种子行政管理活动的依据是国家法规、规章、政策和法令。法规、规章是国家相对稳定的、比较严谨而又严格的准则；政策则是国家在一定时期内比较灵活且易变的准则。这两类依据，均证明行政管理是必须执行的。

③ 实现管理的手段是多种多样的，它包括思想政治工作手段、行政指令手段、经济手段、纪律手段及法律手段。其中法律手段是带有强制性的，具有绝对必须实现的效力。

④ 种子管理过程要通过行政机关不断地进行计划、组织、指挥、协调和控制来实现，通过这些行政职能的运行，达到推广良种、促进生产和供需平衡的目标。

（二）种子行政管理的主体与职能

1. 种子行政管理的主体

（1）种子主管部门　《种子法》规定，国务院农业、林业主管部门分别主管全国农作物种子和林木种子工作，是种子行政执法机关，对全国农作物种子工作进行指导，负责种子贮备，对种子生产、流通过程进行执法检查。县级以上地方人民政府农业、林业主管部门分别主管本行政区域内农作物种子和林木种子工作，各省（直辖市、自治区）农业（林、牧）厅（局）、各市、县的农业（林、牧）局是机关法人。农业、林业主管部门为实施《种子法》，可以进行现场检查。各级农业厅（局）设置的种子管理和质量检验机构，是各级农业部门内设的执行机构，不是机关法人。农作物品种审定委员会和质量检验机构的职权，属法规授权，应当以自己的名义进行活动。

（2）其他种子管理机关　《种子法》第三十一条中规定：从事种子进出口业务的种子生产经营许可证，由省、自治区、直辖市人民政府农业、林业主管部门审核，国务院农业、林业主管部门核发。从事主要农作物杂交种子及其亲本种子、林木良种种子的生产经营以及实行选育生产经营相结合，符合国务院农业、林业主管部门规定条件的种子企业的种子生产经营许可证，由生产经营者所在地县级人民政府农业、林业主管部门审核，省、自治区、直辖市人民政府农业、林业主管部门核发。前两款规定以外的其他种子的生产经营许可证，由生产经营者所在地县级以上地方人民政府农业、林业主管部门核发。只从事非主要农作物种子和非主要林木种子生产的，不需要办理种子生产经营许可证。第六十九条规定国务院农业、林业主管部门和异地繁育种子所在地的省、自治区、直辖市人民政府应当加强对异地繁育种子工作的管理和协调，交通运输部门应当优先保证种子的运输。

（3）种子管理人员　种子管理人员主要从事检查和监督管理，具有法律效力，但其行为属于行政代理，其行政活动的法律后果依法由聘请的农业行政部门承担。

种子执法人员依法执行公务时，应当出示行政执法证件，即出示《中国种子管理员证》和佩戴《中国种子管理》胸章，向管理对象表明身份，并依法行使职权，履行职责。

农业、林业行政主管部门及其工作人员不得参与和从事种子生产、经营活动；种子生产经营机构不得参与和从事种子行政管理工作。种子的行政主管部门与生产经营机构在人员和财务上必须分开。

2. 农作物种子主管部门的职能

（1）农业部及其领导下的相关单位　农业部是我国最高级别的农业主管部门，它统管农业的方方面面，当然包括种子事项，农业部的职责中有一项是“拟定农业各产业技术标准并组织实施；组织实施农业各产业产品及绿色食品的质量监督、认证和农业植物新品种的保护工作；组织协调种子、农药、兽药等农业投入品质量的监测、鉴定和执法监督管理；组织国内生产及进口种子、农药、兽药、有关肥料等产品的登记和农机安全监理工作”。

农业部下属国家种子管理局于 2011 年 9 月 4 日正式挂牌成立，下设综合处、种业发展处、品种管理处和市场监督处。其主要职责是：①拟订种子产业发展战略、规划，提出相关政策建议，并组织实施；②起草有关种子方面的法律、法规、规章和标准，并监督执行；③指导种子管理体系建设，承担种子生产经营及质量监督管理工作；④组织农作物种质资源保护和管理，承担农作物种子（种苗）、种质资源进出口的审批工作；⑤组织农作物品种管理，拟订农作物品种审定和农业植物新品种保护的办法、标准，承担农作物品种审定、登记和农业植物新品种授权、复审工作，组织、指导品种退出工作；⑥审查核发农作物种子生产经营许可证，提出外商投资种子企业的审查意见；⑦开展种子质量监督抽查、种子检验员和种子检验机构考核管理；收集、分析种子产业信息，指导种子市场调控，组织抗灾救灾和救灾备荒种子的储备和调拨；⑧承担农作物种子南繁管理工作。

（2）农业厅及其领导下的相关单位　省农业厅统管全省的农业事务，其职责是：①拟定农业技术标准并组织实施；②组织实施农业产品及绿色食品的质量监督、认证和农业植物新品种的保护工作；③组织协调种子、农药、化肥等农业投入品质量的监测、鉴定和执法监督管理；④组织国内生产及进口种子、农药、有关肥料等产品的登记；⑤组织、监督对国内植物的检疫工作，发布疫情并组织控制。

农业厅内设种植业管理处，职能是：①研究提出全省种植业的发展规划、重大技术措施并组织实施；②指导种植业结构和布局的调整；③提出耕地保护、补偿与改良的政策措施；④负责农业生产情况的收集与通报；⑤指导救灾备荒种子、化肥等生产资料的储备和调拨；⑥组织化肥、农药、种子等产品的质量监督、检验、登记；⑦组织种子及其资源的品种审定和进出口审查；⑧组织农业植物内检工作及拟定有关标准并监督实施。

省种子管理站是农业厅的职能机构，具体职责是：①行政许可职责。包括主要农作物品种的引进；核发种子生产、经营许可证；组织种子管理等有关人员的考核（如检验员考核）；有关种子管理的其他工作（如种子广告审查）；②行政处罚职责。包括负责种质资源和植物新品种的保护；查处违法生产、经营种子的行为；③行政管理职责。包括品种审定（认定）、登记；体系建设；监督检查种子生产和经营活动，对种子质量进行监督检验、仲裁鉴定和管理，调解种子纠纷；组织落实救灾备荒种子贮备任务；有关种子管理的其他工作（如行政收费和专业统计等）。

（3）农业局及其领导的相关单位　县（市）农业局统管全县的农业事务，其职责是：①组织农业环境监测，促进农业生态环境不断改善；②对农产品、农业投入品的质量进行监测、鉴定和执法监督管理工作；③对农作物种子、食用菌菌种、农药等的生产、经销进行监督管理；④负责有关肥料的登记工作；⑤组织实施绿色食品、无公害农产品、名牌产品、有机食品的申报、管理和保护。

县（市）种子管理站是农业局的职能机构，其主要职责是：

① 贯彻执行有关农作物种子的法律、法规和规章，编制农作物种子发展规划；

② 组织开展主要农作物新品种的选育、引进、试验、展示、示范、繁育、推广以及种子储备等宏观调控工作；组织开展种子新技术的研究与推广；

③ 从事农作物种子的品种管理、生产管理、市场管理和种子质量管理等行政执法工作；

④ 审核、核发、管理农作物种子生产、经营许可证，监督农作物种子生产、经营活动和种子质量；

⑤ 开展农作物种子质量的监督检验、委托检验和仲裁检验；

⑥ 依法查处种子生产、经营活动中的违法行为；

⑦ 法律、法规规定的其他职责。

（三）我国种子行政管理

1. 品种管理

品种管理主要包含品种审定（认定）、登记等的管理。

农业部设立国家农作物品种审定委员会，负责国家级农作物品种审定工作。省级农业、林业主管部门设立省级农作物品种审定委员会，负责省级农作物品种审定工作。

申请品种审定的单位和个人（以下简称申请者），可以直接向国家品种审定委员会或省级品种审定委员会提出申请。在中国没有长期居所或者营业场所的外国人、外国企业或者其他组织在中国申请品种审定的，应当委托具有法人资格的中国种子科研、生产、经营机构代理。

稻、小麦、玉米、棉花、大豆以及农业部确定的主要农作物的品种审定标准，由农业部制定。省级农业、林业主管部门确定的主要农作物品种的审定标准，由省级农业、林业主管部门制定，报农业部备案。

2. 质量管理

种子的质量管理，由国务院农业、林业主管部门制定质量管理办法和行业标准，农业、林业主管部门负责对种子质量的监督。

国有、集体和个人生产、经营和使用的种子应按规定标准进行自检，并附有《农作物种子质量合格证》；种子检验机构和植物检疫机构负责进行抽检；当事人对质量检验结果有异议时，可以申请上一级种子管理机构复检。

调出种子必须经调出方的县级以上种子检验、植物检疫机构检验、检疫，取得检验、检疫合格证后方能调出。

调入种子须持有调出方的县级以上种子检验、植物检疫机构的检验、检疫合格证，并经调入方的种子检验机构对种子质量进行复检，确认合格后，方能销售或种植。

种子的纯度，以调出方检验为准。

农业、林业主管部门可以委托种子质量检验机构对种子质量进行检验。

承担种子质量检验的机构应当具备相应的检测条件和能力，并经省级以上人民政府农业行政主管部门考核合格。

3. 市场管理

（1）生产许可制度　种子质量鉴别比较困难。提高种子质量的关键在种子生产阶段，在种子的源头把好关，从根本上抓好种子的质量。因此，为提高种子的质量，国家规定商品种子的生产实行许可制度。先由具备一定条件的商品种子生产者提出申请，经农业、林业主管部门审查，然后对符合条件的依法发给《种子生产经营许可证》。鉴于此，《中华人民共和国种子法》第三十一条规定："从事主要农作物杂交种子及其亲本种子、林木良种种子的生产经营以及实行选育生产经营相结合，符合国务院农业、林业主管部门规定条件的种子企业的种子生产经营许可证，由生产经营者所在地县级人民政府农业、林业主管部门审核，省、自治区、直辖市人民政府农业、林业主管部门核发。"

只从事非主要农作物种子和非主要林木种子生产的，不需要办理种子生产经营许可证。

（2）经营许可制度　农作物种子经营实行许可证制度。种子经营者必须先取得种子经营许可证后，方可凭种子经营许可证向工商行政管理机关申请办理或者变更营业执照。

种子经营许可证实行分级审批发放制度。本办法第十三条规定从事主要农作物常规种子生产经营及非主要农作物种子经营的，其种子生产经营许可证由企业所在地县级以上地方农业主管部门核发；从事主要农作物杂交种子及其亲本种子生产经营以及实行选育生产经营相结合、有效区域为全国的种子企业，其种子生产经营许可证由企业所在地县级农业主管部门审核，省、自治区、直辖市农业主管部门核发；从事农作物种子进出口业务的，其种子生产经营许可证由企业所在地省、自治区、直辖市农业主管部门审核，农业部核发。

（3）市场监督

① 分析种子市场存在的问题，提早谋划，提前着手，制定措施。

② 农业、林业主管部门和种子监管机构与工商等有关部门密切配合，加强对种子生产经营主体的市场准入管理。对设立的种子分支机构，要审查其隶属法人有无种子生产经营许可证和营业执照，经营范围和经营方式是否超越审批规定，是否向所在地的农业、林业主管部门备案。对受委托经营种子的经营者，要审查其委托方是否有经营许可证，受委托方是否具备经营资质和条件，是否在委托范围之外开展经营活动等。农业执法机构和种子管理站发现有种子管理机构违规从事种子经营的，进行严肃查处，决不姑息。

③ 有针对性、经常性地组织开展种子市场检查，增加检查密度，加大处罚力度。一是查所售的种子是否都是经审定过的，是否有植物检疫证，来源是否清楚。二是要狠抓种子质量和包装标签监管。要监督种子生产经营企业严格执行《种子标签使用与管理办法》规定，规范种子包装与标签内容。三是严厉打击非法生产加工种子行为，没有资质生产加工种子企业，不得加工包装散装玉米等杂交种种子，严防一些经营单位通过非法加工以假充真、以次充好，坑害消费者。严禁散装种子在市场上销售。同时，还要加强对转基因种子、包衣种子的管理，确保用种安全。

④ 各级农业、林业部门和种子执法机构要在种子市场管理和执法检查中，主动与工商、公安、质检以及新闻单位配合与联系，充分利用现有的人力、物力、信息资源、技术优势等，抓好种子市场监督检查和案件查处。在种子案件办理中要严格依法办事，不能以罚代管，以罚代刑。

（4）行政处罚

《种子法》规定了不同的违法违规行为的不同处罚办法。

种子法第七十条、第七十一条规定，农业、林业主管部门不依法作出行政许可决定，发现违法行为或者接到对违法行为的举报不予查处，或者有其他未依照本法规定履行职责的行为的，由本级人民政府或者上级人民政府有关部门责令改正，对负有责任的主管人员和其他直接责任人员依法给予处分。违反本法第五十六条规定，农业、林业主管部门工作人员从事种子生产经营活动的，依法给予处分。违反本法第十六条规定，品种审定委员会委员和工作人员不依法履行职责，弄虚作假、徇私舞弊的，依法给予处分；自处分决定作出之日起五年内不得从事品种审定工作。

种子法第七十二条规定，品种测试、试验和种子质量检验机构伪造测试、试验、检验数据或者出具虚假证明的，由县级以上人民政府农业、林业主管部门责令改正，对单位处五万元以上十万元以下罚款，对直接负责的主管人员和其他直接责任人员处一万元以上五万元以下罚款；有违法所得的，并处没收违法所得；给种子使用者和其他种子生产经营者造成损失的，与种子生产经营者承担连带责任；情节严重的，由省级以上人民政府有关主管部门取消种子质量检验资格。

种子法第七十三条规定，违反本法第二十八条规定，有侵犯植物新品种权行为的，由当事人协商解决，不愿协商或者协商不成的，植物新品种权所有人或者利害关系人可以请求县级以上人民政府农业、林业主管部门进行处理，也可以直接向人民法院提起诉讼。

县级以上人民政府农业、林业主管部门，根据当事人自愿的原则，对侵犯植物新品种权所造成的损害赔偿可以进行调解。调解达成协议的，当事人应当履行；当事人不履行协议或者调解未达成协议的，植物新品种权所有人或者利害关系人可以依法向人民法院提起诉讼。

侵犯植物新品种权的赔偿数额按照权利人因被侵权所受到的实际损失确定；实际损失难以确定的，可以按照侵权人因侵权所获得的利益确定。权利人的损失或者侵权人获得的利益难以确定的，可以参照该植物新品种权许可使用费的倍数合理确定。赔偿数额应当包括权利人为制止侵权行为所支付的合理开支。侵犯植物新品种权，情节严重的，可以在按照上述方法确定数额的一倍以上三倍以下确定赔偿数额。

权利人的损失、侵权人获得的利益和植物新品种权许可使用费均难以确定的，人民法院可以根据植物新品种权的类型、侵权行为的性质和情节等因素，确定给予三百万元以下的赔偿。

县级以上人民政府农业、林业主管部门处理侵犯植物新品种权案件时，为了维护社会公共利益，责令侵权人停止侵权行为，没收违法所得和种子；货值金额不足五万元的，并处一万元以上二十五万元以下罚款；货值金额五万元以上的，并处货值金额五倍以上十倍以下罚款。

假冒授权品种的，由县级以上人民政府农业、林业主管部门责令停止假冒行为，没收违法所得和种子；货值金额不足五万元的，并处一万元以上二十五万元以下罚款；货值金额五万元以上的，并处货值金额五倍以上十倍以下罚款。

种子法第七十四条、第七十五条规定，当事人就植物新品种的申请权和植物新品种权的权属发生争议的，可以向人民法院提起诉讼。违反本法第四十九条规定，生产经营假种子的，由县级以上人民政府农业、林业主管部门责令停止生产经营，没收违法所得和种子，吊销种子生产经营许可证；违法生产经营的货值金额不足一万元的，并处一万元以上十万元以下罚款；货值金额一万元以上的，并处货值金额十倍以上二十倍以下罚款。因生产经营假种子犯罪被判处有期徒刑以上刑罚的，种子企业或者其他单位的法定代表人、直接负责的主管人员自刑罚执行完毕之日起五年内不得担任种子企业的法定代表人、高级管理人员。

种子法第七十六条规定，违反本法第四十九条规定，生产经营劣种子的，由县级以上人民政府农业、林业主管部门责令停止生产经营，没收违法所得和种子；违法生产经营的货值金额不足一万元的，并处五千元以上五万元以下罚款；货值金额一万元以上的，并处货值金额五倍以上十倍以下罚款；情节严重的，吊销种子生产经营许可证。因生产经营劣种子犯罪被判处有期徒刑以上刑罚的，种子企业或者其他单位的法定代表人、直接负责的主管人员自刑罚执行完毕之日起五年内不得担任种子企业的法定代表人、高级管理人员。

种子法第七十七条规定，违反本法第三十二条、第三十三条规定，有下列行为之一的，由县级以上人民政府农业、林业主管部门责令改正，没收违法所得和种子；违法生产经营的货值金额不足一万元的，并处三千元以上三万元以下罚款；货值金额一万元以上的，并处货值金额三倍以上五倍以下罚款；可以吊销种子生产经营许可证：

a. 未取得种子生产经营许可证生产经营种子的；

b. 以欺骗、贿赂等不正当手段取得种子生产经营许可证的；

c. 未按照种子生产经营许可证的规定生产经营种子的；

d. 伪造、变造、买卖、租借种子生产经营许可证的。

被吊销种子生产经营许可证的单位，其法定代表人、直接负责的主管人员自处罚决定作出之日起五年内不得担任种子企业的法定代表人、高级管理人员。

种子法第七十八条规定，违反本法第二十一条、第二十二条、第二十三条规定，有下列行为之一的，由县级以上人民政府农业、林业主管部门责令停止违法行为，没收违法所得和种子，并处二万元以上二十万元以下罚款：

a. 对应当审定未经审定的农作物品种进行推广、销售的；

b. 作为良种推广、销售应当审定未经审定的林木品种的；

c. 推广、销售应当停止推广、销售的农作物品种或者林木良种的；

d. 对应当登记未经登记的农作物品种进行推广，或者以登记品种的名义进行销售的；

e. 对已撤销登记的农作物品种进行推广，或者以登记品种的名义进行销售的。

违反本法第二十三条、第四十二条规定，对应当审定未经审定或者应当登记未经登记的农作物品种发布广告，或者广告中有关品种的主要性状描述的内容与审定、登记公告不一致的，依照《中华人民共和国广告法》的有关规定追究法律责任。

种子法第七十九条规定，违反本法第五十八条、第六十条、第六十一条规定，有下列行为之一的，由县级以上人民政府农业、林业主管部门责令改正，没收违法所得和种子；违法生产经营的货值金额不足一万元的，并处三千元以上三万元以下罚款；货值金额一万元以上的，并处货值金额三倍以上五倍以下罚款；情节严重的，吊销种子生产经营许可证：

a. 未经许可进出口种子的；

b. 为境外制种的种子在境内销售的；

c. 从境外引进农作物或者林木种子进行引种试验的收获物作为种子在境内销售的；

d. 进出口假、劣种子或者属于国家规定不得进出口的种子的。

种子法第八十条规定，违反本法第三十六条、第三十八条、第四十条、第四十一条规定，有下列行为之一的，由县级以上人民政府农业、林业主管部门责令改正，处二千元以上二万元以下罚款：

a. 销售的种子应当包装而没有包装的；

b. 销售的种子没有使用说明或者标签内容不符合规定的；

c. 涂改标签的；

d. 未按规定建立、保存种子生产经营档案的；

e. 种子生产经营者在异地设立分支机构、专门经营不再分装的包装种子或者受委托生产、代销种子，未按规定备案的。

种子法第八十一条、第八十二条规定，违反本法第八条规定，侵占、破坏种质资源，私自采集或者采伐国家重点保护的天然种质资源的，由县级以上人民政府农业、林业主管部门责令停止违法行为，没收种质资源和违法所得，并处五千元以上五万元以下罚款；造成损失的，依法承担赔偿责任。违反本法第十一条规定，向境外提供或者从境外引进种质资源，或者与境外机构、个人开展合作研究利用种质资源的，由国务院或者省、自治区、直辖市人民政府的农业、林业主管部门没收种质资源和违法所得，并处二万元以上二十万元以下罚款。未取得农业、林业主管部门的批准文件携带、运输种质资源出境的，海关应当将该种质资源扣留，并移送省、自治区、直辖市人民政府农业、林业主管部门处理。

种子法第八十三条、第八十四条、第八十五条规定，违反本法第三十五条规定，抢采掠青、损坏母树或者在劣质林内、劣质母树上采种的，由县级以上人民政府林业主管部门责令停止采种行为，没收所采种子，并处所采种子货值金额两倍以上五倍以下罚款。违反本法第三十九条规定，收购珍贵树木种子或者限制收购的林木种子的，由县级以上人民政府林业主管部门没收所收购的种子，并处收购种子货值金额两倍以上五倍以下罚款。违反本法第十七条规定，种子企业有造假行为的，由省级以上人民政府农业、林业主管部门处一百万元以上五百万元以下罚款；不得再依照本法第十七条的规定申请品种审定；给种子使用者和其他种子生产经营者造成损失的，依法承担赔偿责任。

种子法第八十六条、第八十七条、第八十八条规定，违反本法第四十五条规定，未根据林业主管部门制定的计划使用林木良种的，由同级人民政府林业主管部门责令限期改正；逾期未改正的，处三千元以上三万元以下罚款。违反本法第五十四条规定，在种子生产基地进行检疫性有害生物接种试验的，由县级以上人民政府农业、林业主管部门责令停止试验，处五千元以上五万元以下罚款。违反本法第五十条规定，拒绝、阻挠农业、林业主管部门依法实施监督检查的，处二千元以上五万元以下罚款，可以责令停产停业整顿；构成违反治安管理行为的，由公安机关依法给予治安管理处罚。

种子法第八十九条、第九十条、第九十一条规定，违反本法第十三条规定，私自交易育种成果，给本单位造成经济损失的，依法承担赔偿责任。违反本法第四十四条规定，强迫种子使用者违背自己的意愿购买、使用种子，给使用者造成损失的，应当承担赔偿责任。违反本法规定，构成犯罪的，依法追究刑事责任。

（四）国外种子的管理体制及运作基础

1. 国外种子的管理体制

（1）按照政府机构参与的程度来分，国外的种子管理体制的主要模式。

① 官方管理。官方的管理组织主要设在国家农业部，以及与之相适应的地方行政部门设立的种子管理部门。

其一，是作物研究、教育、国家种子局及国家种子中心均为农业部的下属机构，而在这些下属机构中国家种子局又承担了国家种子管理的总体协调工作，同时也负责种子公司经营活动的监督及种子销售网的建立与咨询。国家种子中心集种子计划与发展、种子签证、种子执法、新品种试验及植物检疫于一身，是国家有关种子政策建立与执行的职能机构。由于其独立于种子销售与育种科研，从而可以避免因自身利益关系而造成的执法不严与营私舞弊现象。农作物科研与教育系统均为政府的下属机构，其业务活动受到农业部管理，并得到政府的支持。科研单位由于未能独立于政府，从而决定了其在性质上属于政府的公共组织。种子公司及其销售网络完全独立于政府，经营活动不受政府的行政干预，这就决定了其可以根据市场情况开展自身的经营活动，也可以根据自身的特点从事与自身发展有关的育种科研及其他活动。这种模式由于种子经营部门的经营活动完全决定于市场，因此运行效率较高。

其二，是种子执法、试验部门分别归属农产品销售市场质量管理部门，该部门是与国家种子中心平行的执法单位，除了对有关种子市场进行管理与执法外，还负责其他农产品生产资料的管理与执法工作。种子签证部门则成为农业部下属的国家种子中心与农业部的独立机构，以便使种子签证更公正、更有效。种子签证部门在业务上与国家种子中心、农产品销售市场质量管理部门及种子执法和试验部门相互合作与协作。该种组织形式由于执法部门和种子签证部门分别独立于国家的种子部门，因此在有关种子执法与市场监督活动中，可以摆脱行政部门的约束，使其更公正和更有效。

目前发展中国家多采用这两种形式或类似的形式。

如墨西哥对种子工作的管理是在政府设立农作物品种审定委员会，主席是农业部农业总局局长，主要职责是根据国家的《种子生产、鉴定和贸易法》审定农作物品种。全国农作物品种登记处主要负责品种登记以及取消资格，建立和保存品种档案等。全国种子检验鉴定处负责制定种子生产、加工的质量标准，并对全国各种子部门的生产、加工、贮藏过程实施检验和监督，发放质量合格证书。

朝鲜的种子工作完全是计划经济的模式。种子生产全部纳入国家计划，由国家统一供种。合作农场自已不留种子，也不承担种子生产任务。目前从中央到道、郡基本建立起了比较完整的种子管理、生产、检验机构。其特点是：新品种选育、原原种和原种生产归农科院负责；良种的生产、供应和管理由国家农委选种局及道（市）、郡农业经营委员会的种子管理处（所）负责；种子检验工作则由选种局和道种子管理所内部单设的种子检验管理所办理。种子质量标准、种子价格由国家统一规定。

② 半官方管理。所谓半官方管理是指国家农业部门和一些种子企业的专家或者领导人共同负责种子管理工作。例如法国的种子业协会，即农业部的一个机构，而种子企业的生产、销售各方也都推选代表参加，因此具有种子行业工会的性质。主任委员由农业部委派一名官员担任，负责日常工作，并设有专职人员负责财务监督工作。代表不同作物、不同种子部门的委员组成协会的行政理事会。法国种子行业协会的基本职能是协调政府和种子公司、公司与公司之间以及种子各部门之间的关系，保护生产者利益，发挥种子生产和销售的社会效能。具体工作内容包括，接受政府委托草拟有关种子工作的各种法规，监督各种法规的执行情况，并负责各种子部门之间的协调和仲裁。

③ 非官方协调性管理。在国外发达国家还存在着一些非官方的由各私人种子公司组成的协调性管理机构。如前所述，美国的 ASTA（美国种子贸易协会），ASTA 在协助政府制定种子的发展法规和政策，促进种业的科技进步和种子质量的提高及开拓国际市场协调国际关系等方面起到了巨大的作用。

在澳大利亚，种子行业的宏观管理系统有政府管理。澳大利亚种子政策是民间能做的尽量民间做，政府只是制定政策和起监督作用。昆士兰州政府过去包揽了种子行业的许多事情，设有育种研究所、种子检验室、认证办公室、新品种保护办公室、种子植物检疫站等。现在政府基本上退出了直接管理。种子协会在政府退出直接管理的同时，行业的很多管理职责落到种子协会（民间组织）。种子协会在各地区设有分会，负责联络协调该地种子行业事务。协会内部还设有一些专业技术小组，负责组织研究解决各种技术问题。种子协会靠收会费维持，除全国种子协会主席和秘书长是专职人员外，其他均为兼职。种子协会代表种子行业与政府协商对话，对政府制定种子行业政策有着越来越大的影响力。

（2）根据各国种子法确定的原则框架，国外的种子管理体制的主要模式。

① 事前管理模式是一种与计划经济体制和政府主导型的市场经济体制相适应的模式，主要应用于俄罗斯及东欧国家。该模式管理的侧重点集中在种子生产环节，例如俄罗斯的种子法对亲本、原种、商品种子的生产过程规定得既非常详细、具体，又非常严格。但种子流通环节的规定就不够具体和严格，对种子市场的管理也不够细致，特别是对种子经营者应当

具备的基本条件和其他市场主体进入种子产业的门槛等，都未做具体规定。

② 全程管理模式适宜于国土面积较小、种子品种较为单一的国家，目前主要应用于英国、德国、法国等欧洲国家和日本、韩国、泰国等亚洲国家。因为在这些国家，从事种子研究、生产和经销活动的市场主体可以直接到中央政府申请品种注册，而没有必要再设立省级或州级品种注册委员会。这种管理模式的基本特征是：a. 种子必须注册，对列入名录的品种不注册就不能生产、推广和经销；b. 为控制种子质量，实行强制的种子质量认证制度；c. 经过包装的种子必须有标签，而且对标签的格式、内容、颜色等都有具体的规定。

③ 事后管理模式适宜于市场成熟和经济发达的国家，目前主要应用于美国。这种模式管理的侧重点是反映种子质量等状况的种子标签的真实性，例如美国对种子标签的制定、颜色、项目、内容、代号、批量等都有具体的规定，而且要求非常严格。对种子生产等过程则基本上不管，只是要求种子市场主体能够照章纳税。

种子产业发展到今天，世界主要国家特别是经济发达国家在构建种子产业管理体制时，考虑的因素是多层面的。国外经济理论界和种子产业界普遍认为，种子市场监管和种子产业管理是极为复杂的系统工程。因此，强调种子管理体制的功能必须能够同时覆盖三个管理层次。

a. 微观管理层次指的是从事种子研究、开发、生产、加工、包装、经销等活动的种子市场主体或种子企业内部的管理层次，其核心是企业在长期的市场竞争中形成的自律机制。通常而言，种子企业提高其自身竞争力的基本思路与方法是强化科技创新能力、获得自有知识产权、树立企业形象、创出自己的品牌和名牌、通过资产运作不断扩大经营规模提高开发市场能力、确保种子质量和服务质量。因而在激烈的竞争中，国外的种子公司为保护企业的信誉、竞争力和效益，根本不生产和经销假、劣质种子，企业决不允许不成熟、未实验和不合格的种子进入市场。

b. 中观管理层次指的是普遍存在于种子研究、开发、生产、加工、包装、经销等行业内部的行业管理层次，其核心是种子产业在长期运作过程中形成的种子协会管理机制。种子协会都是由行业组织或企业法人联合而形成的，具有制定行业管理规范、规范行业内部各成员的经营行为、对成员企业或公司进行资信等级评价、开展行业服务和行使部分政府监管职能等多种功能，因而在种子行业管理方面具有很强的权威性。目前在经济发达国家，从事种子研究、开发、生产、经销等活动的种子市场主体同时受三个层次的种子协会管理：第一层次是国际性及地区性种子管理协会组织，如国际种子检验协会（ISTA)、国际种子贸易联盟（FIS)、北美官方种子认证协会（AOSCA）等；第二层次是国家级种子管理协会组织，如美国的联邦作物改良协会、基础种子协会等；第三层次是省（州）级和其他类型的种子管理协会组织，如美国各州的作物改良协会等。

c. 宏观管理层次指的是存在于宏观层次上的行政执法管理、司法管理和广泛的社会监督管理，其核心是系统、具体、严格的执法管理。

2. 国外种子管理体制存在及运作的基础

在市场经济发达国家，无论是政府、科技及理论界，还是种子产业界都在长期的实践中探索和形成了一种共同的认识，那就是种子首先是一种商品，对种子研究、开发、生产、加工、包装、储备、经销等环节的管理必须以种子市场机制的调节为基础。市场经济规律及市场机制是经济发达国家种子管理体制确立及运作的基础。

① 作为种子产业的监管者，发达国家政府在制定监管法规及实施这些法规过程中，普

遍遵循“政府调控市场，市场调节企业”的监管原则；除从事种子研究的国立或其他形式的国有高等院校和科研院所外，政府与种子公司等种子市场主体之间通常不存在任何行政隶属关系、产权所属关系和经济利益关系。因而在种子市场上，政府及其主管部门只是种子市场交易规则的制定者和执行者。在这种政企关系框架下，政府制定种子产业监管法规的目标是建立和形成能够开展公平竞争和高效运作的种子市场体系。为实现该目标，这些国家政府制定和实施种子法规的出发点是通过消除过度竞争、控制垄断竞争和打击非法经营行为等方式，来优化种子市场环境、规范种子市场秩序。在此基础上，借助市场机制的调节功能和作用，来规范种子市场主体的经营行为，进而提高种子产业运作的效率。

② 在发达国家，从事种子研究和开发的科研机构主要有两种：一是国立或其他形式的国有高等院校和科研院所等种子科研机构，政府与这些机构之间既存在产权方面的权属关系，又存在科研经费等方面的支持与被支持关系；二是大型种子公司自建的商业化的种子研究与开发机构，通常政府与这些公司化的机构之间不存在直接的行政隶属和经济利益关系。这种体制就决定了发达国家的种子科研机构必须在市场经济框架内，依据市场机制调节为基础来开展种子研究与开发活动。就国有科研机构而言，除了承担政府委托和支持的一些基础性、公共性、成果共享性的种子研究、推广、服务、保护项目外，其承担的其他科研项目包括从立项选择、经费筹措、科研组织到技术转化在内的各个环节，都必须从商品化、产业化等方面充分考虑种子研究和开发项目的市场前景，受市场机制调节和指导。就大型种子公司所属的科研机构而言，其科研活动完全是商业化的，承担的科研项目包括从立项选择、经费筹措、科研组织到技术转化在内的各个环节完全受市场机制支配，即无论从长期还是短期角度考虑，这些研究和开发机构从不选择和开展没有市场前景的种子研究和开发项目。

③ 在发达国家，从事种子生产及经销活动的种子公司的经营具有三个特征：一是种子公司的产权关系较为复杂，大都是有限责任公司制、合伙制和独资制公司，几乎不存在国有公司；二是所有的种子公司都是自主经营的市场主体，政府及其主管部门只能根据相关法规对其运作过程加以监管，但不能直接干预其经营管理过程；三是从根本上讲，所有种子公司从事种子研究、生产、经销活动的目的都是为了实现利润最大化。这些特征就决定了种子公司的研究、生产和经营活动必须以市场机制调节为基础。为适应竞争激烈的市场，各类种子公司都非常重视企业的信誉，为建立自己的信誉和名牌，连种子袋、标签都印有公司名称、地址和承诺；为提高种子公司的效益，各类种子公司都在不断加强内部管理、精简职员、采用现代设备和手段。

六、课后训练

种子市场管理如何实施?《种子法》对种子行政管理事项有哪些相关规定?

项目自测与评价

一、填空题

1. 我国种子行政管理包括（　　　　）、（　　　　）、（　　　　）和行政处罚。
2. 我国种子管理最高行政机构是（　　　　）。
3. 我国种子执法的根本依据是（　　　　）。
4. 行政法是国家重要的（　　　　）之一。

二、简答题

1. 种子行政法法源的形式有哪些?

2.《种子法》的立法宗旨是什么？

3.《种子法》确立了哪些主要法律制度？

4. 什么是种子行政管理？它有何特征？

5. 种子行政管理的主体有哪些？都有什么职能？

6. 种子行政管理有哪些方面？

项目三 农作物种质资源

种质资源是人类生存和国家经济可持续发展的物质基础，是一个国家国民经济的重要组成部分。积极研究种质资源的分类、收集、保存和利用对提高物种的多样性有着重要意义，尤其是对作物总产提高、单产提高、品质改良、作物品种种质基因的突破起着举足轻重的作用，是育种工作的基础，国家粮食战略安全的核心。

任务一 认知种质资源

一、任务描述

植物种质资源在不同生态环境条件下经历漫长自然演变进化，蕴藏着各种潜在可利用基因，是国家的珍贵财富。我国地域辽阔、生态类型丰富，是世界上种质资源丰富中心之一，研究种质资源的分布，分类夯实我国农作物育种种质基因库，为我国农业持续健康发展提供强有力的保证。

二、任务目标

在认知国内外种质资源基础上，能进行种质资源分类及保持。

三、任务实施

1. 实施条件

当地适宜保存种质资源田间、当地优良种质资源。

2. 实施过程

① 严格实地考察当地自然生态条件。

② 建立种质资源保存基地。

③ 对当地各类作物种质资源进行分类。

四、任务考核

项目	重点考核内容	考核标准	分数总计
种质资源保护	种质资源分类	种质资源分类标准	30
	我国种质资源管理机构	国家种子局种质资源管理部门	30
	种质资源保护方案	制订种质资源保护方案	40
分数合计			100

五、相关理论知识

（一）种质资源的概念

具有一定种质或基因的生物类型称为种质资源（基因资源、基因库、基因银行）。农作物种质资源是指选育农作物新品种的基础材料，包括农作物的栽培种、野生种和濒危稀有种的繁殖材料，以及利用上述繁殖材料人工创造的各种遗传材料，包括果实、籽粒、苗、根、茎、叶、芽、花、组织、细胞和DNA、DNA片段及基因等有生命的物质材料。

（二）种质资源

1. 开展种质资源工作的意义

“谁掌握了资源，谁就把握了未来；一粒种子改变了世界；一个基因可以影响一个国家的兴衰，一个物种可以左右一个地区的经济命脉；一份种质可以造福黎民百姓，一份种质甚至可以拯救一个国家。”地球上的生态环境和耕作方式千差万别，千万年来在各种环境中形成的基因多种多样。某种基因一旦从地球上消灭就难以用任何先进方法再创造出来，因此，保护、研究和利用作物种质资源是农作物品种改良所必需的，是农业持续发展所必需的。

种质资源是在漫长的历史过程中，由自然演化和人工创造而形成的一种重要的自然资源，它积累了源于自然和人工引起的极其丰富的遗传变异，即蕴藏着各种性状的遗传基因，是人类用以选育新品种和发展农业生产的物质基础，也是进行生物学研究的重要材料，是极其宝贵的自然财富。

作物育种成效的大小，很大程度上取决于掌握种质资源的数量多少和对其性状表现及遗传规律的研究深浅。世界育种史上，品种培育的突破性进展，往往都是由于找到了具有关键性基因的种质资源。

20世纪50年代，中国由于发现和利用了矮脚南特和矮子黏等水稻矮源，从而育成了广场矮、珍珠矮等一批高产、抗倒的矮秆水稻良种。同时，由于低脚乌特这一水稻矮源的发现与利用，进一步推动了世界范围的“绿色革命”浪潮。低脚乌特原产于中国台湾及福建，它现在几乎是世界所有国家矮秆水稻品种的祖先。我国台湾地区以低脚乌特为亲本，1960年育成了TN1（台湾本地种1号）。国际水稻研究所（IRRI）用低脚乌特与皮泰（Peta）杂交，1966年育成了IR8。据IRRI调查（1980），继IR8之后，36个国家育成的370个新品种，其中矮秆良种占70%。而矮秆良种中，IR系统占1/3。追溯其基因来源，几乎都有低脚乌特。20世纪70年代由于发现和利用了野败型雄性不育水稻种质，使水稻杂种优势利用的研究获得了突破性进展，并为以后水稻杂交种的选育和利用奠定了基础。

美国利用日本冬小麦农林10号的矮秆基因育成了第一个高产、半矮秆冬小麦品种格恩斯（Gaines），于1965年创造了高产纪录。国际玉米小麦改良中心（CIMMYT）利用农林10号小麦，通过杂交，将半矮秆与光照不敏感性相结合，自20世纪60年代，育成了一大批丰产性能好、适应性广、半矮秆的春性小麦品种，迅速在北非、中东、南亚等地区的一些国家推广。

2. 种质资源的重要性

（1）种质资源是育种工作的物质基础　品种资源是在长期自然选择和人工选择过程中形成的，它们携带着各种各样的基因，是品种选育和生物学理论研究不可缺少的基本材料来源。如果没有品种资源，作物育种工作就成为“无米之炊”。

筛选和确定作物育种的原始材料，也是作物育种的基础工作。能否灵活地、恰当地选择育种的原始材料，受作物品种资源工作的广度和深度的制约。

(2) 育种工作突破性的成就，取决于关键性基因资源的发掘与利用　国内外作物育种工作实践表明，一个特殊品种资源的发现和利用，往往能推动作物育种工作取得举世瞩目的成就，促进作物育种工作实现质的飞跃。

我国20世纪50年代在水稻生产上实现了品种矮秆化，主要是利用了广东省的矮脚南特和广西壮族自治区的矮子黏等一批矮秆品种资源，使水稻亩产由200～250kg提高到300～350kg以至500kg。

(3) 种质资源是不断发展新作物的主要来源　1999年董王琛指出农作物种质资源，又称农作物品种资源、遗传资源、基因资源，它蕴藏在农作物各类品种、品系、类型、野生种和近缘植物中，是改良农作物的基因来源。

农作物育种和遗传改良是改良现有的品种和创造新的品种，即包括从自然界中选择已有的优良类型育成新的品种，以及用杂交、理化因素处理等方法来改造现有的栽培类型和优良类型，并通过有效地培育、选择和鉴定，创造出优良的新品种，甚至新的物种。由于农作物种质资源在农作物育种上的广泛利用，新中国成立以来，主要农作物品种更新换代八次，良种覆盖率达到90%以上，为粮、棉、油单产和总产的提高发挥了巨大作用，给农业带来了显著的经济效益和社会效益。

(4) 实现新的育种目标，必须拥有更多的基因资源　育种目标是对所要育成品种的要求，也就是在一定地区的自然、耕作栽培经济条件下所要育成的新品种应具备的一系列优良性状指标。确定育种目标是育种工作的前提，是决定育种工作成败的首要关键要素。育种目标由高产、稳产、适应性强，逐步过渡到现在的高产、稳产、优质、适应性强。

要实现育种目标的突破，关键是拥有新的种质资源。玉米的蛋白质含量较低，品质较差。1964年玉米高赖氨酸突变体奥派克2（OPaque-2）的发现，大大推动了玉米营养品质的遗传改良。一般玉米品种籽粒中的氨基酸含量较低，特别是赖氨酸，只有0.22%～0.28%，色氨酸更低。而奥派克2（OPaque-2）的籽粒蛋白质中赖氨酸含量达0.35%～0.45%，比普通玉米高70%。据国际玉米小麦改良中心（CIMMYT）报道（1983年），通过轮回选择已育成一些带有奥派克2高赖氨酸基因和硬质胚乳的玉米改良群体，国际上统称为HQPM玉米（high quality protein maize），其产量与对照种不相上下或略高，但其营养价值大大提高。只要有充足的种质资源，采用科学的手段和方法就可实现新的育种目标。

(5) 种质资源是理论研究的重要材料　我国地域辽阔，有多种生态环境，造就了丰富的植物资源。目前我国有高等植物30000多种，仅次于巴西和马来西亚，名列世界第三，其中近200个属的植物为我国所特有，是一个种质资源宝库，为我国开展生物多样性研究提供了丰富的物质基础。

开展农作物种质资源基础理论研究，不仅能在生物基础理论研究领域中有新的突破，揭示农作物种质资源在国内乃至世界生物基础理论研究中应有的地位，而且对农作物遗传育种、耕作栽培、植物保护、作物品种区域化和农业宏观规划等方面，都会有一定的指导作用和实用价值。

3. 国内外种质资源概况

根据国际农业研究磋商小组（CGIAR）统计，世界各地基因库保存作物种质材料184.6万份。联合国粮农组织（FAO）和国际植物遗传资源委员会（IBPGR）组织并推动了植物种质资源研究工作的国际合作和交流。IBPGR还组织了世界性的国际长期库网，有42个国家或国际农业研究机构参加。世界各国政府和农业科研机构对种质资源的搜集、保存、交流和研究工作十分重视。

在美国，有完备的植物种质资源工作体系，主要机构是美国农业部研究中心的植物遗传和种质研究所，农作物国家引种站和地区引种站、马铃薯引种站和国家种子贮藏实验室以及私人种子公司等，并建立了水果和干果无性系种质库，拥有世界各地的种质材料总数达43万份以上。各机构协作进行植物种质资源的搜集、引种、保存、繁殖、鉴定、分类、编目和分配，并设有种质资源信息网络，拥有从全世界搜集的60万种以上的植物样本特性的信息数据库。

西欧的植物种质材料主要由国家植物园保存。英国国家园艺研究所保存了10000份蔬菜种质材料，它在威尔斯博思（Wellesboume）建有低温种子库，可在0℃下保存12万份种质材料。北欧5国（瑞典、挪威、丹麦、芬兰和冰岛）建有北欧基因库中心（瑞典马尔默Malmo）和5国基因库分中心及有关信息系统，已保存种质材料34000多份。俄罗斯与40多个国家或地区有种质交换关系，每年引进国外新的种质材料7000～8000份，征集本国材料3000～4000份，拥有蔬菜种质材料63000份。

日本筑波农业研究所种子贮藏管理室保存有170种作物32000多份品种的种子，可为农业研究机构提供种质材料。韩国在1985～1991年农业振兴厅基因库共搜集107000份种质材料。

中国拥有极丰富的植物种质资源，前苏联学者瓦维洛夫在《主要栽培植物的世界起源中心》一书中将“中国起源中心”列为世界上植物种类最多、范围最广的一个独立的世界农业发源地和栽培植物起源中心。中国农业科学院作物品种资源研究所组织协调全国栽培植物的种质资源研究工作，截至1984年，已搜集作物种质30万份；已与89个国家、地区和国际组织建立了种质交流关系，先后于北京建成一号和二号种质库。一号种质库以中期保存为主，二号库为长期库，可贮藏种质材料40万份。此外，在山西、河北、黑龙江、广西、广东、湖北、青海（天然库）、河南、上海及北京等省、市、自治区建有地区种质库，安全保存农作物种子。有关农业机构、农业院校育种单位也结合育种工作，搜集、保存、整理鉴定了一批种质材料。蔬菜种质材料的考察、搜集、整理研究由中国农业科学院蔬菜花卉研究所组织进行，种质材料入库已达1.7万份。

我国共有15个果树国家种质资源圃，共保存苹果、梨、柑橘、葡萄、李、杏、柿、枣、栗、龙眼、枇杷、香蕉、荔枝、草莓14个主要树种，及云南特有果树砧木资源，新疆名特寒果树，涉及31个科，58个属果树种质资源1万余份，圃地地面面积120多公顷。我国现有11146种药用植物，临床常用的植物药材有700多种，其中300多种以人工栽培为主，传统中药材的80%为野生资源。

4. 种质资源的类别

（1）本地种质资源　本地种质资源包括在当地自然条件和耕作制度下，经过长期培育选择得到的地方品种和当前推广的改良品种。由于它们对当地生态环境、栽培条件和消费习惯等有比较好的适应性，在利用种质资源时，可作为主要对象。此外，地方品种往往是一个遗传类型多样性的群体，有可能从中选择出优良类型。

（2）外地种质资源　外地种质资源是指引自外地区或国外的品种或材料。它们具有不同生物学和经济上的遗传性状，是改良品种的宝贵种质资源。有些外来的优良品种，若原产地的生态环境和本地区基本相近，能够适应生产发展要求，就可以直接引种利用。

（3）野生植物资源　野生植物资源包括栽培植物的近缘野生种和有潜在利用价值的植物野生种。这些种质材料是在自然条件下经长期适应进化和自然选择形成的，具有很强的适应性和抗逆性，或者具有栽培植物所欠缺的某些重要特性。通过杂交等方式，可以把野生植物中的优良基因或携带这些基因的染色体或其片段转移到栽培植物中来。野生植物常常是砧木的重要资源，可在提高作物的抗寒性和土壤适应性方面发挥作用。此外，某些野生植物经济性状被认识后，还可发展为新作物。

(4) 人工创造的种质资源　人工创造的种质资源包括人工诱变而产生的突变体、远缘杂交创造的新类型、育种过程中的中间材料、基因工程创造的新种质等。这些材料是培育新品种和进行有关理论研究的重要遗传资源。

(三) 种质资源管理机构

为了加强农作物种质资源的保护，促进农作物种质资源的交流和利用，根据《种子法》的规定，制定了《农作物种质资源管理办法》(以下简称《办法》)。《办法》规定农业部设立国家农作物种质资源委员会，研究提出国家农作物种质资源发展战略和方针政策，协调全国农作物种质资源的管理工作。委员会办公室设在农业部种植业管理司，负责委员会的日常工作。各省、自治区、直辖市农业、林业主管部门可根据需要，确定相应的农作物种质资源管理单位。

依《中华人民共和国野生动物保护法》规定，国家林业局、农业部分别主管全国陆生、水生野生动物管理工作，省、自治区、直辖市林业（农林）厅（局）、渔业（水产、海洋与水产）厅（局）分别主管省、自治区、直辖市陆生、水生野生动物管理工作，自治州、县、市渔业（水产、海洋与水产）局主管自治州、县、市水生野生动物管理工作，自治州、县、市林业（农业、农林、畜牧、农牧）局主管自治州、县、市陆生野生动物管理工作。

(四) 种质资源保护

种质资源可以被消耗或补充，可以科学地管理和保护。有效地管理和保护种质资源，不仅能够使其生存而且还能够增值，从而为人类的持续发展而永续利用。人类社会不只依靠正被利用的种质资源，未被利用的种质资源也具有巨大的潜在利用价值。丰富的种质资源不仅是人类赖以生存的基础，而且为人类社会适应自然变化提供了选择机会和原材料。可以说，保护种质资源就是保护人类未来。

20 世纪 90 年代有研究指出，现存的生物物种是过去数十亿年进化的结晶，是几十亿个物种灭绝后的幸存者。但随着人类活动的加剧，物种的栖息地快速丧失，物种生存受到严重威胁，灭绝速率不断加快。蕴藏全球 70％物种的热带森林，目前仅残存 900 万平方公里，并且以每年 7.6 万～9.2 万平方公里的速度消失。美国国会技术监督局认为，如果人类消费方式和破坏作用仍不改变，地球上物种灭绝的速度是自然状态的 1000 倍，到 2050 年，25％的物种将陷入绝境。截至目前，虽未有明确的数据证实这一观点，但这个研究结果告诉我们，保护种质资源确属当务之急。

植物种质资源是植物品种改良的基因宝库。栽培植物从野生植物演化而来，在不同的生态环境下通过自然选择和人工选择，形成许多地方品种。地方品种经过人工有目的地选育，形成栽培植物品种。在这个过程中，植物的遗传多样性不断丧失，对环境的适应能力、抗逆性和抗病虫害性逐渐减弱。要改良现有植物品种的丰产性、抗病性、抗逆性及品质，必须依靠现有植物的种质资源。但 20 世纪以来，特别是近 40～50 年以来，植物新品种的推广，带来了大面积生产上品种的单一化，再加上自然灾害（如洪涝、干旱）、生态环境破坏和污染，使大量地方品种和野生植物种质丧失。为了使植物育种有更广泛的遗传基础，必须挽救、保护和保存不断减少的植物种质资源。

六、课后训练

结合当地实际制订某种作物种质资源保护方案。

任务二 种质资源的收集、保存与利用

一、任务描述

为了更好地保存和利用自然界生物多样性，丰富和充实育种工作及生物学基础性研究，要加强种质资源收集、整理、研究、利用，创新种质资源、扩大种质资源基因库，为我国农业发展发挥基因源支撑作用。

二、任务目标

在掌握种质资源收集整理基础上，会对种质资源进行鉴定、研究，进行合理保存，并加以广泛利用。

三、任务实施

1. 实施条件

当地野生种质资源、本地种质资源、人工创造种质资源、外引种质资源，种质资源鉴定基本知识。

2. 实施过程

① 调查当地野生种质资源、本地种质资源、人工创造种质资源、外引种质资源。
② 对当地种质资源进行收集、整理、鉴定。
③ 当地种质资源保存。
④ 合理利用当地种质资源。

四、任务考核

项目	重点考核内容	考核标准	分数总计
种质资源工作	种质资源收集、整理	种质资源考察范围、搜集方法及管理	30
	种质资源鉴定、保存	种质资源性状鉴定，确定正确保存方法	30
	种质资源合理利用	种质资源合理利用方案	40
分数合计			100

五、相关理论知识

（一）种质资源收集整理

由于各国国情不同，收集种质资源的途径和着重点也各异。我国的作物种质丰富，现在及今后相当一段时间内，主要搜集本国的种质资源，同时也注意发展对外的种质交换，加强国外引种。通过考察、采集、征集、交换、贸易等渠道搜集栽培植物的地方品种、育成品种、近缘野生种、创新种质及有关野生植物资源是植物遗传育种的基础工作。20 世纪以来，种质资源搜集已成为一项重要事业。许多国家成立专门机构，组织专业队伍，到种质资源丰富的地区系统搜集种质材料，为植物育种和生产积累物质基础。美国农业部设立引种办公室，1897～1970 年，共派出考察队 150 次，从世界各地引进了大量种质资源，奠定了美国种植业的基础。俄罗斯有作物栽培研究所负责作物种质资源的搜集、保存和研究；瓦维洛夫及其同事在 20 世纪 30 年代进行了 200 次考察，到达 60 多个国家，搜集约 15 万份材料；70 年代以来，又进行了大规模的国内外种质搜集工作。中国从国外引种历史悠久，西汉时期（公元前 139）张骞出使西域引进瓜类、芝麻、亚麻等多种作物。自 1970 年以来，我国从 80 多个国家引入作物种质资源 7 万余份，已有 100 多个品种直接用于生产。在国内曾进行两次大规模的种质资源搜集工作。第一次是 50 年代中期到 60 代初，进行以县为单位的地方品种搜集。1979～1983 年，又进行了一次补充征集。对云南、西藏、湖北神农架地区和海南省进行重点考察搜集，共征集到 50 多种作物种质资源 10 万份，发现并挽救了一批珍稀和濒危的品种。

1. 种质资源考察的范围

一般在作物起源中心、栽培中心和遗传育种中心进行。在起源中心主要搜集地方品种、原始种和野生近缘种，重点放在野外采集。在作物栽培中心地区，自然条件更适宜作物的生长发育，形成了丰富的种质资源，例如冬季冷凉多雾的四川盆地，适宜于芥菜类蔬菜的生长发育，因而有很多芥菜变种类型。在这一地区应主要搜集各类地方品种和具有独特性状的类型，重点要访问农户、了解品种的演变历史以及品种的经济性状和抗不良环境的特性。在各作物遗传育种中心地区有较丰富的种质材料，主要搜集育成的优良品种、品系及特殊的遗传材料；重点要进行田间评选，了解品种的系谱和特征。

2. 种质资源搜集的方法

首先应做好考察前的准备工作。通过查阅已有种质资料和有关信息，制订出考察计划。计划包括目的任务、考察路线及时间、主要考察地点和实施方案。准备有关的调查记载表格、野外考察仪器和用具。搜集时期一般为种质繁殖的适宜时间。根据目的和任务，组成专业或综合考察队伍。二是在实际考察中做好调查和观察记载。考察过程中，要访问当地富有实践经验的科技人员和农民，了解考察对象的类型、品种及近缘野生植物，栽培和食用历史及利用方法、分布地区以及产地的气候、地理等生态条件，然后观察植株及其产品器官和生殖器官的生长习性、形态特征及栽培要点，搜集种子等繁殖材料，必要时对调查对象进行摄影并制成实物标本。采集取样应以保证获得最大的多样性为原则。可以在取样时均匀选点，随机取样；也可以在均匀取样的同时，适当有选择地取样，带有一定的倾向性。地方品种、野生种、近缘野生种比较混杂的群体，搜集的各种种质材料可多一些。对所获得的种质材料应妥善保管，以保持高度生活力。三是当实地考察告一段落时，应及时对种质材料进行分类、登记，并整理调查记录，修正考察计划和实施方案，发现遗漏应及时补充。

对于搜集到的种质材料，特别是引进国外的种质资源，必须进行植物检疫，严防在引入种质材料时带入疫病对象。

3. 种质资源管理

为使种质资源各种特性有案可查，便于育种和其他研究工作的检索、利用，对搜集的种质材料要进行分类、核实、登记、编号、田间种植、观察、鉴定，淘汰重复材料，并在取得完整资料基础上建立种质资源档案和性状数据库，编写种质资源目录。种质资源整理有以下环节。

① 初步整理。参照原始记录等资料，将搜集到的作物种子、苗木、无性繁殖体进行初

步分类、核实、登记、临时编号。

② 观察鉴定。初步整理的种质材料需在田间种植2～3年，进行系统鉴定，以对同名异物材料和异名同物材料做出判别，淘汰重复材料，并进一步全面了解种质材料形态特征、生物学特性。对保留材料给予永久编号。

③ 材料整理。对经过观察鉴定所得资料以及各种调查资料进行整理，建立种质档案、形成检索卡片，建成种质资源数据库，并将有关种质资源的信息编辑成种质资源目录出版，供随时检索、查阅和交流，便于种质资源利用。档案内容包括编号（临时号和永久号）、名称、种质类别、植物学分类、形态特征、生物学特性（生育期、阶段发育特性、农艺性状、抗病虫特性、抗逆性）、产品性状、品质性状等。对于深入研究的种质材料，可进行较为详细的记载。

（二）种质资源保存

为避免种质资源的流失，必须利用自然或人工创造的适宜环境，长期保持种质材料的生活力。种质资源的保存方法因作物繁殖方式、种子类型不同而异。对多年生植物可采用就地保存和种质圃保存及离体保存，对种子繁殖植物可人工创造环境条件保存其种子；也可利用DNA重组技术，对某一种质总DNA及其特定基因进行基因文库保存。种质资源保存的主要方法如下。

1. 就地保存

就地保存就是种质资源在原来所处的生态环境中，不经迁移，采取措施加以保护，如划定自然保护区、国家公园、人工圈护稀有的良种单株及历史上遗留下来的古树名木。稀有种、濒危种一般也应用此法。自然保护区是保存某些野生种质资源的最好方式，它保留了种质资源的原有生态环境，使它们不致随着自然栖息地的消失而灭绝。至2015年我国已建立各种类型保护区2729个，面积达147万平方公里，其中陆地面积约142万平方公里，约占全国陆地面积的15%，如阿尔金山、太白山、西双版纳、卧龙、鼎湖山、梵净山等自然保护区。

2. 种质圃保存

种质圃保存是将种质材料迁出自然生长地，集中改种在植物园、树木园、品种资源圃、种质资源圃等处保存。种质圃选址时应考虑：具有该种质生存的气候和土壤条件、无环境污染和严重病虫危害；有良好的栽培条件和设施；交通便利，有利于科研教学活动和交流。对种质圃种植的材料应严格执行检疫，并防止混杂。

种质圃是种质资源保存的一种方式。我国现有国家种质圃32家。如国家种质广州野生稻圃位于广州市天河区五山，依托广东省农科院水稻研究所，1990年通过国家验收，占地面积6.7亩，采用种茎盆栽保存，有围墙、喷灌和遮光设施。当时该圃有管理和研究人员5名，已保存国内外野生稻及其近缘种27个种共4383份资源，是目前世界上数量最多、种类最丰富的野生稻种植保存基地。1985年建成中国农科院北京多年生小麦野生近缘植物圃，该圃位于北京，占地面积约8.9亩；圃内保存有来自世界各地的12属、225种、2704份材料，其中，已编目8属、199种、1798份。建圃以来，向全国189个单位提供利用种质资源1240份次，用于遗传演化、优异基因的发掘与克隆、防沙固沙、牧草育种等研究工作。其中，获得小麦与冰草等7个野生种间的成功杂交为国际上首次报道，并培育出一批优质、抗病、抗逆的小麦新品系。

国家果树种质资源圃是国家建立的，负责收集、保存果树种质资源的机构。目前我国共有17家国家级果树种质资源圃。他们依次是国家果树种质兴城梨、苹果圃、国家果树种质郑州葡萄、桃圃、国家果树种质重庆柑橘圃、国家果树种质北京桃、草莓圃、国家果树种质福州龙眼、枇杷圃、国家果树种质熊岳李、杏圃、国家果树种质泰安核桃、板栗圃、国家果树种质南京桃、草莓圃、国家果树种质太谷枣、葡萄圃、国家果树种质武汉砂梨圃、国家果树种质广州香蕉、荔枝圃、国家果树种质云南特有果树砧木圃、国家果树种质公主岭寒地果树圃、国家果树种质新疆名特果树及砧木圃、国家果树种质眉县柿圃、国家果树种质沈阳山楂圃、中国农业科学院左家山葡萄圃，共占地约 7.95 公顷。

3. 种子保存

栽培植物多数为种子繁殖，故种子保存是常用的种质保存方法。种子有两类，一类为“正常型种子”，绝大多数作物种子属于这一类，要求低温干燥的条件下保存；另一类称“顽拗型”（recalcitrant）种子，如核桃、栗、榛、开心果、香榧等，当种子含水量降低到 12%～31%（因种类而异）生活力即下降，不能在低温干燥条件下贮藏，其保存方法尚未真正解决。一般贮藏温度为 5～20℃。目前正常型种子保存主要采用种质库保存。种质库应建在地下水位低、地势干燥、常年温度较低、交通方便、水和电供应可靠，无有害气体侵袭，不受洪涝、地震等自然灾害影响，并远离易燃、易爆品场所和强电磁场的安全地带。短期种质库用于临时存放；中期种质库（温度 0～5℃、空气相对湿度 32%～37%）用于分发用种子贮存，保存期 10 年；长期种质库（温度－10～15℃，空气相对湿度 32%～50%）主要用于长期保存种质，保存期 30～50 年。长期库中种子发芽率下降到一定程度（65%～85%）或种子量下降到可接受的最低限度，就需要进行繁殖更新。

种质库是种质保存的重要方式。我国现有中长期种质库 10 家。这十家分别是国家农作物种质保存中心、国家水稻中长期库、国家棉花中长期库、国家麻类作物中长期库、国家油料作物中长期库、国家蔬菜中长期库、国家甜菜中长期库、国家烟草中长期库、国家牧草中长期库、国家西甜瓜中长期库。

国家农作物种质保存中心保存设施的建设项目由农业部于 1999 年 3 月批准建设，并于 2002 年竣工投入使用，该中心的保存设施是原国家种质库 1 号库原址上，拆除原旧库后重新建设的，总建筑面积约 3500 平方米，由种质保存区，前处理加工区和研究试验区三部分组成。保存区共分成 12 间冷库，其中 5 间长期贮藏冷库，6 间中期贮藏冷库和 1 间临时存放冷库。长期贮藏冷库，贮藏温度常年控制在－18℃±2℃，相对湿度（RH）控制在 50% 以下，主要用于长期保存从全国各地收集来的作物品种资源，包括农家种、野生种和淘汰的育成品种等。中期库贮藏条件是－4℃±2℃，相对湿度＜50%，其种子贮藏寿命在 10～20 年。保存在中期库的资源可随时提供给科研、教学及育种单位研究利用及其国际交换。1 间临时存放冷库（＋4℃）供送交来的种子在入中长期贮藏冷库之前先临时存放。“国家农作物种质保存中心”保存设施投入使用后，不仅使得国家种质库保存总容量达到近百万份，并基本满足 30 年内我国发展的需要，同时也将使得国家种质库种质资源能为我国作物育种和生产发挥更大的作用。

4. 离体保存

植物体的每个细胞，在遗传上都是全能的，含有发育成植物体所必需的全部遗传信息。离体保存是在适宜条件下，用离体的分生组织、花粉、休眠枝条等保存种质资源。离体保存具有保存数量多、便于繁殖、节约土地和劳力，避免不良条件影响等优点。有许多问题尚需研究解决。分生组织保存是将分生组织在分化培养基上形成试管苗，再转入生长培养基中，待幼苗长至 10cm 左右时，置于低温下（5～10℃因作物而异）保存，经半年或 1 年后，取试管苗茎尖，继代保存。花粉保存在适宜条件下，存贮花粉以达到保存种质的目的。影响花粉生活力的因素与种子类似，主要是温度和水分，花粉的贮藏年限远较种子短。休眠枝条在低温（−2～2℃）保湿（相对湿度96%～98%，可包塑料薄膜保持适宜范围）条件下可短期贮藏。离体保存也采用超低温保存，即将原生质、细胞、组织器官或花粉经处理后，放入液态氮中（−196℃）保存。使用时，取出材料，经一定程序解冻，原生质、细胞或组织器官可通过组织培养诱导分化，形成再生植株，花粉可以用于授粉。

5. 基因文库保存

基因文库保存是利用DNA重组技术，将种质材料的总DNA片段或染色体所有片段随机连接到载体上（如质粒、黏性质粒、病毒），然后转移到寄主细胞（如大肠杆菌，农杆菌）中，通过细胞增殖，构成各个DNA的克隆系。在超低温下保持各无性繁殖系生命，即可保存该种质的DNA。

（三）种质资源研究与利用

1. 种质资源研究

搜集保存种质资源的目的是为了有效地利用它们，用作育种材料。要做到原始材料的正确合理利用，就必须对所搜集的种质资源进行全面的性状鉴定研究，做出科学评价。

（1）特征特性鉴定　种质资源鉴定时，应尽量采用国际通用或全国统一制定的记载标准。根据利用的目的，各种植物的鉴定内容不一定完全相同，但大致有以下几个方面。

① 植物学性状鉴定。描述每份材料的植物学性状，一般有茎、叶、花、果实、种子的形态特征，如上述器官的形状、大小、颜色、有无刺或茸毛等。侧重鉴定花和果实的性状，因为这些性状是重要的植物分类依据。

② 经济学性状鉴定。主要鉴定与栽培活动关系密切的性状、产量构成性状以及早熟性状。如番茄的生长类型、生长习性、株高、开展度、第一花序节位、结果数、单果重、早期产量、总产量等。

③ 生物学特性。在自然环境或人工控制环境中，测定种质的生长发育习性、物候期和环境因子，通过分析三者之间的关系，了解种质材料的生长发育规律。自然环境鉴定、区域性鉴定和不同生长季节鉴定，主要鉴定种质材料对不同地区和生长季节的适应性。人工控制环境鉴定主要有温室鉴定、人工气候室鉴定、低温春化和低温要求鉴定、光照鉴定等。温室鉴定以选择适合于温室生长的种质材料。人工气候室鉴定是由人工控制温、湿度及光照条件，创造种质鉴定所需环境，进行单个或多个因素的分析。低温春化和低温要求鉴定是在控制低温条件下，鉴定一二年生蔬菜花卉植物的春化特性以及落叶果树解除休眠所需的温度。光照鉴定是用增加光照时间或遮光处理，了解种质材料的光周期特性；通过调节光强度鉴定不同种质材料对光强度的适应性。记载项目主要是环境因素、种质材料的物候期以及相应生长发育分阶段的形态特征、病虫害发生情况，并进行相应的产量统计和品质分析鉴定。

④ 品质鉴定。品质是决定产品价值的决定因素。品质鉴定因作物种类、用途不同有所侧重。外观品质主要包括种质材料产品的色泽、大小、形状、整齐度，可以通过对以上指标进行全面详细的综合评价后做出判断。品质质地包括硬度、水分、蛋白质含量、维生素和矿物质，可采用常规分析法测定，例如维生素C用2,6-二氯靛酚滴定法，粗纤维用酸碱水解法，钙用EDTA络合滴定法。加工品质主要根据对加工产品的要求进行鉴定，贮藏品质则需通过贮藏试验和运输试验加以确定。

⑤ 抗逆性鉴定。在植物的生长发育过程中，常遇到低温、高温、弱光、干旱、盐碱等不利环境因素（逆境）的胁迫，抗逆性鉴定就是鉴定不同种质材料对逆境的反应程度，从中选出抗冷性、抗冻性、抗寒性、耐热性、抗盐性材料，用于品种改良或直接用于生产。鉴定

方法主要有自然条件下鉴定、人工模拟逆境鉴定和间接鉴定法三类。自然条件下鉴定是在自然逆境条件下，鉴定种质材料的受害程度及逆境解除后的恢复程度，但由于不同年份、不同批次逆境强度不同，鉴定结果会有差异，因此，一般要经过2～3年以上的重复或多点试验。人工模拟逆境鉴定要在人工设备中，严格控制有关条件，鉴定种质材料的不同抗逆性，其结果比较精确。逆境胁迫常常会影响植物的膜系统以及其他生理过程如光合作用、呼吸作用等，因此，间接鉴定法可以用逆境下的反映膜系统完整性的指标（如相对电导率等）以及影响其他生理过程的指标（如光合速率、叶绿素荧光参数、呼吸速率等）来间接鉴定种质材料的抗逆性。植物的不同生育阶段对逆境的敏感性不同，抗逆性鉴定尽可能在逆境对植物危害最大的时期进行。

⑥ 抗病性鉴定。这是对种质材料采取适当方法诱发植株发病，以确定其抗病能力。鉴定的方法有直接鉴定和间接鉴定。直接鉴定又分为田间鉴定和室内鉴定。田间鉴定是将被测定的种质材料播种或移植在病圃内进行自然诱发鉴定或人工接种鉴定，可较客观地反映种质的抗病性。室内鉴定是在温室或人工控制条件下对种质植株或离体材料（如叶片）进行人工接种鉴定。间接鉴定包括毒素鉴定法、植物保卫素鉴定法、酶活性鉴定法、同工酶鉴定法和血清学鉴定法。间接鉴定只能建立在直接鉴定结果基础上，作为抗病性鉴定的辅助手段。抗病性鉴定标准主要有普遍率、严重度和病情指数三项。普遍率表示群体发病情况的指标，用百分率表示，如病株率、病果率等；严重度表示个体发病的情况指标，按发病程度定级；病情指数计算公式＝$\sum$(各级病株数×各级病情级值)×100/(总株数×发病最重级代表数值)。

（2）基础理论研究　对于作物种质资源的基础理论研究主要是研究其起源、演化、分类以及遗传分析等。

① 作物起源与演化研究。数千种栽培植物的起源与演化，迄今少数已有公论，大多数还不清楚。主要研究农作物起源地，种与种之间、类型与类型之间的系统发育关系，以便从栽培植物起源地及其附近可能自然扩散的地区发掘一些有用的原始类型和新的有用的种质材料，并为科学地利用各个种和类型提供依据。农作物起源与演化研究常用方法包括实地考察；搜集考古证据和古籍记载；通过种（属）间杂交的亲和性来判断遗传关系远近；运用染色体组分析、核型分析、染色体显带分析、同工酶分析或形态学和解剖学证据以及数量分类学方法，研究种或类型的亲缘关系。近年来分子生物学技术（例如随机扩增多态DNA、RAPD技术）在这一领域已广泛应用，并取得重要进展。通过此项技术，分析了种间的基因流动现象，补充和改进了过去的研究结果。

② 种内分类研究和生态型研究。栽培植物在不同的生态环境下，通过自然淘汰和人工选择栽培，形成了丰富的形态变异和生态分化，形成众多的类型和生态型。一般事物的本质特性由多方面表现出来，以一方面的本质特征为标准，可以形成一套分类系统，而根据另一方面本质特征，又可形成另一套分类系统。栽培植物所采用的形态分类和生态型分类，正是反映了两个不同方面的本质特征。前者主要依据形态特征进行分类，反映了栽培植物的性状演化规律和亲缘关系；后者反映了同一栽培植物不同种类对生态因子的反应特征及生态适应性。传统的形态分类以形态比较为主，植株的根、茎、叶、花、果实、种子都可作为分类的依据，但单纯依靠形态比较，常常具有局限性。大多数栽培植物的种内变异很多，形态上又难以区分，而一些无性繁殖植物的营养器官又易受环境影响而发生变异，对其分类就更为困难。因此，近代分类学采用了实验分类和数量分类相结合的方法，即将同种植物种质分散在不同地区和不同环境下栽培，或集中在同一地区栽培，观察其形态变异，并统计各种性状指标，采用数量分类方法，确定种内形态分类。此外，染色体核型分析、染色体显带分析、同工酶分析、分子标记分析也可为形态分类提供证明。生态型分类应主要采用种质材料对生态

因子及其变化有反应的性状进行分类，可采用生物学特性鉴定时的研究方法。当所采集的性状较多时，也可采用数量分类的方法进行分类。

③ 遗传分析。在鉴定基础上，对具有优异性状的种质材料可进行遗传分析，包括优异性状的显隐性、配合力、遗传传递力、基因定位、性状及性状群的相关分析。通过遗传分析，不仅知道该资源材料的利用价值，而且可以明确利用的方法。

2. 种质资源利用

种质资源的搜集、保存和研究，最终目的是为了有效地利用。利用方式如下。

（1）直接利用　对搜集到的适应当地生态环境、具有开发潜力、可取得经济效益的种质材料，可直接在生产上应用。例如，我国从欧洲引进大量小麦、棉花品种经试验研究后作为品种直接在生产上推广；刺梨、猕猴桃、沙棘原是野生植物，发现其经济价值后，已成为新的果树植物。

（2）间接利用　对在当地表现不很理想或不能直接应用于生产，但具有明显优良性状的种质材料，可作为育种的原始材料。例如，我国从美国引进的抗枯黄萎病的棉花作抗病种质，和栽培品种杂交后，选育出抗枯黄萎病的棉花品种，在生产上起了很大作用。有些种质材料既可直接利用，也可间接利用。例如，我国的月季传入欧洲后，既作直接观赏，又作为育种材料，通过杂交，培育出了新的品种和新的月季类型。我国从国外引进的一些小麦品种可直接在生产上应用，也可作为杂交的亲本材料，从中选育出新的品种。

（3）潜在利用　对于一些暂时不能直接利用或间接利用的材料，也不可忽视。其潜在的基因资源有待于人们进一步研究认识、利用。

（四）种质资源创新

新的种质资源来源有三方面：一是育种过程中产生的新品种、新品系和新的种质材料；二是由于不断产生的天然变异，包括自然突变和天然杂交产生的新类型和新物种；三是通过远缘杂交、细胞工程、染色体工程、基因工程、组织培养等手段有目的地扩大遗传基础，综合不同种属间优良性状，形成易于育种工作者利用的新的种质资源以及新的栽培植物类型和品种。这一方面的成果最为突出。例如，应用远缘杂交技术，欧洲利用含有抗晚疫病基因的野生马铃薯与栽培种杂交，将抗病基因转育到栽培种中后，解决了爱尔兰因马铃薯晚疫病大流行而遭受的饥荒；小麦与偃麦草（冰草或鹅冠草）合成的小偃麦，小麦与山羊草合成的小山麦。再如，采用体细胞杂交技术，使番茄和马铃薯体细胞融合，获得“番茄薯”；用二倍体结薯的马铃薯与二倍体不结薯野生种融合，产生抗病可育的体细胞杂种；柑橘不同种融合，也已获得多个种间和属间杂种植株。又如，利用基因工程技术，将目的基因导入植物，获得新的种质材料，在植物育种上有很大潜力。例如，将黄瓜花叶病毒（CMV）外壳蛋白基因导入番茄已获得抗 CMV 的植株；用 ACC 氧化酶反义基因转入番茄，已选育出耐贮性强的品系。

种质资源创新，为育种工作提供了特殊性状的基因源，从而使育成的品种在某些重要性状上有所突破，在植物育种工作中有重要意义。

（五）种质资源国际交流

种质资源国际间交流分为外引和引进两种方式。国家对农作物种质资源享有主权，国家鼓励单位和个人从境外引进农作物种质资源，任何单位和个人向境外提供种质资源，应当经所在地省、自治区、直辖市农业、林业主管部门审核，报农业部审批。对外提供农作物种质资源按以下程序办理。

1. 外引种质资源

① 对外提供种质资源的单位和个人按规定的格式及要求填写《对外提供农作物种质资源申请表》，提交对外提供种质资源说明，向所在地省、自治区、直辖市农业、林业主管部门提出申请。

② 省、自治区、直辖市农业、林业主管部门应当在收到申请材料之日起 10 日内完成审核工作。审核通过的，报农业部审批。

③ 农业部应当在收到审核意见之日起 10 日内完成审批工作。审批通过的，开具《对外提供农作物种质资源准许证》，加盖“农业部对外提供农作物种质资源审批专用章”。

④ 对外提供种质资源的单位和个人持《对外提供农作物种质资源准许证》到检疫机关办理检疫审批手续。

⑤《对外提供农作物种质资源准许证》和检疫通关证明作为海关放行依据。

⑥ 对外合作项目中包括农作物种质资源交流的，应当在签订合作协议前，办理对外提供农作物种质资源审批手续。

2. 引进种质资源

① 从境外引进新物种的，应当进行科学论证，采取有效措施，防止可能造成的生态危害和环境危害。引进前，报经农业部批准，引进后隔离种植 1 个以上生育周期，经评估，证明确实安全和有利用价值的，方可分散种植。

② 单位和个人从境外引进种质资源，应当依照有关植物检疫法律、行政法规的规定，办理植物检疫手续。引进的种质资源，应当隔离试种，经植物检疫机构检疫，证明确实不带危险性病、虫及杂草的，方可分散种植。

③ 国家实行引种统一登记制度。引种单位和个人应当在引进种质资源入境之日起一年之内向国家农作物种质资源委员会办公室申报备案，并附适量种质材料供国家种质库保存。当事人可以将引种信息和种质资源送交当地农业、林业主管部门或农业科研机构，地方农业、林业主管部门或农业科研机构应当及时向国家农作物种质资源委员会办公室申报备案，并将收到的种质资源送交国家种质库保存。

引进的种质资源，由国家农作物种质资源委员会统一编号和译名，任何单位和个人不得更改国家引种编号和译名。

六、课后训练

结合当地制订种质资源保存方案。

项目自测与评价

一、填空题

1. 种质资源的类别有（　　　　）、外地种质资源、野生种质资源和（　　　　）。
2. 种质资源又称基因资源、（　　　　）、（　　　　）。
3. 种质资源考察范围一般在作物起源中心、（　　　　）和（　　　　）进行。
4. 作物起源中心主要搜集（　　　　）、（　　　　）和野生近缘种。
5. 种质资源整理环节有初步整理、（　　　　）和（　　　　）。
6. 种质资源长期库的温度指标是（　　　　），相对湿度指标是（　　　　）。
7. 种质资源特征特性鉴定主要从（　　　　）、（　　　　）和生物学特性，（　　　　）、

（　　　　）和抗病性鉴定。

8. 空间隔离的方法有天然屏障隔离、（　　　　）和空间隔离。

9. 种质资源利用方式有（　　　　）、（　　　　）和潜在利用。

10. 种质资源国际交流主要有（　　　　）和（　　　　）。

二、简答题

1. 简述种质资源类别。
2. 简述种质资源重要性。
3. 种质资源管理机构有哪些？
4. 简述种质资源收集整理步骤。
5. 种质资源保存方法有哪些？
6. 简述种质资源创新技术。

项目四 植物新品种保护与审定

植物品种保护与品种审定是两种不同的制度，品种审定不等同于品种保护，品种保护也不代表品种审定，两者分别适用不同的法规。获得品种权的品种，要在生产上推广应用还需要经过品种审定或认定。两者都需要申请者向主管部门提出申请，按照规定的条件和程序进行审查，目的都是为农业生产提供高产、优质、高效的作物品种。

任务一 保护植物新品种

一、任务描述

植物品种保护制度同专利制度一样，是受知识产权保护制度。它是植物新品种权审批机关，根据品种权申请人的请求，对经过人工培育的或者对发现并加以开发的野生植物的新品种，依据品种权的授权条件，按照法定程序进行审查，决定该品种能否被授予植物新品种权。界定其植物新品种权的范围、实施及侵犯植物新品种权的法律援助。

二、任务目标

把握植物新品种及植物新品种权的含义，培养品种权保护意识，防范侵权行为发生。认识植物新品种权享有主体，植物新品种权实施、授予及侵犯品种权的法律救济。

三、任务实施

1. 实施条件

新育成的植物品种（系）、野生动植物品种（系）；国家审批机关、《中华人民共和国植物新品种保护条例实施细则》。

2. 实施过程

① 植物新品种权含义特征。

② 植物新品种权主体。

③ 植物新品种权实施。

④ 植物新品种权授予。

⑤ 侵犯植物新品种权法律救济。

四、任务考核

项目	重点考核内容	考核标准	分数总计
植物新品种的保护	植物新品种保护	植物新品种的含义及特征	30
	植物新品种权	植物新品种权的主体、实施 植物新品种权的申请和授予	50
	植物新品种权	植物新品种权的限制及相关法律救济	20
分数合计			100

五、相关理论知识

（一）植物新品种保护概述

1. 植物新品种的含义和特征

我国《中华人民共和国植物新品种保护条例》第二条规定："本条例所称植物新品种，是指经过人工培育的或者对发现的野生植物加以开发，具备新颖性、特异性、一致性和稳定性并有适当命名的植物品种。"

（1）新颖性　是指申请保护的植物新品种以前不能在市场上出售或者在市场上出售不能超过规定的时限。法律的具体要求是，申请品种权的植物新品种在申请日前该品种繁殖材料未被销售，或者经育种者许可，在中国境内销售该品种繁殖材料未超过 1 年；在中国境外销售藤本植物、林木、果树和观赏树木品种繁殖材料未超过 6 年，销售其他植物品种繁殖材料未超过 4 年。审查中发现申请品种缺乏新颖性，会要求申请人提供具备新颖性的相应证据，如果申请人在规定的期限内提不出证据，该申请将被视为缺乏新颖性而被驳回。若不符合新颖性要求的申请品种被授予品种权，自审批机关公告授予品种权之日起，植物新品种复审委员会可以主动依据职权宣告该品种权无效；公众特别是利害关系人可以按照规定程序书面请求植物新品种复审委员会宣告该品种权无效。

（2）特异性　是指申请品种权的植物新品种应当明显区别于在递交申请以前已知的植物品种。品种保护突出特征特性（通常以外观形态为主），即要求新品种在诸如植株高矮、花的颜色、叶片宽窄、株型等一个或几个方面明显区别于递交申请以前的已知品种，或者在品质、抗性上与已知品种相比较差异显著。

（3）授予品种权的植物新品种在生物学、形态学性状方面应当具备一致性和稳定性　一致性是指申请品种权的植物新品种经过繁殖，除可以预见的变异外，其相关的特征或者特性一致。稳定性是指申请品种权的植物新品种经过反复繁殖后或者在特定繁殖周期结束时，其相关的特征或者特性保持不变。

2. 植物新品种保护的意义

植物新品种，是指经过人工培育的或者对发现的野生植物加以开发，具备新颖性、特异性、一致性和稳定性并有适当命名的植物品种。育种人为何要享有权利？为了满足人们对农产品产量和质量越来越高的要求，随着农业科技的发展，优良的植物新品种不断出现。一种新的植物品种的诞生，需要育种人大量和长期的资金与技术投入。但新品种大量的投入市场后，其育种技术容易被他人掌握，若他人无偿繁育育种人培育的新品种，势必造成育种人的巨大付出无法得到应有的回报。正如对专利权人的保护一样，法律也必须赋予育种人对其培育的植物新品种享有一定的特权，由此导致植物新品种权的产生。法律对植物新品种权保护的核心在于，授予育种人对其培育的新品种享有排他的独占权，他人在将该品种作为商品使用时，需向其交纳一定的费用而取得许可。我国《中华人民共和国植物新品种保护条例》第六条也有相应的规定："完成育种的单位或者个人对其授权品种，享有排他的独占权。任何单位或者个人未经品种权所有人（以下称品种权人）许可，不得为商业目的生产或者销售该授权品种的繁殖材料，不得为商业目的将该授权品种的繁殖材料重复使用于生产另一品种的繁殖材料。"当然，育种人经向国家有关审批机关提出植物新品种权的申请，经过严格的实质性审查并颁发品种权证书后，其所培育的品种才能称之为植物新品种，方能成为品种权人，享有植物新品种权。植物新品种权可以转让。

3. 国外多数国家通过立法对新品种进行保护

① 新品种保护是保护品种选育者的知识产权，由品种选育者自愿申请，是授予具有特异性、一致性、稳定性、新颖性和适当名称的品种的选育者使用该品种的独立权。目前世界上有 60 多个国家实行新品种保护制度，国际植物品种保护联盟（UPOV）的成员国有 44 个。

② 品种注册是指在测定品种特异性、一致性、稳定性的基础上，测定其农艺性状，证明其突出的使用价值。实验一般由一个委员会组织进行，并负责向主管部门推荐应当给予批准注册的品种。多数国家采取名录的形式，凡经批准注册列入品种名录的品种才允许生产和销售。

③ 品种的安全性评价是近年来随着科技的发展而产生的一种管理制度，是针对特种方法选育的品种，尤其针对转基因品种而推出的，主要评价这类品种对人类、生态的影响，是一种强制执行的制度。多数国家将此项管理授予一个管理部门负责，尤其是品种保护和注册有一个部门负责，以避免实验重复。

4. 我国植物新品种保护

《种子法》第二十五条规定：国家实行植物新品种保护制度，对经过人工培育的或者发现的野生植物加以开发的植物品种，具备新颖性、特异性、一致性和稳定性的，授予植物新品种权，保护植物新品种权所有人的合法权益。具体办法按照国家有关规定执行。国家鼓励和支持种业科技创新、植物新品种培育及成果转化。取得植物新品种权的品种得到推广应用的育种者依法获得相应的经济利益。

我国植物新品种保护工作是由国家林业局和农业部两个部门来进行的。根据两部门在植物新品种保护工作上的分工，国家林业局负责林木、竹、木质藤本、木本观赏植物（包括木本花卉）、果树（干果部分）及木本油料、饮料、调料、木本药材等植物新品种保护工作。目前，我国对植物品种权的保护还仅限于植物品种的繁殖材料。对植物育种人权利的保护，保护的对象不是植物品种本身，而是植物育种者应当享有的权利。

(1) 常规种的品种权保护范围　由于常规种品种当代的群体内各个体之间的性状具有一致性，上下代之间性状的遗传具有稳定性，常规种的特异性、一致性、稳定性在当代群体内各个体之间和上下代之间都能够保持不变，所以，常规种的品种权保护范围是常规种品种本身及其以后各代的繁殖材料。

另杂交种的亲本与常规种类似，能够保持其性状的特异性、一致性、稳定性。杂交种的亲本如果享有品种权，品种权保护范围也是其本身及以后各代的繁殖材料。

(2) 杂交种的品种权保护范围　由于杂交种只有杂交一代当代的群体内各个体之间的性状具有一致性，上下代之间性状遗传不具有稳定性，杂交种后代群体内各个体之间的性状差异极大，所以，杂交一代的种子及其以后各代的繁殖材料丧失了品种应有的稳定性、特异性、一致性，不能再做种用。杂交种的品种权保护范围只是杂交种本身即其父、母本的特定组合，不保护杂交种的繁殖材料和以后各代的繁殖材料及其父本与母本反交的繁殖材料以及其父本或者母本与其他品种资源杂交的繁殖材料。

（二）植物新品种权

1. 植物新品种权的含义和内容

植物新品种权，是指完成育种的单位或者个人对其授权的植物新品种，享有排他的独占权。依照《中华人民共和国植物新品种保护条例》，品种权这种独占性表现在其排他性使用上，即任何单位或者个人未经品种权所有人（以下称品种权人）许可，不得为商业目的生产或者销售该授权品种的繁殖材料，不得为商业目的将该授权品种的繁殖材料重复使用于生产另一品种的繁殖材料。可见，法律赋予育种的单位或者个人以品种权，其保护的核心实际落实在对植物新品种权繁殖材料的保护上。植物新品种的保护客体是育种者的新品种的繁殖材料，而不是品种种植者的收获物，更不是关于植物新品种的生产方法。植物新品种的生产方法，如果符合专利法规定的发明创造的新颖性、独创性和实用性条件的，可以采用专利权的保护形式。

品种权具备的法律特点有以下四方面。

（1）无形性　是品种权的首要特点。品种权作为智力劳动成果，人们是看不见摸不着的，同时又不会因为使用而消耗。它是借助种子、种苗等有形资产作为载体进行“物化”。

（2）专有性　又称垄断性或排他性。《中华人民共和国植物新品种保护条例》第六条规定：完成育种的单位或者个人对其授权品种，享有排他的独占权。任何单位或者个人未经品种权所有人（以下称品种权人）许可，不得为商业目的生产或者销售该授权品种的繁殖材料。但有关法规另有规定的除外，如利用授权品种进行育种及其他科研活动或农民自繁自用授权品种的繁殖材料，可以不经品种权人认可。

（3）地域性　是指依据某一特定国家的法律产生或者取得的品种权，只在该国法律效力所涉及的范围内有效，除此以外的其他国家和地区则不会自动受到同样的保护。因此，如果认为该品种有望打入国际市场，还应当及时到国外相应国家去申请品种保护。

（4）时间性　是指品种权的专有性是有时间限制的。超过了规定期限，则该项品种权就进入公用领域，人人可用。品种权的期限是由取得该项品种权所依据法律规定的。

2. 植物新品种权的主体

品种权的主体可以是单位也可以是个人。由于植物新品种的申请权和品种权可以依法转让，所以品种权的主体可以是植物新品种的研发人，也可以是原始权利的合法继受人，如继承人、品种权转让合同的受让人等。

《中华人民共和国植物新品种保护条例实施细则》（简称《细则》）对品种权的权利归属做出了类似于专利法的规定：对于职务育种即执行本单位的任务或者主要是利用本单位的物质条件所完成的职务育种，植物新品种的申请权属于该单位；非职务育种，植物新品种的申请权属于完成育种的个人。申请被批准后，品种权属于申请人。委托育种或者合作育种，品种权的归属由当事人在合同中约定；没有合同约定的，品种权属于受委托完成或者共同完成育种的单位或者个人。

品种权人的品种权主要涉及新品种繁殖材料的生产和销售两个方面，具体有以下几种。

（1）生产、销售权　即品种人自己为商业目的而生产、销售授权品种的繁殖材料的权利。

（2）许可使用权　指品种权人可以为商业目的，许可他人将该授权品种的繁殖材料重复使用于生产另一品种的繁殖材料的权利。

（3）转让权　指品种权人可依法转让品种权，以及生产或者销售该授权品种的繁殖材料的权利。

（4）其他权利　品种权人还拥有标记权、署名权、被奖励权、放弃权等。在《保护植物新品种国际公约》1991 年文本中，育种人（品种人）还有为繁殖而进行驯化的权利、出口权、进口权以及贮备权等权利。

（5）品种权人享有权力的同时也有自己的义务

① 按审批机关的要求提供有关资料和新品种繁殖材料，其繁殖材料是指可繁殖植物的种子和植物体的其他部分。

② 缴纳新品种保护费用。

③ 实施品种权（品种权人无正当理由自己不实施，或虽已实施但不能满足国内市场需求，又不许可他人以合理条件实施的，为了国家利益或者公共利益的需要，农业部可以作出生产、销售等实施新品种强制许可）（《细则》第十二条）。

④ 使用登记注册品种名称。

3. 植物新品种权的实施

（1）植物新品种权实施的含义　品种权人将已获得品种权的新品种应用于农业生产，从而获得经济上的回报。不论是品种权人自己应用，还是许可他人应用，只要是把授权的植物新品种应用于农业生产，即为品种权的实施。

（2）新品种权实施方式

① 自己实施：自己组织生产、销售授权品种的繁殖材料。

② 许可他人实施。许可他人实施品种权，是品种权人的一项重要的权利。品种权人通过签订实施许可合同等方法，允许他人有条件地为商业目的生产、销售和使用其授权品种的繁殖材料。许可他人实施品种权，只是使用权的有偿转让，品种所有权仍归品种权人所有。许可他人实施有三种方式：普通许可、独家许可（排他许可）和独占许可。

普通许可是指品种权人在规定地域范围和时间期限内，允许多方同时生产、销售或使用同一授权品种，并且品种权人自己仍保留实施该授权品种的权利。

独家许可是指品种权人授予他人在一定条件下的独家实施授权品种的权利，同时保证不再向第三方授予在该条件下实施该授权品种的权利。但品种权人自己仍可保留实施该授权品种的权利。

独占许可是指被许可人在一定的地域范围和时间期限内对许可方授权品种拥有独占使用权的一种许可。即被许可人是该授权品种唯一合法的许可使用者，许可人和任何第三方均不得在该地域范围和时间期限内使用该授权品种。

独占许可证的被许可方所应支付的使用费比其他任何一种许可证所支付的使用费要高得多，有的甚至要高出 60%～100%。而独家许可证具有以下特点：在合同约定的时间和地域范围内，专利权人不得再许可任何第三人以此相同的方式实施该项专利，但专利权人自己却可以进行实施。这一点也正是独占许可证与独家许可证的区别。

③ 国家强制实施。强制许可实施的条件：为了国家利益或者公共利益的需要；品种权人无正当理由自己不实施，又不允许他人以合理条件实施的；对重要农作物品种，品种权人虽已实施，但明显不能满足国内市场需求，又不允许他人以合理条件实施的。

4. 植物新品种权的申请与授予

植物新品种权的取得，必须向国家审批机关（国务院农业、林业行政部门）提出申请，并经过初步审查和实质审查。特殊情况下，还得经过植物新品种复审委员会的复审，甚至司法机关的审查。

中国的单位和个人申请品种权的，可以直接或者委托代理机构向审批机关提出申请，并向审批机关提交符合规定格式要求的请求书、说明书和该品种的照片。如果提交的资料符合要求，审批机关应当予以受理，明确申请日、给予申请号，并通知申请人缴纳申请费。申请日一般为审批机关收到品种权申请文件之日；申请文件是邮寄的，以寄出的邮戳日为申请日。在申请日问题上，品种权也有关于优先权的规定（见《中华人民共和国植物新品种保护条例》第二十三条）。

申请人缴纳申请费后，审批机关对品种权申请的下列内容进行初步审查。

（1）属于植物品种保护名录列举的植物属或者种的范围（见表 4-1）。

表 4-1 中华人民共和国农业植物品种保护名录

批次	农业植物新品种保护名录	发布日期
第一批	水稻、玉米、大白菜、马铃薯、春兰、菊属、石竹属、紫花苜蓿、唐菖蒲属、草地早熟禾	1999 年 6 月 16 日
第二批	普通小麦、大豆、甘蓝型油菜、花生、普通番茄、黄瓜、辣椒属、梨属、酸模属	2000 年 3 月 7 日
第三批	兰属、百合属、鹤望兰属、补血草属等 10 个花卉	2001 年 2 月 26 日
第四批	甘薯、谷子、桃、荔枝、普通西瓜、普通结球甘蓝、食用萝卜	2002 年 1 月 4 日
第五批	高粱、大麦属、苎麻属、苹果属、柑橘属、香蕉、猕猴桃属、葡萄属、李、茄子、非洲菊	2003 年 7 月 24 日
第六批	棉属、亚麻、桑属、芥菜型油菜、蚕豆、绿豆、豌豆、菜豆、豇豆、大葱、西葫芦、花椰菜、芹菜、胡萝卜、白灵侧耳、甜瓜、草莓、柱花草属、花毛茛、华北八宝、雁来红	2005 年 5 月 13 日
第七批	橡胶树、茶组、芝麻、木薯、甘蔗属、小豆、大蒜、不结球白菜、花烛属、果子蔓属、龙眼、人参	2008 年 4 月 3 日
第八批	莲、蝴蝶兰属、秋海棠属、凤仙花、非洲凤仙花、新几内亚凤仙花	2010 年 1 月 4 日
第九批	芥菜、芥蓝、枇杷、樱桃、莴苣、三七、苦瓜、冬瓜、燕麦、芒果、万寿菊属、郁金香属、烟草	2013 年 5 月 12 日
第十批	向日葵、荞麦属、白菜型油菜、薏苡属、蓖麻、菠菜、南瓜、丝瓜属、青花菜、洋葱、姜、茭白(菰)、芦笋(石刁柏)、山药(薯蓣)、菊芋、咖啡黄葵、杨梅属、椰子、凤梨属、番木瓜、木菠萝(菠萝蜜)、无花果、仙客来、一串红、三色堇、矮牵牛(碧冬茄)、马蹄莲属、铁线莲属、石斛属、萱草属、薰衣草属、欧报春、水仙属、羊肚菌属、香菇、黑木耳、灵芝属、双孢蘑菇、枸杞属、天麻、灯盏花(短莛飞蓬)、何首乌、菘蓝、甜菊(甜叶菊)、结缕草	2016 年 5 月 16 日

（2）授予品种权的植物新品种应当具备新颖性　依据《中华人民共和国植物新品种保护条例》第十四条，授予品种权的植物新品种应当具备新颖性。

（3）授予品种权的植物新品种应当具备特异性　依据《中华人民共和国植物新品种保护条例》第十五条，授予品种权的植物新品种应当具备特异性。

（4）授予品种权的植物新品种应当具备一致性　依据《中华人民共和国植物新品种保护条例》第十六条，授予品种权的植物新品种应当具备一致性。

（5）授予品种权的植物新品种应当具备稳定性　依据《中华人民共和国植物新品种保护条例》第十七条，授予品种权的植物新品种应当具备稳定性。

（6）授予品种权的植物新品种应当具备适当的名称，并与相同或者相近的植物属或者种中已知品种的名称相区别　该名称经注册登记后即为该植物新品种的通用名称。下列名称不得用于品种命名：①仅以数字组成的；②违反国家法律或者社会公德或者带有民族歧视性的；③以国家名称命名的；④以县级以上行政区划的地名或者公众知晓的外国地名命名的；⑤同政府间国际组织或者其他国内知名组织及标识名称相同或者近似的；⑥对植物新品种的特征、特性或者育种者身份等容易引起误解的；⑦属于相同或者相近植物属或者种的已知名称的；⑧夸大宣传的。

初步审查应当自受理品种权申请之日起 6 个月内完成。对经初步审查合格的品种权申请，审批机关予以公告，并通知申请人在 3 个月内缴纳审查费。对经初步审查不合格的品种权申请，审批机关应当通知申请人在 3 个月内陈述意见或者予以修正；逾期未答复或者修正后仍然不合格的，驳回申请。

申请人按照规定缴纳审查费后，审批机关对品种权申请的特异性、一致性和稳定性进行实质审查，这是授予品种权的实质审查程序。实质审查多为书面审查，即主要依据申请文件和其他有关书面材料进行实质审查。但是，审批机关认为必要时，也可以委托指定的测试机构进行测试或者考察业已完成的种植或者其他试验的结果。由于审查需要，审批机关要求提供必要的资料和该植物新品种的繁殖材料的，申请人应当提供。

经实质审查符合本条例规定的品种权申请，审批机关应当作出授予品种权的决定，颁发品种权证书，并予以登记和公告。对经实质审查不符合本条例规定的品种权申请，审批机关予以驳回，并通知申请人。

对审批机关驳回品种权申请的决定不服的，申请人可以自收到通知之日起 3 个月内，向植物新品种复审委员会请求复审。植物新品种复审委员会应当自收到复审请求书之日起 6 个月内作出决定，并通知申请人。申请人对植物新品种复审委员会的决定不服的，可以自接到通知之日起 15 日内向人民法院提起诉讼。

5. 品种权的限制

首先体现在期限上。依照《中华人民共和国植物新品种保护条例》的规定，品种权的保护期限，自授权之日起，藤本植物、林木、果树和观赏树木为 20 年，其他植物为 15 年。而且，为维持品种权，品种权人应当自被授予品种权的当年开始缴纳年费。未按照规定缴纳年费，是品种权在其保护期限届满前终止的原因之一。此外，品种权人以书面声明放弃品种权、品种权人未按照审批机关的要求提供检测所需的该授权品种的繁殖材料、或者经检测该授权品种不再符合被授予品种权时的特征和特性的，都会导致品种权在其保护期限届满前终止。

其次，合理使用制度在品种权制度上也有适用的余地。《中华人民共和国植物新品种保护条例》第十条规定，利用授权品种进行育种及其他科研活动，或者农民自繁自用授权品种的繁殖材料的，可以不经品种权人许可，不向其支付使用费，但是不得侵犯品种权人依照本条例享有的其他权利。

此外，为了国家利益或者公共利益，审批机关可以作出实施植物新品种强制许可的决定，并予以登记和公告。取得实施强制许可的单位或者个人应当付给品种权人合理的使用费，其数额由双方商定；双方不能达成协议的，由审批机关裁决。品种权人对强制许可决定或者强制许可使用费的裁决不服的，可以自收到通知之日起 3 个月内向人民法院提起诉。

6. 对侵犯品种权的法律救济

侵犯品种权的行为，主要有以下几种。

① 未经品种权人许可，以商业目的生产或者销售授权品种的繁殖材料的行为；

② 假冒授权品种的行为；

③ 销售授权品种而未使用其注册登记名称的行为。

对于第一种行为，品种权人或者利害关系人可以请求省级以上人民政府农业、林业行政部门进行处理，也可以直接向人民法院提起诉讼。省级以上人民政府农业、林业行政部门处理这类侵权案件时，可以责令侵权人停止侵权行为，没收违法所得，可以并处违法所得 5 倍以下的罚款。

对于假冒授权品种的，由县级以上人民政府农业、林业行政部门责令停止假冒行为，没收违法所得和植物品种繁殖材料，并处违法所得1倍以上5倍以下的罚款；情节严重，构成犯罪的，依法追究刑事责任。

销售授权品种未使用其注册登记名称的，则由县级以上人民政府农业、林业行政部门责令限期改正，可以并处一千元以下的罚款。

六、课后训练

论述如何申请植物新品种权。

任务二 审定植物新品种

一、任务描述

品种审定是国家或者省级农业、林业行政部门的品种审定委员会根据申请人的请求，对新育成的品种或者新引进的品种进行区域试验鉴定，按照规定程序进行审查，决定该品种能否推广并确定其推广范围的一种行政管理措施。

二、任务目标

掌握品种审定的条件和审定程序，明白品种审定与品种保护区别。

三、任务实施

1. 实施条件

申请品种审定的单位或个人、国家或省级品种审定委员会、《主要农作物品种审定办法》。

2. 实施过程

① 申请品种单位或个人提出品种审定申请。

② 申请品种单位或个人提交品种审定全部材料（含试验种子、文字说明、图片说明等）。

③ 接受申请的部门作出受理或不受理决定。

④ 进行品种比较试验（包括预备试验、区域试验、生产示范试验）。

⑤ 新品种审定与公告。

⑥ 植物新品种审定与保护区别。

四、任务考核

项目	重点考核内容	考核标准	分数总计
植物新品种的审定	品种审定	掌握品种审定的含义及特点	30
	申请审定品种应具备的条件	明确申请审定的品种应具备的条件	30
	品种审定的程序	掌握品种审定的程序	30
审定与保护区别	新品种审定与保护区别	植物新品种审定与植物新品种保护区别	10
分数合计			100

五、相关理论知识

（一）品种审定

1. 品种审定的含义

品种审定是对新育成的和新引进的品种，由品种审定委员会根据品种区域试验、生产试验结果，审查评定其推广价值和适应范围的活动。

农业部设立国家农作物品种审定委员会，负责国家级农作物品种审定工作。省级农业行政主管部门设立省级农作物品种审定委员会，负责省级农作物品种审定工作。

2. 品种审定的特点

① 品种审定对象必须是农作物品种。新品种是指过去没有过或本行政区内从来没有过。

② 由专业机构组织进行——农作物品种审定委员会，其审定通过的品种由同级农业行政主管部门进行公告。

③ 品种审定的依据是品种区试和生产试验之结果。

④ 品种审定的目的是评价新品种的推广价值和适应范围。

3. 品种审定的作用

① 可以保证所推广的新品种较已在生产上主要应用的当家品种具有较高的增产潜力，或在其他方面的表现不低于已在生产上推广的主要当家品种，但至少可以在一个方面具有优点。

② 通过审定的新品种，实际上表明了该品种已经选育成功，可以推广应用。

③ 通过审定的品种，表明该品种与现有品种比较有其新颖之处，可以申请品种权。在实行品种权保护的条件下，可以使育种者的权益得到有效保护。

（二）国家级审定和省级审定

稻、小麦、玉米、棉花、大豆以及农业部确定的主要农作物品种实行国家级或省级审定，申请者可以申请国家级审定或省级审定，可以同时申请国家级审定和省级审定，也可以同时向几个省（自治区、直辖市）申请审定。

国家级审定和省级审定有以下不同

1. 适宜推广的生态区域不同

国家级审定由农业部公告，可在全国适宜的生态区域推广。

省级审定由省、自治区、直辖市农业主管部门公告，限定在本行政区域内适宜的生态区域推广；相邻省、自治区、直辖市属同一适宜生态区的，须经所属省、自治区、直辖市农业行政主管部门同意后方可引种。

2. 审定的品种范围不同

国家级审定范围是《种子法》中规定的 5 种主要农作物和农业部规定的 2 种主要农作物；省级审定除以上 7 种外，还包括各省（自治区、直辖市）自行规定的 1～2 种主要农作物。

（三）申请审定的品种应具备的条件

① 人工选育或发现并经过改良。

② 与现有品种（已审定通过或本级品种审定委员会已受理的其他品种）有明显区别。

③ 遗传性状稳定。

④ 形态特征和生物学特性一致。

⑤ 具有符合《农业植物品种命名规定》的名称。

⑥ 已完成同一生态类型区2个生产周期以上、多点的品种比较试验。其中，申请国家级品种审定的，稻、小麦、玉米品种比较试验每年不少于20个点，棉花、大豆品种比较试验每年不少于10个点，或具备省级品种审定试验结果报告；申请省级品种审定的，品种比较试验每年不少于5个点。

（四）品种审定的程序

1. 提出申请

申请品种审定的单位和个人（以下简称申请者），直接向国家品种审定委员会或省级品种审定委员会提出申请，提交申请书（转基因品种还应当提供农业转移基因生物安全证书），申请书包括以下内容。

① 申请表，包括作物种类和品种名称，申请者名称、地址、邮政编码、联系人、电话号码、传真、国籍，品种选育的单位或者个人（以下简称育种者）等内容。

② 品种选育报告，包括亲本组合以及杂交种的亲本血缘关系、选育方法、世代和特性描述；品种（含杂交种亲本）特征特性描述、标准图片，建议的试验区域和栽培要点；品种主要缺陷及应当注意的问题。

③ 品种比较试验报告，包括试验品种、承担单位、抗性表现、品质、产量结果及各试验点数据、汇总结果等。

④ 转基因检测报告。

⑤ 转基因棉花品种还应当提供农业转基因生物安全证书。

⑥ 品种和申请材料真实性承诺书。

2. 接受申请的部门作出受理或不受理决定

品种审定委员会办公室在收到申请书45日内作出受理或不予受理的决定，并通知申请者。对《主要农作物品种审定办法》规定的，应当受理，并通知申请者在1个月内交纳试验费和提供试验种子。对于交纳试验费和提供试验种子的，由办公室安排品种试验。逾期不交纳试验费或者不提供试验种子的，视同撤回申请。对于不符合《主要农作物品种审定办法》要求的，不予受理。申请者可以在接到通知2个月内陈述意见或者予以修正，逾期未答复的视同撤回申请；修正后仍然不符合规定的，驳回申请。

3. 进行品种试验

品种试验包括区域试验和生产试验。

每一个品种的区域试验，试验时间不少于两个生产周期，田间试验设计采用随机区组或间比法排列。同一生态类型区试验点，国家级不少于10个，省级不少于5个。区域试验应当对品种丰产性、适应性、稳定性、抗逆性等进行鉴定，并进行品质分析、DNA指纹检测、转基因检测等。

每一个品种的生产试验点数量不少于区域试验点，每一个品种在一个试验点的种植面积不少于300m^2，不大于3000m^2，试验时间不少于一个生产周期。第一个生产周期综合性状突出的品种，生产试验可与第二个生产周期的区域试验同步进行。生产试验是在接近大田生产的条件下，对品种的丰产性、适应性、稳产性、抗逆性等进一步验证，同时总结配套栽培技术。

4. 审定与公告

对于完成试验程序的品种，申请者、品种试验组织实施单位、育繁推一体化种子企业应当在2月底和9月底前分别将稻、玉米、棉花、大豆品种和小麦品种各试验点数据、汇总结果、DUS测试报告提交品种审定委员会办公室。品种审定委员会办公室在30日内提交品种审定委员会相关专业委员会初审，专业委员会应当在30日内完成初审。

初审通过的品种，由品种审定委员会办公室在30日内将初审意见及各试点试验数据、汇总结果，在同级农业主管部门官方网站公示，公示期不少于30日。

审定通过的品种，由品种审定委员会编号、颁发证书，同级农业行政主管部门公告。编号为审定委员会简称、作物种类简称、年号、序号，其中序号为四位数。省级品种审定公告，应当报国家品种审定委员会备案。审定公告在相应的媒体上发布。审定公告公布的品种名称为该品种的通用名称。审定通过的品种，在使用过程中如发现有不可克服的缺点，由原专业委员会或者审定小组提出停止推广建议，经主任委员会审核同意后，由同级农业行政主管部门公告。

审定未通过的品种，由品种审定委员会办公室在30日内书面通知申请者。申请者对审定结果有异议的，可以自接到通知之日起30日内，向原品种审定委员会或者国家级品种审定委员会申请复审。品种审定委员会应当在下一次审定会议期间对复审理由、原审定文件和原审定程序进行复审。对病虫害鉴定结果提出异议的，品种审定委员会认为有必要的，安排其他单位再次鉴定。品种审定委员会办公室应当在复审后30日内将复审结果书面通知申请者。

（五）植物新品种审定与植物新品种保护

植物新品种审定是品种审定委员会对新育成的品种或引进的品种进行区域化鉴定，按规定程序进行审查，决定该品种能否推广并确定推广范围的过程。品种审定的目的，是为了防止盲目引进和任意推广不适合本地区种植的品种和劣质品种，给农业生产和农民利益造成损失。

植物新品种保护是新品种保护审批机关对经过人工培育的或者对发现并加以开发的野生植物的新品种，依据授权条件，按照规定的程序审查，决定该品种能否授予品种权。品种保护目的，是保护植物新品种权，鼓励培育和使用植物新品种，促进农林生产发展。

1. 植物新品种审定和植物新品种保护的共同点

① 两者的目标相同，都是为了促进农业生产的发展。

② 两者都是针对植物新品种而言，程序的启动都是基于申请人提出申请。

③ 两者都是由管理机构按规定程序予以审查，对符合条件的发放证书。在审查过程中，都必须进行一定田间栽培试验。

2. 植物新品种审定和植物新品种保护的区别

① 对象不同。品种审定的对象是新育成的品种或者新引进的品种，而品种保护的对象既可能是新育成的品种，也可能是对发现的野生植物加以开发所形成的品种。

② 通过的条件不同。品种保护是在对我国保护名录之内，具备新颖性、特异性、一致性、稳定性并有适当命名的植物品种，授予品种权；品种审定是对比对照优良的经济性状的新培育品种和引进品种，颁发审定合格证书。品种保护主要强调的是新颖性和特异性，只要是商业销售不超过规定的时限，无论是外观形态特征还是品质、抗性明显区别于已有品种，就可能受到保护。品种审定则主要是强调以产量为主的农艺价值，即该品种的推广价值。

③ 证书性质不同。品种保护授予的是一种受法律保护的智力成果的权利证书，是授予育种者的一种财产独占权；品种审定证书是一种推广许可证书，授予的是品种可以进入市场（推广应用）的准入证，是一种行政管理措施。获得品种保护的品种有期限规定，超过有效

期限，该品种就不受到保护，任何人都可以使用该品种。通过审定的品种没有严格的时间限制，只要在生产利用过程，没有发现不可克服的弱点，就可以一直推广应用。

④ 审查层级不同。品种保护的受理、审查和授权集中在国家一级进行，由植物新品种审批机关负责，由农业部颁发品种权证书，授权品种在全国范围内得到保护；品种审定则实行国家与省两级审定，由品种审定委员会负责，通过审定的品种在审定公告中指定的生态区域内推广生产有效。

总之，品种审定不等同于品种保护，品种保护也不代表品种审定，两者之间区别大于共同，分别适用不同的法规，品种保护适用《中华人民共和国植物新品种保护条例》，品种审定适用《种子管理条例》。取得品种权的品种，要想在生产上推广应用还需要经过品种审定或认定；通过品种审定的品种，如果需要取得法律保护，就要提出品种权申请，只要满足规定的授权条件，就可以取得品种权。

六、课后训练

论述品种审定的程序有哪些。

项目自测与评价

一、解释名词

植物新品种、植物新品种权、品种权申请人、品种权人、新颖性、特异性、一致性、稳定性、植物新品种审定

二、填空题

1. 植物新品种保护期限，自授权之日起，藤本植物、林木、果树和观赏树木为常规种20年，其他植物为（　　　）年。

2. 转基因植物品种的选育、实验、审定和推广应当进行（　　　），并采取严格的安全控制措施。

3.《中华人民共和国种子法》中规定的主要农作物有稻、（　　　）、（　　　）、棉花和（　　　），农业部确定的主要农作物是（　　　）和（　　　），这七种主要农作物可以同时申请（　　　）和（　　　）审定。

三、简答题

1. 申请植物新品种权应具备哪些条件？
2. 什么是植物新品种权的实施，它有哪些主要形式？
3. 品种权具备哪些法律特点？
4. 申请审定的品种需具备什么条件？

项目五 种子生产经营许可管理

我国加入世界贸易组织后，种子市场发生了颠覆性的变化，由计划经济种子供给体制转变为市场调节供给体制，种子产业得到了长足发展。种子是有生命的特殊商品，在我国，种子生产经营实行的是许可制度，新的种子生产经营许可证管理办法是提高种子企业的注册资本金，提高行业准入门槛，对种子产业的布局重新进行兼并重组，强化育、繁、推一体化种子企业管理，推进种子产业健康持续发展。为加强种子生产、经营许可管理，规范种子生产、经营秩序，种子企业需根据相关法律法规，按照申办条件和申办程序，办理各类种子的生产经营许可证。

任务一 种子企业准入

一、任务描述

我国种子生产经营实行准入制度，企业要进入种子生产经营行业，首先要获得农业、林业主管部门的许可，凭种子经营许可证可到工商行政管理机关申请办理营业执照。探究种子生产经营许可证申请条件，能方便快捷为种子企业办理各种证照，促进种子企业良性发展。

二、任务目标

明确种子生产经营许可内容，种子生产经营许可证发放管理机关，会运用种子生产经营许可证申请的条件，为种子企业进行证照办理。

三、任务实施

1. 实施条件

种子企业生产经营许可证样本、种子生产经营许可证管理办法。

2. 实施过程

① 种子生产经营许可项目。

② 种子生产经营许可证发放管理机构。

③ 种子生产经营许可证申请条件。

④ 为企业办理种子生产经营各种证照。

四、任务考核

项目	重点考核内容	考核标准	分数总计
种子企业准入	种子生产经营许可项目	许可范围、许可地域、许可期限	30
	种子生产经营许可证发放机构	分级审批发放制度	30
	种子生产经营许可证申请条件	制订种子生产经营许可证申请方案	40
分数合计			100

五、相关理论知识

自2000年《种子法》颁布实施以来，我国农作物种子产业发生了重大变化，种子市场主体呈现多元化，农作物品种更新速度加快，有力地推动了农业发展和农民增收。但是，由于我国种子产业仍处在起步阶段，种子管理仍存在体制不顺、队伍不稳、手段落后、监管不力等问题，一些地区种子市场秩序比较混乱，假劣种子坑农害农事件时有发生，损害了农民利益，影响了农业生产安全和农民增收。

2006年5月，《国务院办公厅关于推进种子管理体制改革加强市场监管的意见（国办发［2006］40号）》中强调，严格种子企业市场准入，要求地方各级人民政府按照《中华人民共和国行政许可法》等有关法律的规定，尽快完成清理和修订种子市场准入条件的法规、规章和政策性规定等工作。各级农业、林业主管部门和工商行政管理机关要严格按照法定条件办理种子企业证照，加强对种子经营者的管理。同时，要消除影响种子市场公平竞争的制度障碍，促进种子企业公平竞争。

企业欲进入农作物种子生产经营行业，首先要获得农业、林业主管部门的种子生产和经营许可。种子经营者取得种子经营许可证后，方可凭种子经营许可证到工商行政管理机关申请办理营业执照。

（一）种子生产经营许可含义

种子生产经营是指种植、采收、干燥、清选、分级、包衣、包装、标识、贮藏、销售及进出口种子的活动；种子生产是指繁（制）种的种植、采收的田间活动。

为保证农业生产的安全，保证所生产经营的种子质量，国家把种子作为一般禁止商品，只有具备一定条件、经各级农业、林业主管部门审查批准，并发给相应的许可证才能解除这种禁止，开展种子生产经营活动。这就是种子生产经营许可制度。

1. 许可范围

种子生产经营许可的范围是指允许所生产经营农作物种子的范围。国家把农作物种子分为一般农作物种子、主要农作物杂交种子及其亲本和常规种原种种子、进出口的种子和育繁推一体化所经营的种子以及转基因农作物种子等类型进行管理。

2. 许可区域

种子生产经营许可的区域是指允许开展生产经营种子活动（主要指设立分支机构、委托代销）的地域。

农业部颁发的《种子经营许可证》在全国范围内有效。农业部也可以限定其在全国的部分区域内有效，具体有效范围在种子生产经营许可证内明确注明省（区、市）、县级以上农业、林业主管部门颁发的种子经营许可证只可在其行政区域内有效，而不能够超出其管辖范围。

需要注意的是，种子经营许可区域是指获得种子经营许可证的种子经营者的活动范围，可以在该区域范围内设立分支机构、委托代销等，而不是指它所经营种子的销售区域。

3. 许可期限

种子生产经营许可证的期限是指《种子生产许可证》、《种子经营许可证》的有效期。农业部《农作物种子生产经营许可证管理办法》规定，在有效期内变更主证载明事项的，应当向原发证机关申请变更并提交相应材料，原发证机关应当依法进行审查，办理变更手续。在有效期内变更副证载明的生产种子的品种、地点等事项的，应当在播种三十日前向原发证机关申请变更并提交相应材料，申请材料齐全且符合法定形式的，原发证机关应当当场予以变更登记。种子生产经营许可证期满后继续从事种子生产经营的，企业应当在期满六个月前重新提出申请。

（二）种子生产经营许可证的发放管理机关

1. 农作物种子生产经营许可证的发放

从事主要农作物常规种子生产经营及非主要农作物种子经营的，其种子生产经营许可证由企业所在地县级以上地方农业、林业主管部门核发；从事主要农作物杂交种子及其亲本种子生产经营以及实行选育生产经营相结合、有效区域为全国的种子企业，其种子生产经营许可证由企业所在地县级农业、林业主管部门审核，省、自治区、直辖市农业、林业主管部门核发；从事农作物种子进出口业务的，其种子生产经营许可证由企业所在地省、自治区、直辖市农业、林业主管部门审核，农业部核发。

农业、林业主管部门对申请人提出的种子生产经营许可申请，应当根据下列情况分别作出处理：不需要取得种子生产经营许可的，应当即时告知申请人不受理；不属于本部门职权范围的，应当即时作出不予受理的决定，并告知申请人向有关部门申请；申请材料存在可以当场更正的错误的，应当允许申请人当场更正申请材料不齐全或者不符合法定形式的，应当当场或者在五个工作日内一次告知申请人需要补正的全部内容，逾期不告知的，自收到申请材料之日起即为受理；申请材料齐全、符合法定形式，或者申请人按照要求提交全部补正申请材料的，应当予以受理。

审核机关应当对申请人提交的材料进行审查，并对申请人的办公场所和种子加工、检验、仓储等设施设备进行实地考察，查验相关申请材料原件。审核机关应当自受理申请之日起二十个工作日内完成审核工作。具备本办法规定条件的，签署审核意见，上报核发机关；审核不予通过的，书面通知申请人并说明理由。核发机关应当自受理申请或收到审核意见之日起二十个工作日内完成核发工作。核发机关认为有必要的，可以进行实地考察并查验原件。符合条件的，发给种子生产经营许可证并予公告；不符合条件的，书面通知申请人并说明理由。

选育生产经营相结合、有效区域为全国的种子生产经营许可证，核发机关应当在核发前在中国种业信息网公示五个工作日。

2. 申请领取主要农作物常规种子或非主要农作物种子生产经营许可证的条件

① 基本设施。生产经营主要农作物常规种子的，具有办公场所 $150m^2$ 以上、检验室 $100m^2$ 以上、加工厂房 $500m^2$ 以上、仓库 $500m^2$ 以上；生产经营非主要农作物种子的，具有办公场所 $100m^2$ 以上、检验室 $50m^2$ 以上、加工厂房 $100m^2$ 以上、仓库 $100m^2$ 以上。

② 检验仪器。具有净度分析台、电子秤、样品粉碎机、烘箱、生物显微镜、电子天平、扦样器、分样器、发芽箱等检验仪器，满足种子质量常规检测需要。

③ 加工设备。具有与其规模相适应的种子加工、包装等设备。其中，生产经营主要农作物常规种子的，应当具有种子加工成套设备，生产经营常规小麦种子的，成套设备总加工能力 10t/h 以上；生产经营常规稻种子的，成套设备总加工能力 5t/h 以上；生产经营常规大豆种子的，成套设备总加工能力 3t/h 以上；生产经营常规棉花种子的，成套设备总加工能力 1t/h 以上。

④ 人员。具有种子生产、加工贮藏和检验专业技术人员各 2 名以上。

⑤ 品种。生产经营主要农作物常规种子的，生产经营的品种应当通过审定，并具有 1 个以上与申请作物类别相应的审定品种；生产经营登记作物种子的，应当具有 1 个以上的登记品种。生产经营授权品种种子的，应当征得品种权人的书面同意。

⑥ 生产环境。生产地点无检疫性有害生物，并具有种子生产的隔离和培育条件。

⑦ 农业部规定的其他条件。

3. 申请领取主要农作物杂交种子及其亲本种子生产经营许可证的企业，应当具备以下条件

① 基本设施。具有办公场所 $200m^2$ 以上、检验室 $150m^2$ 以上、加工厂房 $500m^2$ 以上、仓库 $500m^2$ 以上。

② 检验仪器。除具备本办法第七条第二项规定的条件外，还应当具有 PCR 扩增仪及产物检测配套设备、酸度计、高压灭菌锅、磁力搅拌器、恒温水浴锅、高速冷冻离心机、成套移液器等仪器设备，能够开展种子水分、净度、纯度、发芽率四项指标检测及品种分子鉴定。

③ 加工设备。具有种子加工成套设备，生产经营杂交玉米种子的，成套设备总加工能力 10t/h 以上；生产经营杂交稻种子的，成套设备总加工能力 5t/h 以上；生产经营其他主要农作物杂交种子的，成套设备总加工能力 1t/h 以上。

④ 人员。具有种子生产、加工贮藏和检验专业技术人员各 5 名以上。

⑤ 品种。生产经营的品种应当通过审定，并具有自育品种或作为第一选育人的审定品种 1 个以上，或者合作选育的审定品种 2 个以上，或者受让品种权的品种 3 个以上。生产经营授权品种种子的，应当征得品种权人的书面同意。

⑥ 具有本办法第七条第六项规定的条件。

⑦ 农业部规定的其他条件。

4. 申请领取实行选育生产经营相结合、有效区域为全国的种子生产经营许可证的企业，应当具备以下条件

① 基本设施。具有办公场所 $500m^2$ 以上，冷藏库 $200m^2$ 以上生产经营主要农作物种子或马铃薯种薯的，具有检验室 $300m^2$ 以上；生产经营其他农作物种子的，具有检验室 $200m^2$ 以上。生产经营杂交玉米、杂交稻、小麦种子或马铃薯种薯的，具有加工厂房 $1000m^2$ 以上、仓库 $2000m^2$ 以上；生产经营棉花、大豆种子的，具有加工厂房 $500m^2$ 以上、仓库 $500m^2$ 以上；生产经营其他农作物种子的，具有加工厂房 $200m^2$ 以上、仓库 $500m^2$ 以上。

② 育种机构及测试网络。具有专门的育种机构和相应的育种材料，建有完整的科研育种档案。生产经营杂交玉米、杂交稻种子的，在全国不同生态区有测试点 30 个以上和相应的播种、收获、考种设施设备；生产经营其他农作物种子的，在全国不同生态区有测试点 10 个以上和相应的播种、收获、考种设施设备。

③ 育种基地。具有自有或租用（租期不少于 5 年）的科研育种基地。生产经营杂交

玉米、杂交稻种子的，具有分布在不同生态区的育种基地 5 处以上、总面积 200 亩以上；生产经营其他农作物种子的，具有分布在不同生态区的育种基地 3 处以上、总面积 100 亩以上。

④ 科研投入。在申请之日前 3 年内，年均科研投入不低于年种子销售收入的 5%，同时，生产经营杂交玉米种子的，年均科研投入不低于 1500 万元；生产经营杂交稻种子的，年均科研投入不低于 800 万元；生产经营其他种子的，年均科研投入不低于 300 万元。

⑤ 品种。生产经营主要农作物种子的，生产经营的品种应当通过审定，并具有相应作物的作为第一育种者的国家级审定品种 3 个以上，或者省级审定品种 6 个以上（至少包含 3 个省份审定通过），或者国家级审定品种 2 个和省级审定品种 3 个以上，或者国家级审定品种 1 个和省级审定品种 5 个以上。生产经营杂交稻种子同时生产经营常规稻种子的，除具有杂交稻要求的品种条件外，还应当具有常规稻的作为第一育种者的国家级审定品种 1 个以上或者省级审定品种 3 个以上。生产经营非主要农作物种子的，应当具有相应作物的以本企业名义单独申请获得植物新品种权的品种 5 个以上。生产经营授权品种种子的，应当征得品种权人的书面同意。

⑥ 生产规模。生产经营杂交玉米种子的，近 3 年年均种子生产面积 2 万亩以上；生产经营杂交稻种子的，近 3 年年均种子生产面积 1 万亩以上；生产经营其他农作物种子的，近 3 年年均种子生产的数量不低于该类作物 100 万亩的大田用种量。

⑦ 种子经营。具有健全的销售网络和售后服务体系。生产经营杂交玉米种子的，在申请之日前 3 年内至少有 1 年，杂交玉米种子销售额 2 亿元以上或占该类种子全国市场份额的 1%以上；生产经营杂交稻种子的，在申请之日前 3 年内至少有 1 年，杂交稻种子销售额 1.2 亿元以上或占该类种子全国市场份额的 1%以上；生产经营蔬菜种子的，在申请之日前 3 年内至少有 1 年，蔬菜种子销售额 8000 万元以上或占该类种子全国市场份额的 1%以上；生产经营其他农作物种子的，在申请之日前 3 年内至少有 1 年，其种子销售额占该类种子全国市场份额的 1%以上。

⑧ 种子加工。具有种子加工成套设备，生产经营杂交玉米、小麦种子的，总加工能力 20t/h 以上；生产经营杂交稻种子的，总加工能力 10t/h 以上（含窝眼清选设备）；生产经营大豆种子的，总加工能力 5t/h 以上；生产经营其他农作物种子的，总加工能力 1t/h 以上。生产经营杂交玉米、杂交稻、小麦种子的，还应当具有相应的干燥设备。

⑨ 人员。生产经营杂交玉米、杂交稻种子的，具有本科以上学历或中级以上职称的专业育种人员 10 人以上；生产经营其他农作物种子的，具有本科以上学历或中级以上职称的专业育种人员 6 人以上。生产经营主要农作物种子的，具有专职的种子生产、加工贮藏和检验专业技术人员各 5 名以上；生产经营非主要农作物种子的，具有专职的种子生产、加工贮藏和检验专业技术人员各 3 名以上。

⑩ 具有本办法第七条第六项、第八条第二项规定的条件。

⑪ 农业部规定的其他条件。

5. 从事种子进出口业务的企业和外商投资企业申请领取种子生产经营许可证，除具备本办法规定的相应农作物种子生产经营许可证核发的条件外，还应当符合有关法律、行政法规规定的其他条件。

六、课后训练

制订种子企业申请种子生产经营许可证需提交的材料及办理程序的可行性方案。

任务二 种子生产经营许可管理

一、任务描述

在我国，种子企业要进入种子行业，首要是办理《种子生产经营许可证》才能进行正常种子生产经营活动。明确种子企业办理种子生产经营许可证各项条件和办理程序，更好为种子企业服务。

二、任务目标

明确种子生产经营许可证办理所需基本材料及种子生产经营许可证办理程序。能正确合理运用种子生产经营许可证申请的条件，为种子企业进行证照办理。

三、任务实施

1. 实施条件

种子企业生产经营许可证样本、种子生产经营许可证管理办法、种子生产经营许可证办理程序。

2. 实施过程

① 种子生产经营许可证办理基本材料。
② 种子生产经营许可证办理程序。
③ 外商投资企业种子生产经营许可证办理。
④ 为种子企业进行注册登记，办理种子生产经营各种证照。

四、任务考核

项目	重点考核内容	考核标准	分数总计
种子生产经营许可证办理	种子生产经营许可证办理提交材料及办理程序	种子生产经营许可证办理时提交的各项材料及办理过程	35
	外商投资种子生产经营许可证办理	制订外商投资种子生产经营许可证申请方案	35
	种子生产经营许可证发放注意事项	种子生产经营许可证换发等注意事项	30
分数合计			100

五、相关理论知识

(一) 种子企业农作物种子生产许可制度

为规范农作物种子生产、经营许可证的审核、审批和管理行为，根据《种子法》的有关规定，农业部 2016 年 8 月 15 日发布了新版适用于境内种子企业申请、审核、审批和管理的《农作物种子生产经营许可证管理办法》。该办法规定：主要农作物杂交种子及其亲本种子、常规种原种种子的生产许可证由生产所在地县级人民政府农业、林业主管部门审核，省级政府农业、林业主管部门核发；其他主要农作物的种子生产许可证，由生产所在地县级以上地方政府农业、林业主管部门核发。申请领取具有植物新品种权的种子生产许可证的，还要征得品种权人的书面同意。

该办法规定，种子企业必须具备生产种子相关的设施设备和技术人员等条件，可以向农业、林业主管部门申请种子生产经营许可证见表 5-1 所示。只有获得种子生产许可才能生产经营种子。

表 5-1　农作物种子生产经营许可证申请表

（ ）农种申字（ ）第 号

<table>
<tr><td colspan="2">申请单位名称</td><td colspan="5"></td></tr>
<tr><td colspan="2">统一社会信用代码</td><td colspan="5"></td></tr>
<tr><td colspan="2">注册地址</td><td colspan="5"></td></tr>
<tr><td colspan="2">通讯地址</td><td colspan="5"></td></tr>
<tr><td colspan="2">法定代表人</td><td></td><td colspan="2">法定代表人身份证号</td><td colspan="2"></td></tr>
<tr><td colspan="2">联系人</td><td></td><td colspan="2">联系电话</td><td colspan="2"></td></tr>
<tr><td colspan="2">邮政编码</td><td></td><td colspan="2">电子邮箱</td><td colspan="2"></td></tr>
<tr><td rowspan="6">基本情况</td><td>种子生产人员</td><td>名</td><td colspan="2">加工贮藏人员</td><td colspan="2">名</td></tr>
<tr><td>种子检验人员</td><td>名</td><td colspan="2">科研育种人员</td><td colspan="2">名</td></tr>
<tr><td>检验仪器</td><td>台</td><td colspan="2">检验室面积</td><td colspan="2">平方米</td></tr>
<tr><td>加工成套设备</td><td>吨/小时</td><td colspan="2">加工厂房面积</td><td colspan="2">平方米</td></tr>
<tr><td>仓库面积</td><td>平方米</td><td colspan="2">办公场所面积</td><td colspan="2">平方米</td></tr>
<tr><td>科研室面积</td><td>平方米</td><td colspan="2">生产基地面积</td><td colspan="2">平方米</td></tr>
<tr><td rowspan="8">申请事项</td><td>生产经营范围</td><td colspan="5"></td></tr>
<tr><td>生产经营方式</td><td colspan="5"></td></tr>
<tr><td>生产经营区域</td><td colspan="5"></td></tr>
<tr><td>作物种类</td><td>品种名称</td><td>品种审定（登记）编号</td><td>植物新品种权号</td><td>生产地点</td><td>加工包装地点</td></tr>
<tr><td></td><td></td><td></td><td></td><td></td><td></td></tr>
<tr><td></td><td></td><td></td><td></td><td></td><td></td></tr>
<tr><td></td><td></td><td></td><td></td><td></td><td></td></tr>
<tr><td></td><td></td><td></td><td></td><td></td><td></td></tr>
<tr><td colspan="3">申请单位：

负责人（签章）
年　月　日</td><td colspan="4">审核机关：

负责人（签章）
年　月　日</td></tr>
</table>

注：申请生产经营种子的作物种类和品种较多的，可另附页。

本表一式三份，申请单位一份、受理机关二份。

1. 申请种子生产经营许可证需提交的材料

① 种子生产经营许可证申请表。

② 单位性质、股权结构等基本情况，公司章程、营业执照复印件，设立分支机构、委托生产种子、委托代销种子以及以购销方式销售种子等情况说明。

③ 种子生产、加工贮藏、检验专业技术人员的基本情况及其企业缴纳的社保证明复印件，企业法定代表人和高级管理人员名单及其种业从业简历。

④ 种子检验室、加工厂房、仓库和其他设施的自有产权或自有资产的证明材料；办公场所自有产权证明复印件或租赁合同；种子检验、加工等设备清单和购置发票复印件；相关设施设备的情况说明及实景照片。

⑤ 品种审定证书复印件；生产经营授权品种种子的，提交植物新品种权证书复印件及品种权人的书面同意证明。

⑥ 委托种子生产合同复印件或自行组织种子生产的情况说明和证明材料。

⑦ 种子生产地点检疫证明。

⑧ 农业部规定的其他材料。

2. 申请领取选育生产经营相结合、有效区域为全国的种子生产经营许可证，除提交本办法第十一条所规定的材料外，还应当提交以下材料。

① 自有科研育种基地证明或租用科研育种基地的合同复印件。

② 品种试验测试网络和测试点情况说明，以及相应的播种、收获、烘干等设备设施的自有产权证明复印件及实景照片。

③ 育种机构、科研投入及育种材料、科研活动等情况说明和证明材料，育种人员基本情况及其企业缴纳的社保证明复印件。

④ 近三年种子生产地点、面积和基地联系人等情况说明和证明材料。

⑤ 种子经营量、经营额及其市场份额的情况说明和证明材料。

⑥ 销售网络和售后服务体系的建设情况。

3. 申请办理种子生产经营许可证的程序

① 种子生产经营许可证实行分级审核、核发。从事主要农作物常规种子生产经营及非主要农作物种子经营的，其种子生产经营许可证由企业所在地县级以上地方农业主管部门核发；从事主要农作物杂交种子及其亲本种子生产经营以及实行选育生产经营相结合、有效区域为全国的种子企业，其种子生产经营许可证由企业所在地县级农业主管部门审核，省、自治区、直辖市农业主管部门核发；从事农作物种子进出口业务的，其种子生产经营许可证由企业所在地省、自治区、直辖市农业主管部门审核，农业部核发。

② 申请者按规定向审核机关提出申请，农业主管部门对申请人提出的种子生产经营许可申请，应当根据下列情况分别作出处理：不需要取得种子生产经营许可的，应当即时告知申请人不受理。不属于本部门职权范围的，应当即时作出不予受理的决定，并告知申请人向有关部门申请。申请材料存在可以当场更正的错误的，应当允许申请人当场更正。申请材料不齐全或者不符合法定形式的，应当当场或者在五个工作日内一次告知申请人需要补正的全部内容，逾期不告知的，自收到申请材料之日起即为受理。申请材料齐全、符合法定形式，或者申请人按照要求提交全部补正申请材料的，应当予以受理。

③ 审核机关在收到申请材料之日起 20 个工作日内完成审核工作。并对申请人的办公场所和种子加工、检验、仓储等设施设备进行实地考察，查验相关申请材料原件。对具备规定条件的，签署审核意见，上报核发机关。

④ 核发机关应当自收到审核意见和申请材料之日起 20 个工作日内完成核发工作。对符合条件的，发给生产许可证；不符合条件，书面通知申请人并说明理由。核发机关认为有必要的，可进行实地考察并查验原件。

⑤ 选育生产经营相结合、有效区域为全国的种子生产经营许可证，核发机关应当在核

发前在中国种业信息网公示五个工作日。

⑥ 在种子生产经营许可证有效期限内，许可证注明项目变更的，应当根据规定的程序办理变更手续，并提供相应证明材料。

在有效期内变更主证载明事项的，应当向原发证机关申请变更并提交相应材料，原发证机关应当依法进行审查，办理变更手续。

在有效期内变更副证载明的生产种子的品种、地点等事项的，应当在播种三十日前向原发证机关申请变更并提交相应材料，申请材料齐全且符合法定形式的，原发证机关应当当场予以变更登记。

种子生产经营许可证期满后继续从事种子生产经营的，企业应当在期满六个月前重新提出申请。

（二）种子生产经营监督检查

种子生产经营者应当按批次保存所生产经营的种子样品，样品至少保存该类作物两个生产周期。

（1）申请人故意隐瞒有关情况或者提供虚假材料申请种子生产经营许可证的，农业主管部门应当不予许可，并将申请人的不良行为记录在案，纳入征信系统。申请人在一年内不得再次申请种子生产经营许可证。申请人以欺骗、贿赂等不正当手段取得种子生产经营许可证的，农业主管部门应当撤销种子生产经营许可证，并将申请人的不良行为记录在案，纳入征信系统。申请人在三年内不得再次申请种子生产经营许可证。

（2）农业主管部门应当对种子生产经营行为进行监督检查，发现不符合本办法的违法行为，按照《中华人民共和国种子法》有关规定进行处理。核发、撤销、吊销、注销种子生产经营许可证的有关信息，农业主管部门应当依法予以公布，并在中国种业信息网上及时更新信息。对管理过程中获知的种子生产经营者的商业秘密，农业主管部门及其工作人员应当依法保密。

（3）上级农业主管部门应当对下级农业主管部门的种子生产经营许可行为进行监督检查。有下列情形的，责令改正，对直接负责的主管人员和其他直接责任人依法给予行政处分；构成犯罪的，依法移送司法机关追究刑事责任：未按核发权限发放种子生产经营许可证的、擅自降低核发标准发放种子生产经营许可证的、其他未依法核发种子生产经营许可证的。

（三）种子生产经营许可证管理

（1）种子生产经营许可证设主证、副证。主证注明许可证编号、企业名称、统一社会信用代码、住所、法定代表人、生产经营范围、生产经营方式、有效区域、有效期至、发证机关、发证日期；副证注明生产种子的作物种类、种子类别、品种名称及审定（登记）编号、种子生产地点等内容。

① 许可证编号为“__（××××）农种许字（××××）第××××号”。“__”上标注生产经营类型，A为实行选育生产经营相结合，B为主要农作物杂交种子及其亲本种子，C为其他主要农作物种子，D为非主要农作物种子，E为种子进出口，F为外商投资企业；第一个括号内为发证机关所在地简称，格式为“省地县”；第二个括号内为首次发证时的年号；“第××××号”为四位顺序号。

② 生产经营范围按生产经营种子的作物名称填写，蔬菜、花卉、麻类按作物类别填写。生产经营方式按生产、加工、包装、批发、零售或进出口填写。

③ 有效区域。实行选育生产经营相结合的种子生产经营许可证的有效区域为全国。其他种子生产经营许可证的有效区域由发证机关在其管辖范围内确定。生产地点为种子生产所

在地，主要农作物杂交种子标注至县级行政区域，其他作物标注至省级行政区域。

种子生产经营许可证加注许可信息代码。许可信息代码应当包括种子生产经营许可相关内容，由发证机关打印许可证书时自动生成。

(2) 种子生产经营许可证载明的有效区域是指企业设立分支机构的区域。种子生产地点不受种子生产经营许可证载明的有效区域限制，由发证机关根据申请人提交的种子生产合同复印件及无检疫性有害生物证明确定。种子销售活动不受种子生产经营许可证载明的有效区域限制，但种子的终端销售地应当在品种审定、品种登记或标签标注的适宜区域内。

(3) 在种子生产经营许可证有效期内，有下列情形之一的，发证机关应当注销许可证，并予以公告：企业停止生产经营活动一年以上的。企业不再具备本办法规定的许可条件，经限期整改仍达不到要求的。

(四) 种子生产经营许可证核放注意事项

《农作物种子生产经营许可证管理办法》(农业部第5号令) 规定，自2016年8月15日起，各级农业行政主管部门要按照该办法的规定核发《农作物种子生产经营许可证》在发放新证过程中有关注意事项。

(1) 农民个人自繁自用常规种子有剩余，在当地集贸市场上出售、串换的；在种子生产经营许可证载明的有效区域设立分支机构的；专门经营不再分装的包装种子的；受具有种子生产经营许可证的企业书面委托生产、代销其种子的不需要办理种子生产经营许可证。

农民，是指以家庭联产承包责任制的形式签订农村土地承包合同的农民；所称当地集贸市场，是指农民所在的乡（镇）区域。农民个人出售、串换的种子数量不应超过其家庭联产承包土地的年度用种量。违反本款规定出售、串换种子的，视为无证生产经营种子。

(2) 种子生产经营者在种子生产经营许可证载明有效区域设立的分支机构，应当在取得或变更分支机构营业执照后十五个工作日内向当地县级农业主管部门备案。备案时应当提交分支机构的营业执照复印件、设立企业的种子生产经营许可证复印件以及分支机构名称、住所、负责人、联系方式等材料（见表5-2）。专门经营不再分装的包装种子或者受具有种子生产经营许可证的企业书面委托代销其种子的，应当在种子销售前向当地县级农业主管部门备案，并建立种子销售台账。备案时应当提交种子销售者的营业执照复印件、种子购销凭证或委托代销合同复印件，以及种子销售者名称、住所、经营方式、负责人、联系方式、销售地点、品种名称、种子数量等材料（式样见表5-3）。种子销售台账应当如实记录销售种子的品种名称、种子数量、种子来源和种子去向。受具有种子生产经营许可证的企业书面委托生产其种子的，应当在种子播种前向当地县级农业主管部门备案。备案时应当提交委托企业的种子生产经营许可证复印件、委托生产合同，以及种子生产者名称、住所、负责人、联系方式、品种名称、生产地点、生产面积等材料（式样见表5-4）。受托生产杂交玉米、杂交稻种子的，还应当提交与生产所在地农户、农民合作组织或村委会的生产协议。

表5-2 农作物种子生产经营备案表（式样）

（类型：分支机构）

分支机构名称：________ 统一社会信用代码：________

住　　所：________ 种子生产经营区域：________

负　责　人：____ （签章） 联　系　方　式：________

设立企业的种子生产经营许可证编号：________

备案日期：____年____月____日

备案机关：________农业主管部门（盖章）

本表一式三份，分支机构一份、备案机关二份。

表 5-3 农作物种子生产经营备案表（式样）

（类型：经营代销种子/经营不分装种子）

备案者名称：________ 统一社会信用代码：________

住　　所：________ 种子销售地点：________

负 责 人：________（签章） 联系电话：________

备案日期：____年____月____日

备案机关：________农业主管部门（盖章）

序号	作物种类	种子类别	品种名称	种子数量/公斤	备注

本表一式三份，种子经营者一份、备案机关二份。

表 5-4 农作物种子生产经营备案表（式样）

（类型：种子生产者）

生产者名称：________ 类　　别：________企业/农户

身份证号码：________ 住　　所：________

负 责 人：________（签章） 联系电话：________

备 案 日 期：____年____月____日

备 案 机 关：________农业主管部门（盖章）

序号	作物种类	种子类别	品种名称	生产地点	生产面积/亩	委托企业			备注
						单位名称	种子生产经营许可证号码	统一社会信用代码	

本表一式三份，种子生产者一份、备案机关二份。

(3) 种子生产经营者应当建立包括种子田间生产、加工包装、销售流通等环节形成的原始记载或凭证的种子生产经营档案，具体内容如下。

① 田间生产方面。技术负责人，作物类别、品种名称、亲本（原种）名称、亲本（原种）来源，生产地点、生产面积、播种日期、隔离措施、产地检疫、收获日期、种子产量等。委托种子生产的，还应当包括种子委托生产合同。

② 加工包装方面。技术负责人，品种名称、生产地点，加工时间、加工地点、包装规格、种子批次、标签标注，入库时间、种子数量、质量检验报告等。

③ 流通销售方面。经办人，种子销售对象姓名及地址、品种名称、包装规格、销售数量、销售时间、销售票据。批量购销的，还应包括种子购销合同。

种子生产经营者应当至少保存种子生产经营档案五年，确保档案记载信息连续、完整、真实，保证可追溯。档案材料含有复印件的，应当注明复印时间并经相关责任人签章。

(4) 转基因农作物种子生产经营许可管理规定，由农业部另行制定。申请领取鲜食、爆裂玉米的种子生产经营许可证的，按非主要农作物种子的许可条件办理。生产经营无性繁殖的器官和组织、种苗、种薯以及不宜包装的非籽粒种子的，应当具有相适应的设施、设备、品种及人员，具体办法由省级农业主管部门制定，报农业部备案。没有设立农业主管部门的行政区域，种子生产经营许可证由上级行政区域农业主管部门审核、核发。种子生产经营许可证由农业部统一印制，相关表格格式由农业部统一制定。种子生产经营许可证的申请、受理、审核、核发和打印，以及种子生产经营备案管理，在中国种业信息网统一进行。

六、课后训练

结合当地种子生产经营实际情况，准备充分翔实的种子生产经营许可办理相关材料。

项目自测与评价

一、填空题

1. 种子生产许可证应当注明生产种子的（　　　　）、（　　　　）和有效期限。

2. 种子生产经营时的三证是指（　　　　）、种子生产许可证、（　　　　）。

3. 我国种子经营实行（　　　　）制度。

4. 种子生产经营单位停止生产经营活动（　　　　）年以上的，应当将许可证交回发证机关。

5.《中华人民共和国种子法》中规定的主要农作物有稻、（　　　　）、（　　　　）、棉花和（　　　　），农业部确定的主要农作物是（　　　　）和（　　　　），这七种主要农作物可以同时申请（　　　　）和（　　　　）审定。

二、简答题

1. 简述种子生产经营许可制度。

2. 种子生产经营许可证核发机关。

3. 简述种子生产经营许可证申请程序。

4. 种子生产经营许可证申请需提交哪些材料？

5. 申办《种子生产经营许可证》需具备哪些条件？

6. 种子的经营在哪些情况下可以不办理种子经营许可证？

7.《农作物种子生产经营许可管理办法》已经2016年农业部第4次常务会议审议通过，自2016年8月15日起施行。在新的《办法》中抬高了种子经营“门槛”，经营农作物种子的最低“门槛”是多少？经营玉米种子的“门槛”是多少？

项目六 农作物种子质量控制

我国已经加入世界贸易组织十多年，伴随着《中华人民共和国种子法》颁布，几经修订，对我国种子产业进行新的重组洗牌，打造育、繁、推一体化的种子产业。改变了过去只重市场管理，轻生产过程管理，通过立法的形式明确了种子质量的标准及种子质量标准化，逐步形成具有中国特色的种子认证体系，严把种子生产、市场、销售各环节，严防假劣种子进入流通环节。建立适应我国种子市场质量监控体系，增强农业执法职能，强化种子管理，规范种子市场秩序，保证种子质量，维护种子选育者、生产经营者和农民利益，促进农业生产发展，有着重要意义。

任务一 种子质量管理

一、任务描述

种子质量主要有品种质量和播种质量，种子质量是决定农作物产量、质量的关键，也是种子企业竞争的法宝。种子企业必须尽到责任和义务，才能为农业生产不断提供优质种子。

二、任务目标

明确种子质量标准，提高种子质量，推动种子产业化水平、提高种子科技含量、促进农业持续发展。掌握种子质量监督管理体制，明确种子企业、政府及其主管部门不同主体之间的权利、责任和义务，在企业管理中落实质量责任追究制度，确保种子质量。

三、任务实施

1. 实施条件

种子质量标准、《中华人民共和国种子法》、种子企业。

2. 实施过程

① 种子质量对农业生产作用。

② 种子质量基本标准。

③ 种子企业在种子质量管理中的责任和义务。

④ 种子质量管理基本体制。

⑤ 种子质量管理在企业中具体应用。

四、任务考核

项目	重点考核内容	考核标准	分数总计
种子质量管理	种子质量	种子质量内容	10
	种子企业管理、种子质量的责任和义务	种子企业质量、种子企业义务	30
	种子质量管理体制	种子质量管理主体及对种子质量监督工作	60
分数合计			100

五、相关理论知识

在种子质量控制方面，国际上有两种基本途径：一种是实行标签制。为了保证销售种子的质量，美国、加拿大、德国、赞比亚等国家的种子立法中都规定，出售种子必须严格遵守包装、标签管理规定，凡销售的种子必须袋装、密封及标签说明，种子密封后禁止开包，如发现种子袋经过移动或开包，或种子数量减少，必须有种子官员检查，并出具官方证明。另一种途径是制定不同质量种子的最低标准。公布登记品种目录或推荐一些优良品种，有种植执法法官来检查和监视生产过程中种子是否达到标准。如肯尼亚规定不符合规定标准的种子，不得自由流通。

（一）种子质量的概念

种子质量是由种子不同特性综合而成的一种概念。农业生产上要求种子具有优良的品种特性和优良的种子特性。通常包括品种质量和播种质量两个方面的内容。

1. 品种质量

品种质量是指与遗传特性有关的品质，可用真、纯两个字概括。

（1）真　指种子真实可靠的程度，可用真实性表示。如果种子失去真实性，不是原来所需要的优良品种，若危害小则不能获得丰收，大则会延误农时，甚至颗粒无收。

（2）纯　指品种特性一致的程度，可用品种纯度表示。品种纯度高的种子因具有该品种的优良特性而可获得丰收。相反品种纯度低的种子由于其混杂退化而明显减产。

2. 播种质量

播种质量是指种子播种后与田间出苗有关的质量，用净、壮、饱、健、干、强六个字概括。

（1）净　指种子清洁干净的程度，可用净度表示。种子净度高，表明种子中杂质含量少，可利用的种子数量多。净度是计算种子用价的指标之一。

（2）壮　指种子发芽出苗齐壮的程度，可用发芽势、发芽率、生活力表示。发芽率、生活力高、发芽势强的种子发芽出苗整齐，幼苗健壮，同时可以适当减少单位面积的播种量。发芽率也是种子用价的指标之一。

（3）饱　指种子充实饱满的程度，可用千粒重表示。种子充实饱满表明种子中贮藏物质丰富，有利于种子发芽和幼苗生长。

（4）健　指种子健全完善的程度，通常用病虫感染率表示。种子病虫害直接影响种子发芽和田间出苗率，最终影响作物生长发育和产量。

（5）干　指种子干燥耐藏的程度，可用种子水分百分率表示。种子水分低，有利于种子安全贮藏和保持种子的发芽率和活力。因此，种子水分与种子播种质量密切相关。

(6) 强　指种子强健，抗逆性强，增产潜力大，通常用种子活力表示。活力强的种子，可早播，出苗迅速整齐，成苗率高，增产潜力大，产品质量优，经济效益高。

(二) 种子质量的重要性

种子是重要的农业生产资料，种子的优劣不仅影响农作物的产量，而且影响农作物的品质。只有优良的种子配合适宜的栽培技术，才能发挥良种的优势，获得高产、稳产和优质的农产品。

种子质量是决定农作物收成的关键。无生活力的种子只能有种无收，浪费人力和物力。劣质种子给予的条件再优越也难以获得丰产。

种子质量同时也是企业竞争的关键。中国加入世贸组织后国际国内农作物种子的竞争加剧，种子质量是企业在竞争中取得胜利的重要因素。

种子质量与一般商品质量相比，其影响更长久，更深远，更广泛。亲本或原种质量不同往往造成连续数年种子质量的低下，造成大田生产的减产。种子质量的影响常常要到收获时才表现，会影响到农民今后持续一年的生活和经济效益。种子质量不高，往往是一大批，影响的面较广，直接关系到社会的稳定和人民的生活。因此，要充分认识种子质量的重要性。

(三) 种子质量管理的基本框架

《种子法》第一条为了保护和合理利用种质资源，规范品种选育、种子生产经营和管理行为，保护植物新品种权，维护种子生产经营者、使用者的合法权益，提高种子质量，推动种子产业化，发展现代种业，保障国家粮食安全，促进农业和林业的发展，制定本法。

1. 种子企业是种子质量管理的主体

如主要农作物种子生产经营要满足许可证的条件。

2. 政府对种子质量实施宏观管理

① 国家扶持种质资源保护工作和选育、生产、更新、推广使用良种，鼓励品种选育和种子生产经营相结合，奖励在种子质量资源保护工作和良种选育、推广等工作中成绩显著的单位和个人。

② 县级以上人民政府应当根据科教兴农方针和种植业、林业发展的需要制定种子发展规划，并按照国家有关规定在财政、信贷和税收等方面采取措施保证规划的实施。

③ 国务院和省、自治区、直辖市人民政府设立专项资金，用于扶持良种选育和推广。

④ 种子的生产加工、包装、检验、贮藏等质量管理办法和行业标准，由国务院农业、林业行政主管部门制定。农业、林业行政主管部门负责对种子质量的监督。

⑤ 违反《种子法》第二十八条有侵犯植物新品种权行为的，由当事人协商解决，不愿协商或者协商不成的，植物新品种权所有人或者利害关系人可以请求县级以上人民政府农业、林业主管部门进行处理，也可以直接向人民法院提起诉讼。

县级以上人民政府农业、林业主管部门，根据当事人自愿的原则，对侵犯植物新品种权所造成的损害赔偿可以进行调解。调解达成协议的，当事人应当履行；当事人不履行协议或者调解未达成协议的，植物新品种权所有人或者利害关系人可以依法向人民法院提起诉讼。

侵犯植物新品种权的赔偿数额按照权利人因被侵权所受到的实际损失确定；实际损失难以确定的，可以按照侵权人因侵权所获得的利益确定。权利人的损失或者侵权人获得的利益难以确定的，可以参照该植物新品种权许可使用费的倍数合理确定。赔偿数额应当包括权利人为制止侵权行为所支付的合理开支。侵犯植物新品种权，情节严重的，可以在按照上述方法确定数额的一倍以上三倍以下确定赔偿数额。

权利人的损失、侵权人获得的利益和植物新品种权许可使用费均难以确定的，人民法院可以根据植物新品种权的类型、侵权行为的性质和情节等因素，确定给予三百万元以下的赔偿。

县级以上人民政府农业、林业主管部门处理侵犯植物新品种权案件时，为了维护社会公共利益，责令侵权人停止侵权行为，没收违法所得和种子；货值金额不足五万元的，并处一万元以上二十五万元以下罚款；货值金额五万元以上的，并处货值金额五倍以上十倍以下罚款。

假冒授权品种的，由县级以上人民政府农业、林业主管部门责令停止假冒行为，没收违法所得和种子；货值金额不足五万元的，并处一万元以上二十五万元以下罚款；货值金额五万元以上的，并处货值金额五倍以上十倍以下罚款。

⑥ 违反《种子法》第四十九条规定，生产经营假种子的，由县级以上人民政府农业、林业主管部门责令停止生产经营，没收违法所得和种子，吊销种子生产经营许可证；违法生产经营的货值金额不足一万元的，并处一万元以上十万元以下罚款；货值金额一万元以上的，并处货值金额十倍以上二十倍以下罚款。

因生产经营假种子犯罪被判处有期徒刑以上刑罚的，种子企业或者其他单位的法定代表人、直接负责的主管人员自刑罚执行完毕之日起五年内不得担任种子企业的法定代表人、高级管理人员。

⑦ 违反《种子法》第四十九条规定生产经营劣种子的，由县级以上人民政府农业、林业主管部门责令停止生产经营，没收违法所得和种子；违法生产经营的货值金额不足一万元的，并处五千元以上五万元以下罚款；货值金额一万元以上的，并处货值金额五倍以上十倍以下罚款；情节严重的，吊销种子生产经营许可证。

因生产经营劣种子犯罪被判处有期徒刑以上刑罚的，种子企业或者其他单位的法定代表人、直接负责的主管人员自刑罚执行完毕之日起五年内不得担任种子企业的法定代表人、高级管理人员。

⑧ 违反《种子法》第三十二条、第三十三条规定，有下列行为之一的，由县级以上人民政府农业、林业主管部门责令改正，没收违法所得和种子；违法生产经营的货值金额不足一万元的，并处三千元以上三万元以下罚款；货值金额一万元以上的，并处货值金额三倍以上五倍以下罚款；可以吊销种子生产经营许可证：

a. 未取得种子生产经营许可证生产经营种子的；

b. 以欺骗、贿赂等不正当手段取得种子生产经营许可证的；

c. 未按照种子生产经营许可证的规定生产经营种子的；

d. 伪造、变造、买卖、租借种子生产经营许可证的。

被吊销种子生产经营许可证的单位，其法定代表人、直接负责的主管人员自处罚决定作出之日起五年内不得担任种子企业的法定代表人、高级管理人员。

⑨ 违反《种子法》第二十一条、第二十二条、第二十三条规定，有下列行为之一的，由县级以上人民政府农业、林业主管部门责令停止违法行为，没收违法所得和种子，并处二万元以上二十万元以下罚款：

a. 对应当审定未经审定的农作物品种进行推广、销售的；

b. 作为良种推广、销售应当审定未经审定的林木品种的；

c. 推广、销售应当停止推广、销售的农作物品种或者林木良种的；

d. 对应当登记未经登记的农作物品种进行推广，或者以登记品种的名义进行销售的；

e. 对已撤销登记的农作物品种进行推广，或者以登记品种的名义进行销售的。

违反本法第二十三条、第四十二条规定，对应当审定未经审定或者应当登记未经登记的农作物品种发布广告，或者广告中有关品种的主要性状描述的内容与审定、登记公告不一致的，依照《中华人民共和国广告法》的有关规定追究法律责任。

⑩ 违反《种子法》第五十八条、第六十条、第六十一条规定，有下列行为之一的，由县级以上人民政府农业、林业主管部门责令改正，没收违法所得和种子；违法生产经营的货值金额不足一万元的，并处三千元以上三万元以下罚款；货值金额一万元以上的，并处货值金额三倍以上五倍以下罚款；情节严重的，吊销种子生产经营许可证：

a. 未经许可进出口种子的；

b. 为境外制种的种子在境内销售的；

c. 从境外引进农作物或者林木种子进行引种试验的收获物作为种子在境内销售的；

d. 进出口假、劣种子或者属于国家规定不得进出口的种子的。

3. 农业、林业主管部门主管种子质量监督工作

《种子法》明确农业、林业主管部门是法定的农作物种子质量监督的主体，并对种子质量实行监督检查制度。

（四）种子企业的质量责任和义务

1. 质量责任

种子质量责任是指《种子法》规定的责任主体不履行《种子法》规定的保证种子质量的义务所应当承担的法律后果。

《种子法》明确了种子经营者是质量责任的主体。即种子经营者应当遵守有关法律、法规的规定，向种子使用者提供种子的简要性状、主要栽培措施、使用条件的说明与有关咨询服务，并对种子质量负责。

《种子法》还明确了分装单位应对分装的种子质量负责。大包装或者进口种子可以分装，实行分装的，应当注明分装单位，并对种子质量负责。

2. 质量义务

①《种子法》明确规定禁止生产经营假劣种子。由于不可抗力原因，为生产需要必须使用低于国家或地方规定的种用标准的农作物种子的，应当经用种地县级以上人民政府批准；林木种子应当经用种地省、自治区、直辖市人民政府批准。

销售进口的种子要保证具有使用价值，即应当达到国家标准或者行业标准。没有国家标准或者行业标准的，可以按照合同约定的标准执行。

② 销售的种子应当附有标签；销售进口种子的，应当附有中文标签。以明示质量责任主体和质量真实信息。

③ 销售的种子应当加工、分级、包装，不能加工包装的除外。

④ 种子生产者和种子经营者都应当建立种子质量档案。

⑤ 禁止生产、销售和进出口假劣种子。

六、课后训练

1. 结合当地种子生产经营情况，谈谈种子质量的重要性。
2. 种子企业有何责任和义务？

任务二 执行种子质量标准化

一、任务描述

标准化是架起生产者与消费者信任的桥梁，种子标准是农业标准化的一部分，只有标准化的全面贯彻，农业生产才能生产出优质农产品。种子企业认真贯彻执行种子质量标准化，才能生产优质种子，为农业生产提供优质种源，推动农业生产健康发展。

二、任务目标

在熟悉农业标准知识基础上对国际标准化制定组织有所认识，全面领悟种子标准化内容及种子法在基础法律中的规定。在种子生产过程中全面贯彻执行。

三、任务实施

1. 实施条件

《种子法》、农业标准化、农业标准制定组织、品种标准化、《中华人民共和国种子检验规程》。

2. 实施过程

① 农业标准化，标准化及标准化的目的作用。

② 农业标准制定国际组织（国际标准化组织、国际食品法典委员会、世界贸易组员）。

③ 种子标准化基本内容。

④ 种子检验规程对种子标准化规定。

⑤ 种子法对种子标准化的法律规定。

四、任务考核

项目	重点考核内容	考核标准	分数总计
种子质量标准	标准化	农业标准化相关知识点	20
	种子标准化	我国种子标准化内容	50
	种子法	种子法对种子质量标准化要求	30
分数合计			100

五、相关理论知识

种子如同其他产品一样也存在质量问题，符合国家农作物质量标准的种子才是真种子，反之，不符合国家农作物种子质量标准的，就是假种子或劣种子。

农作物种子作为农业生产中的特殊生产资料，其质量的优劣直接关系到农业生产的安全、农民经济利益和农村社会的稳定。因而种子质量问题被列为种子法的重要内容。

（一）标准化的目的与作用

1. 标准

标准就是规定的一种形式，是有关方面共同遵守的技术依据。为获得最佳的经济效果、最佳秩序和社会效果，依据科学工作者的技术和实践经验，在国家范围或行业范围内的有关部门主持下，对经济技术活动中具有多样性、相关性特征和重复事物，以特定程序和特定形式颁发的统一规定。

2. 标准化

标准化是在经济、技术、科学及管理等社会实践中，对重复性的事物和概念，通过制订、发布和实施标准，达到统一，以获得最佳秩序和社会效益。简单说，标准化是指以制订标准和贯彻标准为主要内容的全部活动过程。标准化的首要目的是考虑简单化过程，必须控制复杂性。

3. 标准化的目的

标准化的首要任务是为供给者与购买者之间提供传达手段，在产品的规格和性能上给购买者以信任感。产品不仅对生产者要有最大效益，对消费者也要有经济利益。为实现全面经济利益，标准必须在全面经济上作某些调整。能保护消费者的利益及社会公共利益。所以与标准相关的不仅是生产者、消费者，还关系到广泛的社会公共利益，如环境保护。

4. 标准化的作用

① 标准化是组织现代化生产的重要手段、实现科学管理的基础。

② 标准化是组织专业化生产的前提。

③ 标准化是提高产品质量的技术保证。

④ 标准化能使资源（或原材料）得到合理利用。

⑤ 标准化是推广应用科研成果和新技术的桥梁。

⑥ 标准化可以有效地保证安全和卫生。

⑦ 标准化可以消除贸易障碍。

（二）农业标准化及国际农业标准制定组织

农业标准化是以农业为对象的标准化活动，即运用“统一、简化、协调、选优”原则，通过制订和实施标准，把农业产前、产中、产后各个环节纳入标准生产和标准管理的轨道。农业标准化是农业现代化建设的一项重要内容，是“科技兴农”的载体和基础。通过把先进的科学技术和成熟的经验组装成农业标准，推广应用到农业生产和经营活动中，把科技成果转化为现实的生产力，从而取得经济、社会和生态的最佳效益，达到高产、优质高效的目的。它融先进的技术、经济、管理于一体，使农业发展科学化、系统化，是实现新阶段农业和农村经济结构战略性调整的一项十分重要的基础性工作。

农业标准化是一项系统工程，这项工程的基础是农业标准体系、农业质量监测体系和农产品评价认证体系的建设。三大体系中，标准体系是基础中的基础，只有建立健全涵盖农业生产的产前、产中、产后等各个环节的标准体系，农业生产经营才有章可循、有标可依；质量监测体系是保障，它为有效监督农业投入品和农产品质量提供科学的依据；产品评价认证体系则是评价农产品状况、监督农业标准化进程、促进品牌战略实施的重要基础体系。农业标准化工程的核心工作是标准的实施与推广，是标准化基地的建设与蔓延，由点及面，逐步推进，最终实现生产的基地化和基地的标准化。同时，这项工程的实施还必须有完善的农业质量监督管理体系、健全的社会化服务体系、较高的产业化组织程度和高效的市场运作机制作保障。

国际农业标准制定组织主要有国际标准化组织（ISO）、国际食品法典委员会（CAC）

和世界贸易组织（WTO）。

1. 国际标准化组织（ISO）

ISO 农业标准是国际贸易的主要标准依据。ISO（International Standards Organization）是国际标准组织的缩写，是一个国际标准化组织，其成员由来自世界上 100 多个国家的国家标准化团体组成，代表中国参加 ISO 的国家机构是中国国家质量监督检验检疫总局。标准的内容涉及广泛，从基础的紧固件、轴承各种原材料到半成品和成品，其技术领域涉及信息技术、交通运输、农业、保健和环境等。每个工作机构都有自己的工作计划，该计划列出需要制订的标准项目（试验方法、术语、规格、性能要求等）。ISO 的主要功能是为人们制订国际标准达成一致意见提供一种机制。通过这些工作机构，ISO 已经发布了 9200 个国际标准，如 ISO 公制螺纹、ISO 的 A4 纸张尺寸、ISO 的集装箱系列（目前世界上 95%的海运集装箱都符合 ISO 标准）、ISO 的胶片速度代码、ISO 的开放系统互联系列（广泛用于信息技术领域）和有名的 ISO 9000 质量管理系列标准。

国际标准化组织（ISO）是世界上最大、最有影响的国际标准制定机构。ISO 的 309 个技术委员会（TC）中有 3 个 TC 负责农业标准制定工作。TC23 由法国 M. J. Frolli 担任主席，其中有 28 个成员和 35 个观察员，分成 11 个分委员会（SC）共同制定农作物耕作、灌溉、防护、收获和贮藏等农用机械国际标准 260 项。TC34 主席由匈牙利 A. Salgó 担任，43 个成员和 37 个观察员分成 13 个 SC，共同制定农业动植物产品及其加工制品 586 项食品国际标准。TC190 主席由荷兰 Frank. P. J. Lamé 担任，19 个成员和 31 个观察员分为 6 个 SC 制定化学、生物、物理方法和土壤质量等内容的 51 项土壤质量国际标准。

国际贸易组织 ISO 早在 1995 年就出台了环保认证 ISO 4000 系列标准。这将对我国农产品质量产生重要影响。即使我国农产品取得了 ISO 9000 国际质量管理系列标准认证，但尚未取得 ISO 4000 国际环境系列标准的有关认证的话，对方仍可用“绿色壁垒”限制我们。ISO 4000 要求在农业生产过程中或预期消费中合理利用自然资源，把污染危害减至最小，它要求能源清洁、生产过程清洁、产品清洁。我国传统农业出口的水果、茶叶、蔬菜等农产品，使用的即使是微毒农药作为杀虫剂，或灌溉用水轻度污染，也不可能取得环保认证。环保“软肋”一旦被击中，我国产品原有优势的发挥就受到很大限制。入世后的短短几个月，山东的葱姜蒜、陕西的苹果、新疆番茄酱、西南的茶叶都因检测不过关而遭到进口国的查扣、退回和禁入，损失惨重。对于生产销售无“QS”标志的食品，市民可以举报。生产销售没有“QS”认证的食品将被处以 5 万元以上 20 万元以下的罚款。

2. 国际食品法典委员会（CAC）

CAC 标准是全球食品生产者、经营者、消费者和管理机构最重要的基本参照标准。联合国粮农组织（FAO）和世界卫生组织（WHO）分别通过了食品法典委员会（CAC，Joint FAO/WTO）负责协调制定农产品和食品标准卫生或技术规范、农药残留限量、污染物准则、添加剂和兽药的评价。从保护消费者健康与安全、保证农产品和食品的国际贸易免受非公平贸易影响出发，CAC 要求各成员方在国际贸易中的农产品和食品中不得含有毒、有害或有损健康的任何成分，不得含有不洁、变质、腐败、腐烂或致病的物质及异物，标识不得有错误、误导内容，不得掺假，不在不卫生条件下加工、包装、贮藏、运输和销售。

3. 世界贸易组织（WTO）

WTO/TBT（Technical Barriers to Trade）是成员国共同遵守的非关税壁垒措施。

WTO/TBT 是在 1974 年 4 月达成的第一个贸易技术堡垒协议（GATT/TBT）的基础上，于 1994 年 3 月重新修改的正式文本。它通过技术标准、认证制度、检验制度等方式以确定实现各成员方的正当目标。

① 国家安全；

② 防止欺诈行为；

③ 保护人身健康和安全；

④ 保护动植物的生命和健康；

⑤ 保护环境。

WTO/TBT 的标准是推荐性的，但标准被某一成员引用为强制要求时，就成为各成员共同遵从的技术法规。为保证国际标准的合理性，WTO/TBT 附件 2 制定了《良好行为守则》。

① 一视同仁的国民待遇原则。

② 不故意提高标准的公平竞争原则。

③ 国际标准化机构、区域标准化机构之间相互统一的协调一致原则。

④ 相互通报标准变动的透明性原则。

（三）种子标准化

1. 种子标准

种子标准就是对种子质量（包括品种质量和种子质量）和同种子质量有关的种子生产加工，种子检验方法，种子的包装、运输、贮藏以及品种和种子的特征作出科学、合理、明确的技术规定，制订出一系列先进、可行的技术标准，由质量技术监督主管部门批准，以特定的文件形式发布，作为共同执行的准则和依据。

2. 种子标准化的含义

种子标准化是通过总结种子生产实践和科学研究的成果，对农作物优良品种和种子的特征、种子生产加工、种子质量、种子检验方法及种子包装、运输、贮藏等方面，作出科学、合理、明确的技术规定，制订出一系列先进、可行的技术标准，并在生产、使用、管理过程中贯彻执行。简言之，就是实行品种标准化和种子质量标准化。

（1）品种标准化　指大田推广的优良品种符合品种标准（即保持本品种的优良遗传特征和特性）。

（2）种子质量标准化　指大田所用农作物优良品种的种子质量达到国家规定的质量标准。种子质量标准化，是“四化一供”的一个环节，是农业现代化的组成部分，也是衡量种子质量好坏，划分种子等级的统一尺度。只要按着标准的规定繁殖、管理、使用种子，保证用于大田生产的种子达到国家规定的质量标准，就是实现了种子质量标准。

3. 种子标准化的内容

种子标准化可包括五方面内容：优良品种标准（特征、特性），种子（原种、良种）生产技术规程，种子质量分级标准，种子检验规程和种子包装、运输、贮藏标准。

（1）优良品种标准　每个优良品种都具有一定的特征、特性。品种标准就是将某个品种的形态特征和生物学特性及栽培技术要点作出明确叙述和技术规定，为引种、选种、品种鉴定、种子生产、品种合理布局及田间管理提供依据。目前国际上和我国现在开展品种的 DUS（品种的特异性，一致性和稳定性）测定，对品种的标准要求更为具体。

(2) 原(良)种种子生产技术规程 各种农作物对外界环境条件要求不同，繁殖方式、繁殖系数等也各不相同，因此其保纯的难度也有所差异。应根据其特点，制订各种农作物的原(良)种生产技术规程，使繁种单位遵照执行。这也是克服农作物优良品种混杂退化，防杂保纯，提高种子质量的有效措施。并且制订种子清选、分级、干燥和包衣等技术标准，确保加工过程不仅不会伤害种子质量，而且能提高种子质量。

(3) 种子质量分级标准 衡量种子质量优劣的标准就是种子质量分级标准。2008 年，国家质量技术监督检验检疫总局、国家标准化管理委员会颁布了新修订的稻、玉米、大麦、小麦、高粱、粟、黍(标准代号为 GB 4404.1—2008)和棉花、黄麻、红麻、亚麻(标准代号为 GB 4407.1—2008)及油菜、向日葵、花生、芝麻(标准代号为 GB 4407.2—2008)等 15 个农作物种子质量强制性标准，分别代替了 GB 4404.1—1996、GB 4407.1—1996 和 GB 4407.2—1996 标准，其中油菜、向日葵、花生、芝麻 4 个种子质量标准自 2008 年 12 月 1 日起实施，其余农作物种子质量标准自 2008 年 9 月 1 日起实施。

(4) 种子检验规程 种子质量是否符合规定的标准，必须通过种子检验才能得出结论，因此种子检验与种子质量分级标准是种子标准化的两个最基本内容，种子检验的结果与所采用的检验方法关系极为密切，不同方法往往得到不同的结果。为了使种子检验获得普遍一致和正确的结果，就要制订一个统一的、科学的种子检验方法，即检验规程。

(5) 种子包装、运输、贮藏标准 种子收获后至播种前必然有一个贮藏阶段。种子出售、交换或保存时，必然有包装和运输过程。为保证此阶段种子的质量，防止机械混杂，方便销售，必须制订种子包装运输和贮藏的技术标准，并在包装、运输、贮藏过程中实行。

(四) 我国种子法律法规中关于种子质量标准的规定

《种子法》中第五章是关于种子生产经营，其中第四十一条明确规定销售的种子应当符合国家或者行业标准，附有标签和使用说明。标签和使用说明标注的内容应当与销售的种子相符。种子生产经营者对标注内容的真实性和种子质量负责。

标签应当标注种子类别、品种名称、品种审定或者登记编号、品种适宜种植区域及季节、生产经营者及注册地、质量指标、检疫证明编号、种子生产经营许可证编号和信息代码，以及国务院农业、林业主管部门规定的其他事项。销售授权品种种子的，应当标注品种权号。

销售进口种子的，应当附有进口审批文号和中文标签。销售转基因植物品种种子的，必须用明显的文字标注，并应当提示使用时的安全控制措施。

种子生产经营者应当遵守有关法律、法规的规定，诚实守信，向种子使用者提供种子生产者信息、种子的主要性状、主要栽培措施、适应性等使用条件的说明、风险提示与有关咨询服务，不得作虚假或者引人误解的宣传。任何单位和个人不得非法干预种子生产经营者的生产经营自主权。

目前国家就农作物种子质量标准先后发布了粮食作物种子国家标准、经济作物种子国家标准、瓜菜作物种子国家标准、《农作物种子检验规程》、《农作物种子生产技术操作规程》和《农作物种子标签通则》。农业部制订出台了一系列配套管理办法，如农业部 28 号令《农作物种子质量纠纷田间现场鉴定办法》、农业部 2016 年 6 月颁布《农作物种子标签和使用说明管理办法》、农业部 50 号令《农作物种子质量监督抽查管理办法》等。商品种子的生产应当执行种子的生产技术规程和种子检验、检疫规程，质量应当达到国家标准或行业标准，表 6-1～表 6-4 所示。

表 6-1 GB 4404.1—2008

<table>
<tr><th>作物名称</th><th colspan="2">种子类别</th><th>纯度
不低于/%</th><th>净度
不低于/%</th><th>发芽率
不低于/%</th><th>水分
不高于/%</th></tr>
<tr><td rowspan="5">稻</td><td rowspan="2">常规种</td><td>原种</td><td>99.9</td><td rowspan="5">98.0</td><td rowspan="2">85</td><td rowspan="2">13.0(籼)
14.5(粳)</td></tr>
<tr><td>大田用种</td><td>99.0</td></tr>
<tr><td rowspan="2">不育系
保持系
恢复系</td><td>原种</td><td>99.9</td><td rowspan="3">80</td><td rowspan="2">13.0</td></tr>
<tr><td>大田用种</td><td>99.5</td></tr>
<tr><td>杂交种</td><td>大田用种</td><td>96.0</td><td>13.0(籼)
14.5(粳)</td></tr>
<tr><td rowspan="7">玉米</td><td rowspan="2">常规种</td><td>原种</td><td>99.9</td><td rowspan="7">99.0</td><td rowspan="2">85</td><td rowspan="7">13.0</td></tr>
<tr><td>大田用种</td><td>97.0</td></tr>
<tr><td rowspan="2">自交系</td><td>原种</td><td>99.9</td><td rowspan="2">80</td></tr>
<tr><td>大田用种</td><td>99.0</td></tr>
<tr><td>单交种</td><td>大田用种</td><td>96.0</td><td rowspan="3">85</td></tr>
<tr><td>双交种</td><td>大田用种</td><td>95.0</td></tr>
<tr><td>三交种</td><td>大田用种</td><td>95.0</td></tr>
<tr><td rowspan="2">小麦</td><td rowspan="2">常规种</td><td>原种</td><td>99.9</td><td rowspan="4">99.0</td><td rowspan="4">85</td><td rowspan="4">13.0</td></tr>
<tr><td>大田用种</td><td>99.0</td></tr>
<tr><td rowspan="2">大麦</td><td rowspan="2">常规种</td><td>原种</td><td>99.9</td></tr>
<tr><td>大田用种</td><td>99.0</td></tr>
</table>

表 6-2 GB 4404.1—2008

<table>
<tr><th>作物名称</th><th colspan="2">种子类别</th><th>纯度
不低于/%</th><th>净度
不低于/%</th><th>发芽率
不低于/%</th><th>水分
不高于/%</th></tr>
<tr><td rowspan="5">高粱</td><td rowspan="2">常规种</td><td>原种</td><td>99.9</td><td rowspan="7">98.0</td><td rowspan="4">75</td><td rowspan="7">13.0</td></tr>
<tr><td>大田用种</td><td>98.0</td></tr>
<tr><td rowspan="2">不育系
保持系
恢复系</td><td>原种</td><td>99.9</td></tr>
<tr><td>大田用种</td><td>99.0</td></tr>
<tr><td>杂交种</td><td>大田用种</td><td>93.0</td><td>80</td></tr>
<tr><td rowspan="2">粟、黍</td><td rowspan="2">常规种</td><td>原种</td><td>99.8</td><td rowspan="2">85</td></tr>
<tr><td>大田用种</td><td>98.0</td></tr>
</table>

表 6-3 GB 4407.1—2008

<table>
<tr><th>作物名称</th><th colspan="2">种子类别</th><th>纯度
不低于/%</th><th>净度
不低于/%</th><th>发芽率
不低于/%</th><th>水分
不高于/%</th></tr>
<tr><td rowspan="6">棉花
常规种</td><td rowspan="2">棉花毛籽</td><td>原种</td><td>99.0</td><td rowspan="2">97.0</td><td rowspan="2">70</td><td rowspan="6">12.0</td></tr>
<tr><td>大田用种</td><td>95.0</td></tr>
<tr><td rowspan="2">棉花光籽</td><td>原种</td><td>99.0</td><td rowspan="4">99.0</td><td rowspan="4">80</td></tr>
<tr><td>大田用种</td><td>95.0</td></tr>
<tr><td rowspan="2">棉花薄膜
包衣籽</td><td>原种</td><td>99.0</td></tr>
<tr><td>大田用种</td><td>95.0</td></tr>
</table>

续表

作物名称	种子类别	纯度 不低于/%	净度 不低于/%	发芽率 不低于/%	水分 不高于/%
棉花杂交种亲本	棉花毛籽	99.0	97.0	70	12.0
	棉花光籽	99.0	99.0	80	
	棉花薄膜包衣籽	99.0			
棉花杂交一代种	棉花毛籽	95.0	97.0	70	
	棉花光籽	95.0	99.0	80	
	棉花薄膜包衣籽	95.0			
圆果黄麻	原种	99.0	98.0	80	
	大田用种	96.0			
长果黄麻	原种	99.0		85	
	大田用种	96.0			
红麻	原种	99.0		75	
	大田用种	97.0			
亚麻	原种	99.0		85	9.0
	大田用种	97.0			

表 6-4 GB 4407.2—2008

作物名称	种子类别		纯度 不低于/%	净度 不低于/%	发芽率 不低于/%	水分 不高于/%
油菜	常规种	原种	99.0	98.0	85	9.0
		大田用种	95.0			
	亲本	原种	99.0		80	
		大田用种	98.0			
	杂交种	大田用种	85.0			
向日葵	常规种	原种	99.0	98.0	85	
		大田用种	96.0			
	亲本	原种	99.0		90	
		大田用种	98.0			
	杂交种	大田用种	96.0			
花生	原种		99.0	99.0	80	10.0
	大田用种		96.0			
芝麻	原种		99.0	97.0	85	9.0
	大田用种		97.0			

六、课后训练

1. 种子生产经营过程中，评价其质量的标准有哪几方面？
2. 联系实际谈谈种子标准化意义。
3. 我国对种子质量规定了哪些标准？

任务三 发现、处理农作物种子质量问题

一、任务描述

种子市场上充斥着许多假劣种子，运用种子检验技术对种子质量问题进行室内检验，对确实要进行田间现场鉴定的，能正确按照田间现场鉴定程序严格按办法规定进行田间现场鉴定。

二、任务目标

正确运用假劣种子认定标准，种子质量室内检测方法对种子活力、发芽率、水分、杂质等质量问题进行室内检验，对需要进行田间现场鉴定的种子质量问题，能运用农作物种子质量问题田间现场鉴定管理办法进行田间现场鉴定。

三、任务实施

1. 实施条件

假劣种子标准、农作物种子质量田间现场鉴定办法、农作物种子检验规程。

2. 实施过程

① 种子是有生命的特殊商品。
② 假劣种子认定标准。
③ 农作物种子质量室内检测。
④ 农作物种子质量田间现场鉴定。

四、任务考核

项目	重点考核内容	考核标准	分数总计
农作物种子质量问题	农作物种子质量的特殊性	农作物种子是有生命的商品	10
	假劣种子	假劣种子认定标准	30
	农作物种子质量问题鉴定	农作物种子质量室内检测、田间鉴定	60
分数合计			100

五、相关理论知识

（一）销售种子的质量要求

《种子法》关于假劣种子做如下认定：以非种子冒充种子或者以此品种冒充他品种的、种子种类、品种、产地与标签标注内容不符的为假种子；质量低于国家规定的种用标准的、质量低于标签标注指标的、带有国家规定检疫对象的有害生物的伪劣种子。

（二）农作物种子质量的特殊性

通常意义上农作物种子质量包含两方面的内容，一是与生物遗传特性有关的品质，主要是指纯度。二是种子播种后与田间出苗有关的质量，主要是指种子的发芽能力。目前我国主要用种子的纯度、净度、发芽率和水分含量四个指标来评价种子质量的优劣。

与普通商品质量相比，农作物种子质量有其特殊性。一是内在性，四个指标中的净度和水分基本上可从外观加以判断，而另外两个重要的指标纯度和发芽率单从外观上是无法分辨的，只能采取专门的检验手段进行判断。二是滞后性，如发芽率的高低，到种子出苗后才能知晓，纯度的好坏，更要到收获时才能发现。种子质量的特殊性决定了种子质量认定方面的复杂性。

（三）农作物种子质量问题的认定

种子执法机关处理种子质量问题争议或者司法机关审理种子质量纠纷案件，必须依法认定种子质量是否存在问题。认定农作物种子质量存在问题的主要方式有两种，一是委托种子质量检测机构对种子质量进行检测；二是委托专家进行田间现场鉴定。

1. 种子质量检测

种子质量检验是应用科学、先进和标准的方法对种子样品的质量进行正确的分析测定，判断其质量的优劣，评定其种用价值的一门科学技术。种子检验是农业上监测和控制种子质量的重要手段。质量检验是一过程，检验的对象可以是产品（种子），也可以是过程，检验的手段可以是观察和判断，也可以是测试、试验。

(1) 检测机构和人员 《种子法》对种子质量的检测机构和人员做了明确的规定。《种子法》规定，农业、林业主管部门应当加强对种子质量的监督检查。种子质量管理办法、行业标准和检验方法，由国务院农业、林业主管部门制定。

农业、林业主管部门可以采用国家规定的快速检测方法对生产经营的种子品种进行检测，检测结果可以作为行政处罚依据。被检查人对检测结果有异议的，可以申请复检，复检不得采用同一检测方法。因检测结果错误给当事人造成损失的，依法承担赔偿责任。

农业、林业主管部门可以委托种子质量检验机构对种子质量进行检验。承担种子质量检验的机构应当具备相应的检测条件、能力，并经省级以上人民政府有关主管部门考核合格。种子质量检验机构应当配备种子检验员。种子检验员应当具有中专以上有关专业学历，具备相应的种子检验技术能力和水平。

(2) 检测依据和程序 种子质量检测的依据为《农作物种子检验规程》GB/T 3543.1～7—1995。本标准规定了种子扦样程序、种子质量检测项目的操作程序、检测基本要求和检测结果报告等内容，适用于农作物种子质量的检测。《农作物种子检验规程》由GB/T 3543.1～7—1995七个系列标准构成，就其内容可分为扦样、检测和结果报告三部分。其中检测部分包括：净度分析、发芽试验、真实性和品种纯度鉴定、水分测定、生活力的生化测定、重量测定、种子健康测定、包衣种子检验等内容。检验项目结束后，检验结果应按规定填报“种子检验结果报告单”。完整的结果报告单须包括下列内容：签发站名称、扦样及封缄单位的名称、种子批的正式批号及印章、来样数量和代表数量、扦样日期、检验站收到样品日期、样品编号、检验项目和检验日期。

2. 田间现场鉴定

现场鉴定是指农作物种子在大田种植后，因种子质量或者栽培、气候等原因，导致田间出苗、植株生长、作物产量、产品品质等受到影响，双方当事人对造成事故的原因或者损失程度存在分歧，为确定事故原因或损失程度而进行的田间现场技术鉴定活动。

农业部28号令《农作物种子质量纠纷田间现场鉴定办法》对实施田间现场鉴定的组织机构、鉴定人员、鉴定条件、考虑因素、鉴定结论等内容等做了原则性规定。目前各省依据28号令也相继制定了现场鉴定的具体管理办法。现场鉴定由田间现场所在地县级以上地方人民政府农业、林业主管部门所属的种子管理机构组织专家鉴定组进行。专家鉴定组由鉴定所涉及作物的育种、栽培、种子管理等方面的专家组成，必要时可邀请植物保护、气象、土壤肥料等方面的专家参加。专家鉴定组名单应当征求申请人和当事人的意见，可以不受行政区域的限制。田间现场鉴定的主要任务是对导致田间出苗、植株生长、作物产量、产品品质等受到影响的原因进行分析判断。专家鉴定组进行现场鉴定时，应当通知申请人及有关当事人到场。专家鉴定组根据现场情况确定取样方法和鉴定步骤，并独立进行现场鉴定。专家鉴定组现场鉴定实行合议制，鉴定结论以专家鉴定组成员半数以上通过有效，专家鉴定组成员须在鉴定结论上签名。

六、课后训练

1. 我国对销售种子的质量要求有哪些？
2. 熟悉我国种子法律法规中关于种子质量标准的规定，能正确确定农作物种子质量问题。

任务四 种子认证

一、任务描述

认证是由充分信任的第三方证实某一鉴定的产品或服务符合特定标准或规范性文件的活动。种子认证是通过除种子企业和种子使用者之外的充分信任的第三方对种子质量进行检验并出具具有法律效力的检验报告。是控制种子质量的有效途径，我国种子质量的认证正在逐步向种子产业全过程管理转变，来全面提高种子质量。

二、任务目标

了解三大国际种子认证机构及认证意义，对世界不同种子认证体系有所认识，掌握我国种子认证体系、标准、类别及程序。

三、任务实施

1. 实施条件

种子认证机构、不同国家种子认证体系、我国种子认证体系。

2. 实施过程

① 认证及认证意义。
② 质量认证三大国际机构基本情况。
③ 我国种子认证体系。
④ 我国种子认证标准。
⑤ 我国种子认证类别。
⑥ 我国种子认证基本程序。

四、任务考核

项目	重点考核内容	考核标准	分数总计
种子认证	种子认证	含义及三大国际质量认证机构	30
	国际种子质量认证	澳大利亚种子认证体系及欧盟种子认证体系	20
	我国种子认证	我国种子质量认证体系、认证类别、认证基本程序	50
分数合计			100

五、相关理论知识

（一）种子认证概述

1. 种子认证的概念

“认证”（certifcation）一词的英文原意是一种出具证明文件的行动，是由可以充分信任的第三方证实某一经鉴定的产品或服务符合特定标准或规范性文件的活动。举例来说，对第一方（供方或卖方）生产的产品甲，第二方（需方或买方）无法判定其品质是否合格，而由第三方来判定。第三方既要对第一方负责，又要对第二方负责，不偏不倚，出具的证明要能获得双方的信任，这样的活动叫做“认证”。这就是说，第三方的认证活动必须公开、公正、公平，才能有效。认证包括产品质量认证和质量管理体系认证。

（1）国际种子管理机构—国际种子检验协会（ISTA）　ISTA 是一个由各国官方种子检验室（站）和种子技术专家组成的世界性的政府间协会。它由分布在世界各国的政府官员和种子检验站成员组成。其目标是：制定、修订、出版和推行国际种子检验规程；促进在国际种子贸易中广泛采用一致性的标准程序；发展种子科学技术的研究和培训工作。其任务是：召开世界性种子会议和研讨会；加强与其他国际机构的联系和合作；编辑和出版 ISTA 刊物；颁发国际种子检验证书。

（2）全面质量管理（TQC）　TQC 是当今世界各国企业界普遍接受的一种关于质量管理的科学理论，具有丰富的内容，较强的系统性和理论性。其中心内容是“三全”管理，即全员参加、全过程、全部门管理。它注重运用各种现代管理方法对生产环节进行控制。TQC 的实施无固定模式，在实践中可以不断完善、提高、补充。企业实施 TQC 的成果可以通过产品质量得到保持和提高而产生巨大的效益，或通过获得一定级别的质量奖来体现。

全面质量管理是种子企业保证和提高种子质量，运用一整套质量管理体系、手段和方法进行的系统管理活动。也就是组织企业全体职工和有关部门参加，综合运用现代化科学和管理技术成果，控制种子质量的全过程和各因素，经济地研制、生产和提供农民满意的种子系统管理活动。

（3）ISO 标准　ISO 标准是国际标准化组织，它吸收了 TQC 的精髓，在全球有通用的企业质量管理和质量保证的系列标准。它是 ISO 以法规文件形式公布的一系列推荐性标准，强调建立质量体系，即对内建立质量管理体系，对外建立质量保证体系。企业可以自愿采用这些标准。但一经采用，就必须严格按照标准文件执行。现已有 90 多个国家和地区将此标准等同转化为国家标准。我国等同采用 ISO 9000 族标准的国家标准是 GB/T 19000 族标准。由于 ISO 标准是世界各国共同遵循的标准，执行这些标准，有助于我国种子产业直接于国际接轨，吸收国际先进的管理技术和经验，促进我国种子质量管理步入标准化、规范化、科学化和国际化轨道，提高国际竞争力。

一般地讲组织活动由三方面组成：经营、管理和开发。在管理上又主要表现为行政管理、财务管理、质量管理等。通俗地讲就是把组织的质量管理标准化，而标准化的质量管理生产的产品及其服务，其质量是可以信赖的。具体地讲 ISO 9000 族标准就是在以下四方面规范质量管理。

① 机构　标准明确规定了为保证产品质量而必须建立的管理机构及职责权限。

② 程序　组织的产品生产必须制定规章制度、技术标准、质量手册、质量体系操作检查程序，并使之文件化。

③ 过程　质量控制是对生产的全部过程加以控制，是面的控制，不是点的控制。从根

据市场调研确定产品、设计产品、采购原材料，到生产、检验、包装和储运等，其全过程按程序要求控制质量。并要求过程具有标识性、监督性、可追溯性。

④ 总结　不断地总结、评价质量管理体系，不断地改进质量管理体系，使质量管理呈螺旋式上升。

种子认证是依据种子认证方案，由认证机构确认并通过颁发认证证书和认证标识来证明某一种子批符合相应的规定要求的活动。通过上述活动生产出来的种子称为认证种子。认证种子主要通过三方面的一系列活动来确认种子质量：一是通过对品种、种子田、种子来源、田间检验、清洁与不混杂管理、验证等一系列过程控制，确认种子的遗传质量（真实性和品种纯度）保持至育种家原先育出的状况和水平；二是监控种子扦样、标识和封缄行为符合认证方案规定的要求；三是通过种子检验室的检测，确认种子的物理质量（净度、发芽率等）符合国家标准或合同规定的要求。

2. 种子质量认证的意义

种子质量认证是种子质量控制的有效途径。多年来我国种子质量控制重点是放在产后种子检验上，只能解决净度、水分、发芽率等问题，若种子纯度达不到国家标准则无法通过种子处理解决。实际在种子质量事故中种子纯度问题影响最大。纯度检验需要一个生长季节，往往是当天得不到鉴定结果，一旦发现问题，为期已晚。这也是我国目前种子质量上不去的根本原因所在。按照种子质量认证办法，质量控制重点是放在种子生产、加工、贮藏等环节，通过对产前、产中、产后过程中严格控制种子纯度以达到保证种子质量的目的。这样则可解决我国种子检验的被动局面。通过种子质量认证，有多重方面的作用。

（1）强化品质管理，提高企业效益，增强客户信心，扩大市场份额　负责 ISO 9000 质量体系认证的认证机构都是经过国家权威机构认可的。对于企业内部来说，可按照经过严格审核的国际标准化的质量体系进行品质管理，真正达到法治化、科学化的要求，极大地提高工作效率和产品合格率。对于企业外部来说，当顾客得知供方按照国际标准实行管理，就可以确信该企业是能够稳定地生产合格产品乃至优秀产品的信得过的企业，从而放心地与企业订立供销合同，扩大了企业的市场占有率。

（2）获得国际贸易“通行证”，可消除国际贸易壁垒　许多国家为了保护自身的利益，设置了种种贸易壁垒，包括关税垒、非认证和 ISO 9000 质量体系认证的壁垒。特别是 WTO 成员方之间相互排除了关税壁垒，只能设置技术壁垒，所以，获得认证是消除贸易壁垒的重要途径。

（3）消除了第二方审核的弊端，节省开支　在现代贸易实践中，第二方审核已成为惯例，致使供方要支付相当的费用，作为第一方的生产企业申请了第三方的 ISO 9000 认证并获得了认证证书以后，众多第二方就不必要再对第一方进行审核，可以节省第一方、第二方费用。如企业在获得了 ISO 9000 认证之后，申请产品品质认证，可以免除认证机构对企业的品质保证体系进行重复认证的开支。

（4）在产品品质竞争中永远立于不败之地　20 世纪 70 年代以来，品质竞争已成为国际贸易竞争的主要手段，不少国家把提高进口商品的品质要求作为贸易保护主义的重要措施。实行 ISO 9000 国际标准化的品质管理，可以稳定地提高产品品质，使企业在产品品质竞争中永远立于不败之地。

（5）有效地避免产品责任　发达国家都把原有的“过失责任”转变为“严格责任”处理，对制造商的安全要求提高很多。例如，工人在操作一台机床时受到伤害，按“严格责任”处理，法院不仅要看该机床机件故障之类的品质问题，还要看其有没有安全装置，有没有向操作者发出警告的装置等。法院可以根据上述任何一个问题判定该机床存在缺陷，厂方便要对其后果负责赔偿。但是，按照各国产品责任法，如是厂方能够提供ISO 9000质量体系认证证书，便可免赔，否则，要败诉且要受到重罚。

(6) 有利于国际间的经济合作和技术交流　国际种子质量认证规则，主要是由经济合作发展组织OECD（Organisation for Economic Co-operation and Development）制订的，它规定参于国际种子贸易活动的条件是：除蔬菜种子外，其余作物种子必须经过种子质量认证。因此我国种子要走出国门，必须要和国际上指定的种子生产办法接轨，这样才能被世界认同。实施和推行种子认证工作是我国种子产业化、现代化和国际化必由之路。如美国2003年种子出口贸易额达8亿美元，位居世界第一，而作为农业大国、种子产销大国的中国，由于没有实行与国际接轨的种子认证制度，种子出口贸易遭遇国际贸易技术壁垒，2003年种子出口额仅有0.3亿美元，不足美国的4%。屯玉种业2000年率先通过了ISO 9001国际质量认证。

要使种子企业的质量管理工作得到社会的承认，使其质量保证得到普遍的认可，最有效的办法是申请并获得第三方质量认证。这样，可借助认证机构的权威，大力提高企业的知名度和信誉，从而提高企业产品的市场占有率，获得满意的经济效益。此外，还可降低生产成本和产品责任风险。随着种子工程的实施，种子认证制度将日益完善，种子产业的产品质量认证和质量体系认证必将成为种子质量评价的重要手段。

（二）国外种子认证

1. 澳大利亚的种子认证

澳大利亚是经济合作与发展组织（OECD）的成员国之一，该国种子认证工作主要分布在南澳，这里是种子的主要出口区，生产的种子40%要通过认证。一般认证的种子价格比非认证种子高出几倍以上。该国种子认证方案依据OECD原则。

① 认证种子必须具有三性（DUS）即特异性、稳定性和一致性。

② 认证品种必须在官方发布的品种目录中。

③ 认证种子必须由基础种子作繁殖材料（基础种子是由育种家种子生产的具有保持种性的种）。

④ 在认证过程中必须采取有效的控制纯度办法。

企业或个人需要生产认证种子，首先向官方种子机构申请认证并报材料，但必须在有效检测日期之前。官方种子机构对认证田块进行检查，检查认证种子的原始材料和有无标签、前茬、是否带有检疫性病害、杂草等。认证种子以后必须精选、加工、但其数量要与官方认证田估产数相符。认证合格贴标签：基础种子为白色、一代杂交种为蓝色、二代种子为绿色标签。官方颁发证书后方可销售。

2. 美国、荷兰、加拿大种子认证

美国的种子认证工作是由各州自己负责的。种子认证工作由州作物改良协会负责。他们主要认证大田、蔬菜、树种种子。认证工作要解决的主要问题是种子遗传纯度及种子质量。有机农业是不进行认证的。每个州都有自己一本详细的种子认证操作手册，有关认证人员都严格按照操作手册上的有关条款进行认证工作。认证工作结束后，每批认证种子都要挂标签。美国认证种子标签的颜色都是统一的。包括：基础种子（白色）、注册种子（紫色）、认证种子（蓝色）。比如艾奥瓦州每年认证的三大类种子（大田、蔬菜、树种种子）加起来共发放300万～400万个标签。每个州标签上的内容都是不完全相同的，主要区别在于危害杂草种类。紫色标签主要用于常规种，白、蓝标签主要用于杂交种。

在荷兰，所有的种子必须经过认证才可销售。根据作物不同，认证程序有所区别，对于农业品种，由种子检验机构的检验员对种子生产、加工的全过程进行监控、认证，对于蔬菜、园艺作物，是由公司对种子生产、加工的每个环节把关，种子检验机构的检验员检查各个生产环节的技术人员是否合格、随机抽取检查任何环节进行监督。

在加拿大，种子认证不是强制性的，销售的种子可以是认证种子，也可以是普通种子，由种子生产者协会负责各级别种子（育种家种子、注册种子、认证种子）生产过程的认证，由中央种子检验室和西部种子检验室及政府认可的检验室负责种子质量检验及认证标签的发放。

（三）我国种子认证

1. 种子认证体系与组织

为了保证农业用种的质量，树立名牌产品和企业形象，促进我国种子质量管理体系与国际接轨，参与国际种子市场竞争，在国家种子工程的总体部署下，中国从1996年起，农业部在全国开展了种子认证试点工作，吸收了经济合作与发展组织（OECD）、欧盟（EU）、北美官方种子认证机构（AOSCA）等国际上公认的种子认证机构的做法及国际种子检验协会（ISTA）和国际植物新品种保护联盟（UPOV）的规则，颁发了《中国农作物种子质量认证试点方案（试行）》，选择湖南省慈利县、四川省什邡市种子公司作为杂交水稻种子认证首批试点单位；山西省榆次市、河北省平泉县种子公司为杂交玉米认证首批试点单位；合肥市种子公司为杂交西瓜种子认证首批试点单位。结合OECD的种子认证规程，全国农作物种子质量监督检验测试中心，制定了一系列适合中国国情的种子认证规章制度，初步建立了全国种子认证检测检验网。确定各认证试点单位所在部级种子质量监督检测中心和省种子质量检验站履行认证种子监督检验职能。试点单位制定了认证品种的《质量管理手册》，将影响种子质量的各个环节落实在岗位责任制中，完善了质量管理制度，初步建立了质量认证体系。因此，一些省、市种子公司通过认证方法生产的作物种子质量大大提高，如山西榆次市种子公司玉米杂株率为0.14%～0.26%；合肥市种子公司生产的3万千克西农八号西瓜种子质量达到GB 4404.1—2008一级良种标准。我国种子认证工作在边借鉴、边运转、边总结、边完善的试点基础上，制定出控制和提高种子质量的措施和办法，为今后普及种子认证制度做了技术上的准备。目前农业部全国农作物种子质量监督检验测试中心，实行农作物种子质量认证委员会职能，监督执行认证程序。截至2005年，全国有玉米、小麦（济南、郑州）、水稻（成都、长沙）、瓜菜（合肥）种子质量监督检测中心12个，这些中心分别负责当地及周边参加种子认证试点种子公司的认证申请，种子生产条件，质量保证体系考核和种子质量检测、监督工作。

2. 种子认证质量标准

主要农作物品种来自经国家级或省级品种审定通过的品种，非主要农作物在申请认证时须向种子认证机构提供品种名称、品种测试报告及有关证明、品种描述以及一定数量的标准样品（杂交种包括亲本组合）；授权品种提供品种权人授权证明。

3. 认证种子类别

我国认证种子种类主要分常规种与杂交种。常规种分：原种、大田用种一代；杂交种分杂交种亲本种子，原种、大田用种一代、大田用种二代；杂交种种子只有大田用种一级。认证种子标签颜色根据种子世代的不同使用不同的颜色，育种家种子使用白色并带有紫色单对角线条纹，原种使用蓝色，亲本种子使用红色，大田用种使用白色、蓝色、红色以外的单一色。

4. 认证的基本程序

① 核报认证种子生产面积和基地。

② 生产期间认证单位必须对全部种子田进行检验；认证监督机构在播种前和纯度调查关键时期分 2～3 次随机选取 20%认证田块进行检查，并出具田间检验报告。

③ 认证检测机构对上市的全部认证种子分批抽样进行纯度、净度、水分指标测检，出具检测报告。

④ 认证机构根据监测机构上报结果核发认证种子标签。

六、课后训练

1. 联系实际谈谈种子质量认证的意义。
2. 谈谈国内外种子质量认证现状。

项目自测与评价

一、填空题

1. 种子质量分级的依据有(　　　　)、(　　　　)、(　　　　)和水分。
2. 农业标准化的三大体系是(　　　　)、(　　　　)、(　　　　)。
3. 种子质量控制的基本途径有(　　　　)和(　　　　)两种。
4. 种子质量通常包括(　　　　)和(　　　　)两方面的内容。
5. (　　　　)是种子质量管理的主体。
6. 种子标准化包括(　　　　)、(　　　　)、(　　　　)、(　　　　)、(　　　　)五方面内容。
7. 认定农作物种子质量存在问题的主要方式有(　　　　)、(　　　　)两种。
8. 我国认证种子种类主要分(　　　　)和(　　　　)。
9. 种子质量纠纷的非种子质量原因指非正常气候、(　　　　)、(　　　　)和使用农药、化肥和生物激素不当。

二、简答题

1. 什么是合格种子？
2. 如何确定农作物种子质量问题？
3. 种子质量控制有哪两种基本途径？
4. 认证种子的类别有哪些？
5. 种子标准化的内容包括哪几方面？
6. 种子经营者应当履行哪些主要种子质量义务？
7. 当你出售的种子在田间生长出现异常时，你如何处理？
8. 在市场检查中抽查一家种子企业的玉米种子结果如下：纯度 96.6%、净度 99%、水分 13%、发芽率 85%，而其标签标注值是纯度 98%、净度 99%、水分 13%、发芽率 85%。问：抽查的这批种子合格吗？如果不合格那这批种子是假种子还是劣种子？为什么？

种子包装与标签管理

在我国销售（经营）的农作物种子应当附有标签，标签的制作、标注、使用和管理应遵守种子法，农作物种子加工包装规定。依据农作物种子类别正确选用包装材料进行包装，便于种子运输销售，提高种子商品价值。

任务一 包装种子

一、任务描述

正确运用《农作物种子加工包装规定》，按种子包装基本流程，能对不同类型种子选用适宜包装材料进行包装。

二、任务目标

依据《农作物种子加工包装规定》，对加工包装种子和不包装种子能分辨清晰，按不同包装要求选用包装材料，严格执行包装基本流程进行种子包装。

三、任务实施

1. 实施条件

《农作物种子加工包装规定》、不同材料包装袋实物、包装机械。

2. 实施过程

① 应当加工包装种子和不加工包装种子。
② 种子包装要求。
③ 种子包装材料。
④ 种子包装基本流程。

四、任务考核

项目	重点考核内容	考核标准	分数总计
种子包装	包装种子和不包装种子	清楚哪些种子需要包装哪些不需要	40
	种子包装要求	不同种子类别按要求选用不同包装	40
	种子包装	种子包装基本程序	20
分数合计			100

五、相关理论知识

销售的种子应当加工、分级、包装。但是不能加工、包装的除外。大包装或者进口种子可以分装；实行分装的，应当注明分装单位，并对种子质量负责。

（一）应当加工、包装的种子和不包装的种子

1. 应当加工、包装后销售的种子

依据《农作物商品种子加工包装规定》（农业部2016年第5号令）规定，应当加工、包装后销售的农作物种子。

① 有性繁殖作物的籽粒、果实，包括颖果、荚果、蒴果、核果等。

② 马铃薯微型脱毒种薯。

2. 可以不经加工、包装进行销售的种子

① 无性繁殖的器官和组织，包括根（块根）、茎（块茎、鳞茎、球茎、根茎）、枝、叶、芽、细胞等。

② 苗和苗木，包括蔬菜苗、水稻苗、果树苗木、茶树苗木、桑树苗木、花卉苗木等。

③ 其他不宜包装的种子。

经干燥、精选等加工的种子，加以合理包装，可防止种子混杂、病虫害感染、吸湿回潮、种子劣变，可提高种子商品特性，保持种子旺盛活力，保证安全贮藏运输，同时便于销售。

（二）种子包装要求

① 种子含水量、净度达标，以确保其在贮藏运输过程中不变质，保持原有活力。

② 包装容器必须防湿、清洁、无毒、不易破裂、重量轻。

③ 包装规格按不同要求（作物种类、苗床或大田播种量）确定，以方便使用和销售。

④ 依据保存时间确定保存条件，时间长条件高。

⑤ 包装种子贮藏条件：低湿干燥地区则包装条件较低，潮湿温暖地区要求条件较高。

⑥ 包装种子外面加印或粘贴标签。

（三）包装材料

目前应用较普遍的种子包装材料主要有麻袋、多层纸袋、铁皮罐、聚乙烯、铝箔复合袋及聚乙烯袋等。麻袋强度好，透气性好，可以重复使用，适于大量种子的包装，但防湿、虫、鼠性能差；金属罐装种子可以防止受潮并隔绝空气，防光、水、虫、鼠等，便于自动化包装和封口，适合于少量种子长期包装保存；在种子零售贮藏和运输中，目前更多的使用聚乙烯编织袋包装。

（四）包装种类

种子包装种类主要有重量包装和粒数包装两种。一般农作物和牧草种子采用重量包装。每个包装的重量按农业生产规模、播种面积和用种量进行包装。一般麦稻种子采用较大的包装，如25kg/袋、50kg/袋等。杂交水稻1～5kg/袋，玉米杂交种5～10kg/袋或40～50kg/袋。蔬菜种子有每袋4g、8g、50g、200g包装。对比较昂贵的蔬菜和花卉种子，有采用粒数包装的，如每袋100粒，200粒等。

（五）种子包装流程

种子包装程序：散装仓库输送→加料箱→称量或计数→装袋（或容器）→封口（或缝

口）→贴（或挂）标签。当种子包装实现自动化控制时，这些程序则完全由机械流水线完成。

六、课后训练

谈谈种子包装的意义，哪些种子应当包装？有何要求？

任务二 标签管理

一、任务描述

《农作物种子标签通则》、《农作物种子标签管理办法》对主要农作物种子、非主要农作物种子、其他作物种子标签应标注内容及宜加注内容作出明确规定，同时对标签制作规范标准明确规定。能按标签判定种子质量。

二、任务目标

依据《农作物种子标签通则》、《农作物种子标签管理办法》，针对不同地区、不同民族、不同作物、不同品种进行标签制作，明确标签内容。

三、任务实施

1. 实施条件

《农作物种子标签通则》、《农作物种子标签管理办法》、种子标签实物。

2. 实施过程

① 标签基本内容。
② 主要农作物种子标签应标注内容。
③ 非主要农作物种子标签应标注内容。
④ 其他作物种子标签应标注内容。
⑤ 主要农作物种子标签宜加注内容。
⑥ 种子标签制作。
⑦ 依据种子标签进行四劣一假种子判定。

四、任务考核

项目	重点考核内容	考核标准	分数总计
标签管理	标签应标注内容	主要农作物种子标签标注内容、其他农作物种子标签标注内容	20
	标签宜加注内容	种子批号及品种说明	20
	标签制作	标签规格要求及内容标准	40
	按标签进行质量判定	四劣一假种子判定	20
分数合计			100

五、相关理论知识

我国《种子法》第四十一条要求：标签应当标注种子类别、品种名称、品种审定或者登记编号、品种适宜种植区域及季节、生产经营者及注册地、质量指标、检疫证明编号、种子生产经营许可证编号和信息代码，以及国务院农业、林业主管部门规定的其他事项。销售授权品种种子的，应当标注品种权号。销售进口种子的，应当附有进口审批文号和中文标签。销售转基因植物品种种子的，必须用明显的文字标注，并应当提示使用时的安全控制措施。种子生产经营者应当遵守有关法律、法规的规定，诚实守信，向种子使用者提供种子生产者信息、种子的主要性状、主要栽培措施、适应性等使用条件的说明、风险提示与有关咨询服务，不得作虚假或者引人误解的宣传。任何单位和个人不得非法干预种子生产经营者的生产经营自主权。国家强制性标准《农作物种子标签通则》(GB 20464—2006) 已于 2006 年 7 月 12 日发布，并于 2006 年 11 月 1 日实施。依据《中华人民共和国标准化法》规定，不符合强制性标准的产品，禁止生产、销售和进口。从 2006 年 11 月 1 日起，销售的农作物种子必须符合该标准的要求。

标签是指印制、粘贴、固定或者附着在种子、种子包装物表面的特定图案及文字说明。

（一）标签应当标注的内容

1. 主要农作物种子应当标注的内容

主要农作物种子是指《种子法》第九十二条第三项所规定农作物的种子，可见《主要农作物范围规定》(2001 年 2 月 26 日农业部令第 51 号) 的第二条：稻、小麦、玉米、棉花、大豆以及国务院农业行政主管部门和省、自治区、直辖市人民政府农业行政主管部门各自分别确定的其他一至二种农作物。另外农业部确定油菜、马铃薯为主要农作物。

(1) 作物种类　作物种类明确至植物分类学的种。需要特别说明用途或其他情况的，应在作物种类名称前附加相应的词，例如：饲用甜菜和糖用甜菜。

(2) 种子类别　种子类别按常规种和杂交种标注，类别为常规种的，可以不具体标注；同时标注种子世代类别，种子按育种家种子、原种、杂交亲本种子、大田用种标注，类别为大田用种的，可以不具体标注。杂交亲本种子应标注杂交亲本种子的类型，例如："三系"籼型杂交水稻的亲本种子，应明确至不育系或保持系或恢复系；或直接标明杂交亲本种子，例如：西瓜亲本原种。

作物种类与种子类别可以联合标注，例如：水稻原种、水稻杂交种、水稻不育系原种、水稻不育系；玉米杂交种、玉米自交系。

(3) 品种名称　《中华人民共和国植物新品种保护条例》及其实施细则规定的属于授权品种或审定通过品种的，应标注批准的品种名称；不属于授权品种或无需进行审定的品种，宜标注品种持有者（或育种者）确定的品种名称。标注的品种名称应适当，不应含有下列情形之一。

① 仅以数字组成的，如：88-8-8。

② 违反国家法规或者社会公德或者带有民族歧视性的。

③ 以国家名称命名的，如：中国 1 号。

④ 以县级以上行政区划的地名或公众知晓的外国地名命名的，如湖南水稻、FAO、UPOV、国徽、红十字。

⑤ 对植物新品种的特征、特性或者育种者的身份、来源等容易引起误解的，如铁杆小麦、超大穗水稻、李氏玉米、美棉王。

⑥ 属于相同或相近植物属或者种的已知名称的。

⑦ 夸大宣传并带有欺骗性的。

(4) 种子生产经营者信息　包括种子生产经营者名称、种子生产经营许可证编号、注册地地址和联系方式。

(5) 质量指标　质量指标是指生产商承诺的质量指标，按品种纯度、净度、发芽率、水分指标标注。国家标准或者行业标准对某些作物种子质量有其他指标要求的，应当加注。特性值应当标明具体数值，品种纯度、净度、水分百分率保留一位小数，发芽率保留整数。

(6) 检疫证明编号　产地检疫合格证编号、植物检疫证书编号，适用于国内生产种子；引进种子、苗木检疫审批单的编号，适用于进口种子。

(7) 净含量　应当包装销售的农作物种子应加注净含量。

净含量的标注由"净含量"(中文)、数字、法定计量单位(kg 或 g)或数量单位(粒或株)三个部分组成。使用法定计量单位时，净含量小于 1000g 的，以 g(克)表示，大于或等于 1000g 的，以 kg(千克)表示；或以粒表示。

(8) 检测日期和质量保证期　检测日期是指生产经营者检测质量特性值的年月，年月分别用四位、两位数字完整标示，如检测日期：2016 年 05 月。

质量保证期是指在规定贮存条件下种子生产经营者对种子质量特性值予以保证的承诺时间。标注以月为单位，自检测日期起最长时间不得超过十二个月，如质量保证期 6 个月。

(9) 品种适宜种植区域、种植季节　品种适宜种植区域不得超过审定、登记公告及省级农业、林业主管部门引种备案公告公布的区域。审定、登记以外作物的适宜区域由生产经营者根据试验确定。

种植季节是指适宜播种的时间段，由生产经营者根据试验确定，应当具体到日，如 5 月 1 日至 5 月 20 日。

(10) 信息代码　信息代码以二维码标注，应当包括品种名称、生产经营者名称或进口商名称、单元识别代码、追溯网址等信息。

(11) 中国境内审定的主要农作物品种审定编号　主要农作物品种，标注品种审定编号；通过两个以上省级审定的，至少标注种子销售所在地省级品种审定编号；引种的主要农作物品种，标注引种备案公告文号；授权品种，标注品种权号；已登记的农作物品种，标注品种登记编号；进口种子，标注进口审批文号及进口商名称、注册地址和联系方式；药剂处理种子，标注药剂名称、有效成分、含量及人畜误食后解决方案，依据药剂毒性大小，分别注明"高毒"并附骷髅标志、"中等毒"并附十字骨标志、"低毒"字样。

(12) 转基因种子　标注"转基因"字样、农业转基因生物安全证书编号。

《主要农作物品种审定办法》(2016 年 7 月 28 日农业部令第 4 号发布)第 34 条规定了主要农作物品种审定编号的表示格式：审定委员会简称、作物种类简称、年号(四位数)、序号(四位数)。《主要农作物品种审定办法》2016 年第三十六条规定审定证书内容包括，审定编号、品种名称、申请者、育种者、品种来源、审定意见、公告号、证书编号。

2. 非主要农作物种子应当标注的内容

非主要农作物种子指除主要农作物种子外的其他农作物种子。它应当标注的内容中没有种子生产许可证编号和品种审定编号。

3. 其他种子应当标注的内容

(1) 混合种子　混合种子指不同作物种类或者同一作物不同品种或者同一品种不同生产方式、不同加工处理方式的种子混合物。混合种子应加注："混合种子"字样；每一类种子的名称(包括作物种类、种子类别和品种名称)及质量分数；产地、检疫证明编号、农作物种子经营许可证编号、生产年月、质量指标等（只要存在着差异，就应标注至每一类）；如果属于同一品种不同生产方式、不同加工处理方式的种子混合物，应予注明。

(2) 药剂处理种子　药剂处理种子指经过杀虫剂、杀菌剂或其他添加剂处理的种子，应当标注以下内容。

① 药剂名称、有效成分及含量。

② 依据药剂毒性大小（以大鼠经口半数致死量表示，缩写为 LD_{50}）进行标注。

—若 LD_{50}＜50mg/kg，标明“高毒”，并附骷髅警示标志。

—若 LD_{50}＝50～500mg/kg，标明“中等毒”，并附十字骨警示标志。

—若 LD_{50}＞500mg/kg，标明“低毒”。

③ 药剂中毒所引起的症状、可使用的解毒药剂的建议等注意事项。

(3) 转基因种子　转基因种子指利用基因工程技术改变基因组构成并用于农业生产的种子。基因工程技术是指利用载体系统的重组 DNA 技术以及利用物理、化学和生物学等方法把重组 DNA 分子导入受体品种的技术。基因组是指作物的染色体和染色体外所有遗传物质的总和。

这类种子应当标明“转基因”字样、农业转基因生物安全证书编号。

(4) 进口种子　标注进口审批文号及进口商名称，注册地址和联系方式。

(5) 分装种子　应当注明分装单位名称和地址（按农作物种子经营许可证注明的进行标注)、分装日期。

(6) 杂草种子　农作物商品种子批中不应存在检疫性有害杂草种子，其他杂草种子依据作物种类的不同，不应超过技术规范强制性要求所规定的允许含量。如果种子批中含有低于或等于技术规范强制性要求所规定的含量，应加注杂草种子的种类和含量。杂草种子种类应按植物分类学上所确定的种（不能准确确定所属种时，允许标注至属）进行标注，含量表示为：××粒/ kg 或××粒/千克。

(7) 认证种子　认证种子指由种子认证机构依据种子认证方案通过对种子生产全过程的质量监控，确认符合规定质量要求并准许使用认证标志的种子。以质量认证种子进行销售的种子批，其标签应附有认证标志。

4. 可以不经加工包装进行销售的农作物种子的标注内容

《农作物商品种子加工包装规定》第三条所规定的农作物种子，其标注内容没有净含量。

（二）标签宜加注内容

种子批号和品种说明是标签宜加注内容。

种子批号是质量信息可靠性、溯源性以及质量监督的重要依据之一。应当包装销售的农作物种子，宜在标签上标注由生产商或进口商或分装单位自行确定的种子批号。

品种说明是指有关品种主要性状、主要栽培措施、使用条件的说明，宜在标签上标注。主要性状可包括种性、生育期、穗形、株型、株高、粒形、抗病性、单产、品质以及其他典型性状；主要栽培措施可包括播期、播量、施肥方式、灌水、病虫防治等；使用条件可包括适宜种植的生态区和生产条件。

对于主要农作物种子，品种说明应与审定公告一致；对于非主要农作物种子，品种说明应有试验验证的依据。

（三）标签制作规范

种子标签可以与使用说明合并印制。种子标签包括使用说明全部内容的，可不另行印制使用说明。应当包装的种子，标签应当直接印制在种子包装物表面。可以不包装销售的种子，标签可印制成印刷品粘贴、固定或者附着在种子上，也可以制成印刷品，在销售种子时提供给种子使用者。标注文字除注册商标外，应当使用国家语言工作委员会公布的现行规范化汉字。标注的文字、符号、数字的字体高度不得小于1.8mm。同时标注的汉语拼音或者外文，字体应当小于或者等于相应的汉字字体。信息代码不得小于2cm²。品种名称应放在显著位置，字号不得小于标签标注的其他文字。印刷内容应当清晰、醒目、持久，易于辨认和识读。标注字体、背景和底色应当与基底形成明显的反差，易于识别；警示标志和说明应当醒目，其中“高毒”以红色字体印制。检疫证明编号、检测日期、质量保证期，可以采用喷印、压印等印制方式。作物种类和种子类别、品种名称、品种审定或者登记编号、净含量、种子生产经营者名称、种子生产经营许可证编号、注册地地址和联系方式、“转基因”字样、警示标志等信息，应当在同一版面标注。本办法第二十四条规定的印刷品，应当为长方形，长和宽不得小于11cm×7cm。印刷品制作材料应当有足够的强度，确保不易损毁或字迹变得模糊、脱落。进口种子应当在原标签外附加符合本办法规定的中文标签和使用说明，使用进（出）口审批表批准的品种中文名称和英文名称、生产经营者。

定量包装种子净含量标注字符高度应符合表7-1的要求。警示标志和说明书应醒目，“高毒”、“中等毒”、“低毒”以红色字体印刷。

表7-1 定量包装种子净含量标注字符高度

标注净含量(Q_n)	字符的最小高度/mm
$Q_n \leqslant 50g$	2
$50g < Q_n \leqslant 200g$	3
$200g < Q_n \leqslant 1000g$	4
$Q_n > 1000g$	6

（四）依据种子标签标注内容进行质量判定

① 作物种类、品种名称、产地与种子标签标注内容不符的，判为假种子。

② 质量检测值任一项达不到相应标注值的，判为劣种子。

③ 质量标注值任一项达不到技术规范强制性要求所明确的相应规定值的，判为劣种子。

④ 质量标注值任一项达不到已声明符合推荐性国家标准（或行业标准或地方标准）、企业标准所明确的相应规定值的，判为劣种子。

⑤ 带有国家规定检疫性有害生物的，判为劣种子。

（五）种子质量指标的检验方法

种子质量指标的检验方法有如下几种：采用农作物种子质量技术规范或标准中的方法或其规范性引用文件的方法；尚未制定农作物种子质量技术规范或标准的，宜采用GB/T 2930、GB/T 3543规定的方法；GB/T 2930、GB/T 3543未作规定的，可采用国际种子检验协会公布的《国际种子检验规程》所规定的方法。

对于质量符合性检验，在进行质量判定时，检测值与标注值允许执行下列的容许误差。

① 净度的容许误差见GB/T 3543.3。

② 发芽率的容许误差见GB/T 3543.4。

③ 对于不密封包装种子袋，种子水分允许有0.5%的容许误差；对于密封包装种子袋，水分不允许采用容许误差。

④ 品种纯度的容许误差见GB/T 3543.5。

六、课后训练

1. 主要农作物种子指哪些种子？其种子标签应标注哪些内容？
2. 非主要农作物种子指哪些种子？它与主要农作物种子标签标注的内容有何区别？

3. 种子标签上应如何标注作物种类、种子类别、品种名称？

4. 如何依据种子标签标注内容进行质量判定？

5. 对标签标注不正确引发的案例做分析。

项目自测与评价

一、填空题

1. 销售的种子应当加工、分级、包装。但是，不能加工、包装的除外。大包装或者进口种子可以分装；实行分装的，应当注明（　　），并对种子质量负责。

2. 销售的种子应当附有标签。非主要农作物种子标签应当标注的内容有作物种类、（　　）、（　　）、（　　）、（　　）、（　　）、检疫证明编号、（　　）、（　　）、（　　）、生产商地址及联系方式。非主要农作物种子指除主要农作物种子外的其他农作物种子，主要农作物种子应当标注的内容中应加注（　　）和（　　）。

3. 种子类别：按常规种和（　　）进行标注；其中（　　）可以不具体标注；同时按育种家种子、（　　）、（　　）进行标注，其中（　　）可以不具体标注。

二、简答题

1. 如何依据种子标签标注内容进行质量判定？

2. 种子标签宜加注内容有哪些？

项目八 种子使用

种子是农业生产的基础，种子质量是农业生产最大威胁之一，播种材料无生产潜力，不能获得所栽培品种的丰产。通过种子法、主要农作物种子质量纠纷田间现场鉴定办法等学习，把握种子质量纠纷产生原因，种子使用者权益类型，索赔内容、田间现场鉴定基本程序等，在农业劳动者权益受损时能通过正确法律途径，进行自我权益保护。

任务一 保护种子使用者的权益

一、任务描述

种子在使用过程中，易因环境、栽培、种子质量等造成种子质量纠纷，分清种子使用者权益受损类型，运用种子使用者的权益，依法进行正常索赔。

二、任务目标

明确种子使用者权益的构成及权益受损的主要类型，能对购种时的佐证材料进行完整保存，并在种子质量发生纠纷时，按照赔偿程序进行合理索赔。

三、任务实施

1. 实施条件

农业劳动者、种子营销店、购种发票、种子包装袋、《中华人民共和国种子法》。

2. 实施过程

① 种子法对种子使用者的权益界定。

② 种子使用者权益受损的主要类型。

③ 种子使用者权益受损时的索赔。

④ 种子使用者购种时的注意事项。

⑤ 因种子质量造成损失的赔偿程序。

四、任务考核

项目	重点考核内容	考核标准	分数总计
种子使用者的权益	种子使用者权益	种子使用者权益构成	20
	种子使用者权益受损	种子使用者权益受损类型及索赔	40
	购种注意事项	购种注意事项、因种子质量问题造成损失的赔偿程序	40
分数合计			100

五、相关理论知识

（一）种子使用者权益的构成

种子作为农业生产特殊的、不可替代的、最基本的生产资料，其质量的好坏，直接关系到收成，而种子质量的好坏，对于种子使用者来说，大多情况下只有种植后根据出苗、生长、收成情况等来判断。种子使用者知晓并采取措施保护好自己的合法权益具有十分重要的意义，那么种子使用者有哪些权益呢？根据相关法律法规的规定，种子使用者的权益有以下几项。

1. 种子使用者享有知悉其购买、使用种子的真实情况的权利

种子使用者有权询问他所购买的种子的品种特征特性、质量状况、适应范围、栽培技术要点以及生产日期、是否通过审定等，种子经营者必须如实提供真实情况。

2. 种子使用者享有自主选择种子的权利

种子使用者有权自主选择到哪家种子经营机构购买种子，购买什么种子，多少数量，有权对购买的种子进行比较挑选。《种子法》第五章第四十四条规定：种子使用者有权按照自己的意愿购买种子，任何单位和个人不得非法干预。这一条表明种子使用者在选择供种单位、品种和种子质量上有自主权。

3. 种子使用者享有公平交易的权利

种子使用者在购买种子时有权获得质量保障、价格合理、计量正确的公平交易，有权拒绝经营者的强制交易行为。

4. 种子使用者享有请求赔偿的权利

《种子法》第四十六条规定：种子使用者因种子质量问题或者因种子的标签和使用说明标注的内容不真实，遭受损失的，种子使用者可以向出售种子的经营者要求赔偿，也可以向种子生产者或者其他经营者要求赔偿。赔偿额包括购种价款、可得利益损失和其他损失。属于种子生产者或者其他经营者责任的，出售种子的经营者赔偿后，有权向种子生产者或者其他经营者追偿；属于出售种子的经营者责任的，种子生产者或者其他经营者赔偿后，有权向出售种子的经营者追偿。

种子使用者在购买种子时，对自己的合法权益进行必要的保护，可以确保用种安全，防止造成经济损失。

（二）种子使用者权益受损的类型

种子使用者权益受损主要是指种子使用者购买种子，由于种子经营者没有履行或没有完全履行其法定义务和约定义务，致使种子使用者购买到了假冒伪劣种子，给种子使用者造成了损失。

1. 种子质量不合格

种子作为重要的农业生产资料，为保证农业生产的安全，国家或地方对部分特别重要的农作物种子制定了强制性标准。种子质量不合格常常导致使用者减产减收。

2. 假冒种子

假冒种子包括假种子和冒牌种子两种。假种子是指经营者交付给购买者的种子不是种子购买者所约定购买的品种种子，或者种子包装标明的种子与实际包装的种子不相符而又未告知购买者。冒牌种子质量低劣，不仅损害名牌种子的信誉，也给种子使用者造成损失。

3. 未经审定或审定未通过品种的种子

衡量品种优劣、是否具有推广价值的关键是品种审定。未经审定的品种没有经过科学的区域试验和生产示范，其优质性、抗病性、适应性、产量等均未经过鉴定，是否能在生产上推广使用还是未知数，万一存在某种缺陷，使用后将给农民和农业生产造成严重后果。为保证农业生产的安全，审定未通过的品种一般都存在某种缺陷，或者其优良性不如当前生产上主要推广使用的品种。

4. 包装标志不符合要求

没有包装标志说明；包装标志说明与实际装入的种子不符；包装标志缺乏必要的项目，如品种特性、栽培要点、质量状况等；夸大其辞，错误诱导种子使用者购买和使用；进口种子没有中文说明；剧毒的包衣种子等没有警示标志。

5. 过期种子

农作物种子作为生命体，都有一定的寿命期限，随着时间的推移，种子的生命力逐渐减弱，直至失去使用价值。在正常保存条件下，一般种子的寿命期限在2～3年，韭葱类种子最好用当年的种子，茄果类种子在保存条件好的情况下可以用到5年左右。超过使用期限的种子即使有的能发芽，破土能力也弱，甚至不能出土。

6. 短斤少两，数量不足

短斤少两、数量不足表现为种子经营者交付给种子购买者的种子实际数量不足。比如购买50kg水稻种子，种子购买者实际只得到45kg种子；或者包装标明每袋50g，而实际装入量只有40g。

（三）种子使用者权益受损时的索赔

种子使用者在购买使用种子时，其合法权益受到损害的可以向种子销售者要求赔偿，销售者不得推诿，且直接销售者具有先行赔偿的法定义务。直接销售者赔偿损失后，如果是属于生产者或者属于向直接销售者提供种子的其他销售者的责任的，直接销售者有权向有责任的生产者或者其他销售者追偿，以换回其所受损失。根据《种子法》第四十六条规定，赔偿额包括购种价款、其他损失和可得利益损失。其中可得利益损失是指因种子造成该作物产量相比前3年平均产量的减产损失部分。

（四）购种注意事项

1. 选择正规的经营单位

正规经营单位是指：一是具有《农作物种子经营许可证》的经营单位，二是具有《农作物种子经营许可证》的经营单位所设的分支机构，三是受具有《农作物种子经营许可证》的经营单位书面委托的代销商。同时要选择经营信誉好、经济实力强、经营规模大的经营单位，一旦发生了质量纠纷，才能有效追究赔偿。目前经营单位多而杂，不能只比价格，更要比质量和服务。拒绝购买私倒乱调隐蔽销售、走乡串村流动销售或借科技下乡之名宣传销售的种子，这些经营者不具备经营资格，所售种子难有质量保证，一旦上当受骗，无索赔之处。

2. 查看经营的种子是否合法

《种子法》第二十三条规定：应当审定的农作物品种未经审定通过的，不得发布广告，不得经营、推广。应当审定的林木品种未经审定通过的，不得作为良种推广、销售，但生产确需使用的，应当经林木品种审定委员会认定。应当登记的农作物品种未经登记的，不得发布广告、推广，不得以登记品种的名义销售。经过审定通过的品种。注意商家广告的真实性和可靠性，不要盲目听信广告宣传，多向种子管理部门咨询，以防购到假劣种子。

3. 查看种子包装、标签是否规范

根据《种子法》第四十一条规定：销售的种子应当附有标签。标签应当标注种子类别、品种名称、品种审定或者登记编号、品种适宜种值区域及季节、生产经营者及注册地、质量指标、检疫证明编号、种子生产经营许可证编号和信息代码，以及国务院农业、林业主管部门规定的其他事项或者进口审批文号和中文标签等。标签标注的内容应当与销售的种子相符。对发现包装标签内容不全或对其真实性有怀疑时，不要购买并及时向各级种子管理部门举报。购种时切忌购买“散装种子”，这些种子没有标注种子特征特性、栽培技术要点及质量标准，无法指导正确使用种子。无证分装的就是没有经营资格的单位和个人，进行的非法经营行为，这类种子也无质量保证。

4. 查看种子外在质量

《种子法》第四十条规定：销售的种子应当加工、分级、包装。但是不能加工包装的除外，因此，商品种子外观应籽粒饱满、色泽鲜艳、无杂物。种子内在质量因无法目测，但与外在质量还是有关联的。在购种时要注意查看外在质量，防止购买到劣质种子。

5. 保存与所购种子有关的证据

① 索取销售发票并妥善保存。购买种子应索要符合规定的盖有种子经营单位公章的购种发票，并要求清楚地标明购买时间、品种名称、数量、等级、价格等重要信息。不要接受个人签名的字据或收条等。

② 要保存好种子包装袋及标签或信誉卡等物件。

③ 如果有条件，保留少许种子。购买种子量较大时，应主动要求与经营者共同封存一份能代表所购种子质量的封存样品，大粒种子封存样品量为1kg；中小粒为0.5kg；小包装种子随机抽取2～3袋，封样袋上双方签字或盖章。保存这些证据，一旦发生质量纠纷，作为索赔依据。

6. 保护现场，及时报告

种子播种后的整个生育期内，一旦出现质量问题，首先将出现质量问题的田块保护起来，不要采取任何补救措施，然后及时向种子经营者或当地种子管理机构报告，请求种子质量鉴定，划清责任。是种子质量问题的应对可得利益损失进行评估。

7. 因种子质量造成损失的赔偿程序

法律规定种子使用者因种子质量问题造成的损失首先由出售种子的经营者赔偿，赔偿内容包括种子价款、其他损失和可得利益损失。同时规定因使用种子发生民事纠纷的，当事人可以通过协商或者调解解决。当事人不愿通过协商、调解解决或者协商、调解不成的，可以根据当事人之间的协议向仲裁机构申请仲裁。当事人也可以直接向人民法院起诉。

六、课后训练

1. 种子使用者有哪些权益?
2. 种子使用者应当如何保护自己的合法权益?

任务二 处理种子质量纠纷

一、任务描述

种子质量纠纷是由种子质量问题引起的，依种子法进行种子质量检验，首先通过室内检验，检验其种子质量，也可委托专家组进行田间现场鉴定。按鉴定书结果进行种子质量纠纷法律责任划分及处理。

二、任务目标

分析种子质量纠纷产生原因是环境因素还是种子质量问题，采取合适种子质量纠纷处理方法，进行种子质量纠纷法律责任划分，进行协商、调解解决或者协商、调解解决不成的，向仲裁机构申请仲裁，当事人也可直接向人民法院起诉。在必须进行田间现场鉴定时，组织专家进行田间现场鉴定，最终形成田间现场鉴定书。

三、任务实施

1. 实施条件

《中华人民共和国种子法》、《农作物种子质量纠纷田间现场鉴定办法》、田间现场鉴定书。

2. 实施过程

① 种子质量纠纷产生原因。
② 种子质量纠纷处理原则。
③ 种子质量纠纷法律责任划分。
④ 种子质量纠纷的处理。
⑤ 农作物种子质量纠纷田间现场鉴定申请审查。
⑥ 农作物种子质量纠纷田间现场鉴定方法程序。
⑦ 形成农作物种子质量纠纷田间现场鉴定书。
⑧ 农作物种子质量纠纷田间现场鉴定注意事项。

四、任务考核

项目	重点考核内容	考核标准	分数总计
种子质量纠纷	种子质量纠纷形成	种子质量纠纷产生原因	20
	种子质量纠纷处理	种子质量纠纷处理原则、法律责任划分及处理	40
	种子质量纠纷田间现场鉴定	种子质量纠纷田间现场鉴定程序	40
分数合计			100

五、相关理论知识

（一）种子质量纠纷产生的原因

种子质量纠纷是指农作物种子在大田种植后，因种子质量、栽培管理或气候原因，导致田间出苗、植株生长、作物产量、产品品质等受到影响，造成的农业生产减收或绝收而产生的纠纷。

1. 非种子质量原因引发的种子质量纠纷

由于种子使用者缺乏相关科学知识，因以下原因造成的农业生产减收或绝收，他们往往会认为是种子本身质量有问题而引发纠纷。

（1）非正常气候　由于非正常气候引起植株发育异常，发生病害、早衰、不结实，表现减产、品质差等现象，这些气候原因包括光照不足、高湿、干旱、霜冻、雨涝等自然因素。例如：玉米抽雄开花期连续阴雨、高温，授粉不好，造成秃顶，结实率严重降低，甚至不结实；小麦遭遇长时间低温尤其在拔节期时遇低温天气，造成冻害。

（2）病虫危害　作物在生长期间，很有可能遭受病虫危害，其危害程度与外部环境、栽培技术和病虫防治技术有直接关系，如玉米粗缩病除了品种抗病性稍有区别外，更主要是苗期病毒传播媒介蚜虫、灰飞虱等害虫传播造成的。

（3）栽培管理不当　栽培技术如茬口、整地质量、播期、浸种、播种质量、种植密度、浇水、营养元素缺乏都有可能造成生长畸形、缺苗断垄、减产或品质下降，即良种良法不配套，不能发挥良种的潜力。如玉米品种豫单2002，属于稀植品种，适宜种植密度为3000株/亩，然而个别农户种植密度超过4500株/亩，导致空秆率达15%左右，穗小，秃尖大，产量低。

（4）使用农药、化肥和生物激素不当　如使用假农药、化肥会对农作物产生药害，导致“烧死庄稼”。激素的使用不当，同样也会造成损失。

2. 种子质量原因引起的纠纷

种子质量原因诱发的纠纷，主要包括品种适应性纠纷、假种子纠纷、劣种子纠纷和宣传欺骗纠纷。

（1）品种适应性纠纷　农作物种子只有在适宜的生态环境下才能正常生长发育，超出适宜区就不能正常发育。比较常见的有两种情况，一是在非适宜地区推广种植，二是推广未审定品种。有些作物对气候反应比较敏感，品种的种植适宜区非常严格，尽管这些品种通过了审定，但种植在审定公告的推荐种植区域之外，就会加大品种的适应性风险。生产使用未审定品种，应该规避的品种适宜性风险没有被发现，推广后表现出难以克服的缺陷，从而引发纠纷。

（2）假种子纠纷

① 以非种子冒充种子。这类情况在实践中数量不多，但危害甚大。小麦、大豆等常规种子可能表现不太明显，但是对于杂交种子，比如用粮食冒充种子，危害极大，后代严重分离，减产一般可达到50%。

② 以此品种冒充彼品种。即品种与标签标注不相符，常见的情况是用滞销的老品种标注为市场上看好的新品种或者用其他滞销的品种标注为畅销的品种。这样由于品种不真实会给使用者造成错误引导，采用不恰当的栽培管理技术最终造成作物大量减产。

（3）劣种子纠纷　农作物种子质量必须达到国家强制性标准，如果纯度、发芽率、净度和水分四大指标其中一项达不到标准或者种子质量指标低于标签标注的都是劣种子。生产实践中，纯度不够或发芽率低是导致种子质量纠纷的主要因素。发芽率低将会导致播后出苗差或不出苗，使用者不得不补种、毁种或改种，导致推迟播期和成熟期而减产。种子纯度问题，主要是因种子混有其他品种种子或者亲本种子降低纯度影响产量，引发纠纷。

（4）宣传欺骗纠纷　个别种子经营者为牟取暴利，夸大宣传误导农民，或者不向购种农民如实提供该品种的特征特性和栽培要点，甚至隐瞒品种的主要缺陷。一旦种子使用者发现作物生产情况和收益与种子经营者的宣传和承诺的情况相差悬殊，也容易产生纠纷。

（二）种子质量纠纷的处理

1. 种子质量纠纷的处理原则

（1）以事实为根据，以法律为准绳的原则　“以事实为根据，以法律为准绳”是我国刑事、民事诉讼和其他纠纷处理必须遵循的基本原则。种子质量一旦发生纠纷，种子购销双方往往会各抒己见，“公说公有理，婆说婆有理”，无视客观事实，主观臆断，把问题搞得很复杂。要使问题得到圆满解决，双方当事人及调解、仲裁、审理机关都必须尊重事实，按照有关法律办事。

（2）维护当事人合法权益的原则　我国法律规定：“公民、法人的合法权益受法律保护，任何组织和个人不得侵犯”。种子纠纷一经出现，当事人一方的合法权益就受到不同程度的侵犯。所以，在处理种子纠纷时不管采取什么方法，都必须体现维护当事人合法权益的原则。

（3）平等原则　发生纠纷的双方都是公民，具有法人资格，其政治、经济、法律地位平等，双方依法享有民事权利和承担民事义务。所以，纠纷的调解、仲裁应体现这一原则，防止强加于人。

（4）着重调解原则　种子质量纠纷是一种经济纠纷，没有根本的利害冲突，应尽可能争取通过协商、调解解决问题。

（5）遵循“行业特点”原则　品种纯度必须种植后才能确定。如该批种子表现不纯，购销双方应共同找出不纯的原因，由造成不纯的责任者承担赔偿损失，不能“出门不认货”。净度、发芽率、水分等指标可通过仪器测量出来，且随着时间、贮藏、运输条件的不同发生变化。所以购方应在收货后两个发芽周期内复检完毕，发现问题及时通知对方，逾期视为合格种子。

2. 种子质量纠纷法律责任划分

处理种子质量纠纷，在遵循以上种子质量纠纷处理原则的前提下，首先是要划分各自的法律责任，引起种子质量纠纷原因不同，各自的法律责任有别。举例如下。

（1）种子在大田种植时，纯度低于规定的标准，表现为参差不齐，杂株丛生的情况。种子企业提供遗传性状不稳定的种子或者在种子生产、加工过程中操作不规范，造成生物学混杂或机械混杂的，种子企业应承担全部法律责任；种子使用者在种子使用过程中由于不小心将不同品种混合在一起，种子使用者应自己承担由此造成的损失。

（2）种子在大田种植表现出的特征特性与该品种的真实特征特性存在明显差异的情况。如果是种子企业故意出售假种，它应承担由此产生的法律责任；是种子经营者无意中将甲品种当作乙品种销售，也要承担由此产生的责任；种子使用者因失误将甲品种当作乙品种使用，自己应承担该责任。

（3）种子在大田种植因适应性、病虫危害造成减产的情况。如果是没有通过国家审定或所在省级审定的主要农作物品种，种子经营推广者应该承担全部责任；已经通过审定但品审公告确定的适宜使用范围并没有包括种子使用者所在地域，种子经营者应承担全部责任；种子经营者在销售种子时，没有向种子使用者准确提供种子的简要性状、主要栽培技术、使用条件的说明，或提供了带有国家规定检疫对象的种子，应承担由此产生的责任；种子使用者没有按品种介绍正确使用种子，或者由于栽培管理措施不到位而造成损失，应自己承担责任。

（4）推广农作物新品种的情况。依据《中华人民共和国农业技术推广法》第四条和第十九条规定，农业技术推广应“因地制宜，经过试验、示范”；“必须在推广地区经过试验证明具有先进性和适用性”。推广农作物新品种是农业技术推广的一种特殊形式。新品种应该经过试验示范，了解该品种在当地的种植表现，来确定是否能在本地区推广，否则，应承担因此产生的法律责任。

种子质量纠纷产生的法律责任分为行政责任和民事责任。

行政责任是指种子生产、经营者在生产经营种子过程中，因其违反《种子法》及相关法律法规的规定而应依法受到的行政处罚，它遵循“法无明文规定不罚”的原则。

民事责任是指种子生产、经营者因违反《种子法》及相关法律法规的规定，或者因自己的工作失误，提供的种子给种子使用者造成经济损失，依法应予以赔偿。民事责任可通过协商、调解、仲裁解决，如果协商、调解、仲裁不成，可向人民法院起诉；产生民事责任的前提是已经给种子使用者造成了经济损失，当种子生产、经营者因违法生产经营种子要承担行政责任，但是其违法行为并没有给种子使用者造成损失，也就不需要承担民事责任。

3. 处理农作物种子质量纠纷应注意的法律问题

农作物种子播种以后发现出苗率低、禾谷类作物到期不抽穗开花、瓜果类作物果实与种子介绍不符的，都可能与种子质量有关。一旦出现质量争议，为明确责任，及时挽回经济损失，种子使用者应做到如下几点。

① 应立即采取措施，将留存的种子封存，有条件的可现场拍照，保护好现场以保证检测和鉴定的需要。随后立即与种子销售者联系，出示购种发票、种子包装袋及完整的种子标签或其他有效证明，向供种单位说明出现的问题，提出要求鉴定或损失赔偿的数额。如能够达成和解协议，则按协议执行。

② 对供种单位的处理意见不满的，可向当地农业、林业主管部门反映，申请组织鉴定或协调解决。种子使用者也可直接向主管部门投诉种子质量问题，请求查处和弥补损失。申请时应注意提交有关证据和资料，并说明具体的请求。主管部门一般会受理并进行调查调解工作。如调解失败，则进行质量责任的检测与鉴定工作。实践中对留有种子的，委托种子质量检测单位依照国家相关标准进行种子质量检验，依法出具检验报告，管理部门依法定程序进行处理。如果没有留种的，可由管理部门组织专家进行田间现场鉴定。

③ 质量检验报告和鉴定结论是认定种子质量问题的关键证据，是司法机关和种子执法机关处理种子质量问题的依据。因此，在涉及种子质量的案件中，应严格监督和审查质量检验和鉴定工作的合法性。首先要注意审查检测机构有无种子质量检测条件和资质。如果没有相应的检测条件和资质，则不能承担检验业务。二是质量检测要由持有《种子检验员证》的种子检验员实施检测，专家鉴定组的组成人员也要符合规定。要注意审查检测人员或鉴定人员与争议案件是否存在利害关系或者可能存在影响客观公正检测和鉴定的其他因素，有权要求相关人员回避。三是审查质量检测和鉴定结论所依据的资料是否真实、充分，依据虚假材料得出的检验报告和鉴定结论是没有法律效力的。四是在实施种子检验时必须严格按照农作物种子检验规程进行，依据农作物种子质量标准出具检验报告。田间现场鉴定应当严格按照田间鉴定办法和程序出具鉴定结论。严重违反程序的，当事人有权要求撤销检验报告和鉴定

结论，重新进行鉴定。五是审查检测报告和鉴定结论是否符合法定形式。六是审查检验报告和鉴定结论是否与其他证据保持一致。

4. 种子质量纠纷的处理

因使用种子发生民事纠纷的，当事人可以通过协商或者调解解决。当事人不愿通过协商、调解解决或者协商、调解不成的，可以根据当事人之间的协议向仲裁机构申请仲裁。当事人也可以直接向人民法院起诉。如河南省农作物种子质量检验管理办法中就规定，“双方另有约定的，自行协商解决，协商不成的，可以申请种子管理部门进行调解或仲裁。也可以直接向人民法院提出申诉”。

（1）当事人协商　这是解决纠纷的主要途径。一旦发现种子有质量问题，应马上采取措施，先将留存的种子封存，留作鉴定时用。如果能现场拍照的，最好及时拍下受害情况，然后立即与种子销售者交涉，说明种子存在什么问题并协商解决问题的方法。如双方达成协议，则双方履行协议。

（2）种子管理部门调解　纠纷发生后，双方通过协商不能达成一致时，可向种子管理部门（农业局或种子管理站）投诉。种子管理部门在接到投诉后，应当站在公平、公正的立场上依法处理种子纠纷案件。办案人员应认真分析案情，明确办案思路，对案件的人证、物证和案发同期的气候、栽培管理等情况进行全面调查取证分析，查找引发种子质量纠纷的原因。在现场勘验时，要通知双方当事人到现场。双方当事人有一方申请专家鉴定的，种子管理部门按农业部《农作物种子质量纠纷田间鉴定办法》的有关规定，组织三人以上具有高级职称的农业专家组成专家组进行专家现场勘验鉴定，现场鉴定结束后由专家组写出书面《专家鉴定意见书》，种子管理部门根据《专家鉴定意见书》确定责任归属。属于种子质量问题引发的纠纷案件，根据《种子法》第四十六条规定，在种子管理部门的调解下，按照受害程度由种子经营者向种子使用者赔偿，赔偿额包括购种价款、其他损失和可得利益损失。经营者赔偿后，属于种子生产者或者其他经营者责任的，经营者有权向生产者或者其他经营者追偿。并根据《种子法》第七十六条，对种子生产经营者经营劣种子的违法行为予以处罚。属种子使用者因栽培管理不当等外因引发的种子质量纠纷案件，责任应由种子使用者自负。如果因为遇到不可抗拒的自然因素引发的纠纷案件，种子使用者应通过其他途径取得相应的补偿。在种子质量纠纷案件的处理中，种子管理部门应做到深入调查、科学勘验、准确认定、耐心调解、秉公执法，维护好种子使用者、种子生产经营者的合法权益。对于种子质量纠纷案件，通过调解解决的，种子管理部门出具调解终结书，案件终结。

（3）其他有关部门仲裁　当事双方不愿意通过协商、调解或者协商、调解不成的可以根据有关协议或者证据资料向仲裁机构（如消费者协会、工商部门）申请仲裁。

（4）人民法院判决　当通过以上三条途径不能圆满解决时，就必须运用法律武器，维护自己的合法权益，在法定期限内向人民法院起诉，由人民法院根据客观事实和有关法律、规定做出判决。

（三）农作物种子质量纠纷田间现场鉴定

种子执法机关处理种子质量问题投诉或者司法机关审理种子质量问题纠纷，必须确定种子质量存在问题。确定种子质量存在问题的主要方法，一是委托种子质量检测机构对种子质量进行检测，二是委托专家鉴定组进行田间现场鉴定。

为了规范农作物种子质量纠纷田间现场鉴定（以下简称现场鉴定）程序和方法，合理解决农作物种子质量纠纷，维护种子使用者和经营者的合法权益，根据《中华人民共和国种子法》及有关法律、法规的规定，2003 年 6 月 26 日农业部第十七次常务会议通过了《农作物种子质量纠纷田间现场鉴定办法》，于 7 月 8 日公布，自 2003 年 9 月 1 日起施行。

根据《农作物种子质量纠纷田间现场鉴定办法》的规定，田间现场鉴定是指农作物种子在大田种植后，因种子质量或栽培、气候等原因，导致田间出苗、植株生长、作物产量、产品品质等受到影响，双方当事人对造成事故的原因或者损失程度存在分歧，为确定事故原因或（和）损失程度而进行的田间现场技术鉴定活动。由所在地县级以上地方人民政府农业、林业主管部门所属的种子管理机构组织实施田间现场鉴定。

1. 农作物种子质量纠纷田间现场鉴定申请和审查

（1）申请　种子质量纠纷处理机构根据需要可以申请现场鉴定；种子质量纠纷当事人可以共同申请现场鉴定，也可以单独申请现场鉴定。鉴定申请一般以书面形式提出，说明鉴定的内容和理由，并提供相关材料。口头提出鉴定申请的，种子管理机构应当制作笔录，并请申请人签字确认。

（2）审查　种子管理机构对申请人的申请进行审查，符合条件的，应当及时组织鉴定。有下列情形之一的，种子管理机构对现场鉴定申请不予受理：

① 针对所反映的质量问题，申请人提出鉴定申请时，需鉴定地块的作物生长期已错过该作物典型性状表现期，从技术上已无法鉴别所涉及质量纠纷起因的。

② 司法机构、仲裁机构、行政主管部门已对质量纠纷做出生效判决和处理决定的。

③ 受当前技术水平的限制，无法通过田间现场鉴定的方式来判定所提及质量问题起因的。

④ 纠纷涉及的种子没有质量判定标准、规定或合同约定要求的。

⑤ 有确凿的理由判定质量纠纷不是由种子质量所引起的。

⑥ 不按规定缴纳鉴定费的。

2. 现场鉴定方法和管理

现场鉴定由种子管理机构组织专家鉴定组进行。专家鉴定组由鉴定所涉及作物的育种、栽培、种子管理等方面的专家组成，必要时可邀请植保、气象、土壤肥料等方面的专家参加。专家鉴定组名单应当征求申请人和当事人的意见，可以不受行政区域的限制。

参加鉴定的专家应当具有高级以上专业技术职称、具有相应的专门知识和实际工作经验、从事相关专业领域的工作五年以上。纠纷所涉品种的选育人为鉴定组成员的，其资格不受前款条件的限制。

（1）专家鉴定组人数应为 3 人以上的单数，由一名组长和若干成员组成。

（2）专家鉴定组成员有下列情形之一的，应当回避，申请人也可以口头或者书面申请其回避。

① 是种子质量纠纷当事人或者当事人的近亲属的。

② 与种子质量纠纷有利害关系的。

③ 与种子质量纠纷当事人有其他关系，可能影响公正鉴定的。

（3）专家鉴定组进行现场鉴定时，可以向当事人了解有关情况，可以要求申请人提供与现场鉴定有关的材料。

申请人及当事人应予以必要的配合，并提供真实资料和证明。不配合或提供虚假资料和证明，对鉴定工作造成影响的，应承担由此造成的相应后果。

（4）专家鉴定组进行现场鉴定时，应当通知申请人及有关当事人到场。专家鉴定组根据现场情况确定取样方法和鉴定步骤，并独立进行现场鉴定。任何单位或者个人不得干扰现场鉴定工作，不得威胁、利诱、辱骂、殴打专家鉴定组成员。专家鉴定组成员不得接受当事人的财物或者其他利益。

（5）有下列情况之一的，终止现场鉴定。

① 申请人不到场的。

② 需鉴定的地块已不具备鉴定条件的。

③ 因人为因素使鉴定无法开展的。

（6）专家鉴定组对鉴定地块中种植作物的生长情况进行鉴定时，应当充分考虑以下因素。

① 作物生长期间的气候环境状况。

② 当事人对种子处理及田间管理情况。

③ 该批种子室内鉴定结果。

④ 同批次种子在其他地块生长情况。

⑤ 同品种其他批次种子生长情况。

⑥ 同类作物其他品种种子生长情况。

⑦ 鉴定地块地力水平等影响作物生长的其他因素。

（7）专家鉴定组应当在事实清楚、证据确凿的基础上，根据有关种子法规、标准，依据相关的专业知识，本着科学、公正、公平的原则，及时作出鉴定结论。专家鉴定组现场鉴定实行合议制。鉴定结论以专家鉴定组成员半数以上通过有效。专家鉴定组成员在鉴定结论上签名。专家鉴定组成员对鉴定结论的不同意见，应当予以注明。

（8）专家鉴定组应当制作现场鉴定书。现场鉴定书应当包括以下主要内容。

① 鉴定申请人名称、地址、受理鉴定日期等基本情况。

② 鉴定的目的、要求。

③ 有关的调查材料。

④ 对鉴定方法、依据、过程的说明。

⑤ 鉴定结论。

⑥ 鉴定组成人员名单。

⑦ 其他需要说明的问题。

（9）现场鉴定书制作完成后，专家鉴定组应当及时交给组织鉴定的种子管理机构。种子管理机构应当在5日内将现场鉴定书交付申请人。

（10）对现场鉴定书有异议的，应当在收到现场鉴定书15日内向原受理单位上一级种子管理机构提出再次鉴定申请，并说明理由。上一级种子管理机构对原鉴定的依据、方法、过程等进行审查，认为有必要和可能重新鉴定的，应当按《农作物种子质量纠纷田间现场鉴定办法》规定重新组织专家鉴定。再次鉴定申请只能提起一次。当事人双方共同提出鉴定申请的，再次鉴定申请由双方共同提出。当事人一方单独提出鉴定申请的，另一方当事人不得提出再次鉴定申请。

（11）有下列情形之一的，现场鉴定无效。

① 专家鉴定组组成成员不符合《农作物种子质量纠纷田间现场鉴定办法》规定的。

② 专家鉴定组成员收受当事人财物或其他利益，弄虚作假的。

③ 其他违反鉴定程序，可能影响现场鉴定客观、公正的。

现场鉴定无效的，应当重新组织鉴定。

（12）申请现场鉴定，应当按照省级有关主管部门的规定缴纳鉴定费。

（13）参加现场鉴定工作的人员违反《农作物种子质量纠纷田间现场鉴定办法》的规定，接受鉴定申请人或者当事人的财物或者其他利益，出具虚假现场鉴定书的，由其所在单位或者主管部门给予行政处分；构成犯罪的，依法追究刑事责任。申请人、有关当事人或者其他人员干扰田间现场鉴定工作，寻衅滋事，扰乱现场鉴定工作正常进行的，依法给予治安处罚或追究刑事责任。

六、课后训练

1. 如何申请田间现场鉴定？由谁组织实施田间现场鉴定？
2. 哪些情况下可以终止田间现场鉴定？
3. 对现场鉴定书有异议怎么办？

项目自测与评价

一、填空题

1. 种子使用者权益受损时的索赔费用包括购种价款、（　　　　）和（　　　　）。
2. 种子质量纠纷中非种子质量原因是（　　　　）、（　　　　）、（　　　　）。
3. 种子质量纠纷中种子质量原因是（　　　　）、（　　　　）、（　　　　）、（　　　　）。
4. 种子质量纠纷的处理原则（　　　　）、（　　　　）、（　　　　）、（　　　　）。
5. 对现场鉴定书有异议的，应当在收到现场鉴定书（　　　　）日内向原受理单位上一级种子管理机构提出再次鉴定申请，并说明理由。

二、简答题

1. 种子质量问题造成农民损失，应该由谁先赔偿？
2. 种子使用者权益受损有哪些类型？
3. 种子质量纠纷处理的原则有什么？
4. 代销种子者是否要对种子质量问题负先赔偿责任？
5. 发生种子质量纠纷时，种子经营方在哪些情况下不承担责任？
6. 农民拿杂交一代种子去市场卖，是否违法？
7. 种子使用者购种注意事项有哪些？

附录一 种子法规

一、中华人民共和国种子法（2016年版）

（2000年7月8日第九届全国人民代表大会常务委员会第十六次会议通过；根据2004年8月28日第十届全国人民代表大会常务委员会第十一次会议《关于修改〈中华人民共和国种子法〉的决定》第一次修正；根据2013年6月29日第十二届全国人民代表大会常务委员会第三次会议《关于修改〈中华人民共和国文物保护法〉等十二部法律的决定》第二次修正；2015年11月4日第十二届全国人民代表大会常务委员会第十七次会议第三次修订。）

第一章 总 则

第一条 为了保护和合理利用种质资源，规范品种选育、种子生产经营和管理行为，保护植物新品种权，维护种子生产经营者、使用者的合法权益，提高种子质量，推动种子产业化，发展现代种业，保障国家粮食安全，促进农业和林业的发展，制定本法。

第二条 在中华人民共和国境内从事品种选育、种子生产经营和管理等活动，适用本法。

本法所称种子，是指农作物和林木的种植材料或者繁殖材料，包括籽粒、果实、根、茎、苗、芽、叶、花等。

第三条 国务院农业、林业主管部门分别主管全国农作物种子和林木种子工作；县级以上地方人民政府农业、林业主管部门分别主管本行政区域内农作物种子和林木种子工作。

各级人民政府及其有关部门应当采取措施，加强种子执法和监督，依法惩处侵害农民权益的种子违法行为。

第四条 国家扶持种质资源保护工作和选育、生产、更新、推广使用良种，鼓励品种选育和种子生产经营相结合，奖励在种质资源保护工作和良种选育、推广等工作中成绩显著的单位和个人。

第五条 省级以上人民政府应当根据科教兴农方针和农业、林业发展的需要制定种业发展规划并组织实施。

第六条 省级以上人民政府建立种子储备制度，主要用于发生灾害时的生产需要及余缺调剂，保障农业和林业生产安全。对储备的种子应当定期检验和更新。种子储备的具体办法由国务院规定。

第七条 转基因植物品种的选育、试验、审定和推广应当进行安全性评价，并采取严格的安全控制措施。国务院农业、林业主管部门应当加强跟踪监管并及时公告有关转基因植物品种审定和推广的信息。具体办法由国务院规定。

第二章 种质资源保护

第八条 国家依法保护种质资源，任何单位和个人不得侵占和破坏种质资源。

禁止采集或者采伐国家重点保护的天然种质资源。因科研等特殊情况需要采集或者采伐的，应当经国务院或者省、自治区、直辖市人民政府的农业、林业主管部门批准。

第九条 国家有计划地普查、收集、整理、鉴定、登记、保存、交流和利用种质资源，定期公布可供利用的种质资源目录。具体办法由国务院农业、林业主管部门规定。

第十条 国务院农业、林业主管部门应当建立种质资源库、种质资源保护区或者种质资源保护地。省、自治区、直辖市人民政府农业、林业主管部门可以根据需要建立种质资源库、种质资源保护区、种质资源保护地。种质资源库、种质资源保护区、种质资源保护地的种质资源属公共资源，依法开放利用。

占用种质资源库、种质资源保护区或者种质资源保护地的，需经原设立机关同意。

第十一条 国家对种质资源享有主权，任何单位和个人向境外提供种质资源，或者与境外机构、个人开展合作研究利用种质资源的，应当向省、自治区、直辖市人民政府农业、林业主管部门提出申请，并提交国家共享惠益的方案；受理申请的农业、林业主管部门经审核，报国务院农业、林业主管部门批准。

从境外引进种质资源的，依照国务院农业、林业主管部门的有关规定办理。

第三章 品种选育、审定与登记

第十二条 国家支持科研院所及高等院校重点开展育种的基础性、前沿性和应用技术研究，以及常规作物、主要造林树种育种和无性繁殖材料选育等公益性研究。

国家鼓励种子企业充分利用公益性研究成果，培育具有自主知识产权的优良品种；鼓励种子企业与科研院所及高等院校构建技术研发平台，建立以市场为导向、资本为纽带、利益共享、风险共担的产学研相结合的种业技术创新体系。

国家加强种业科技创新能力建设，促进种业科技成果转化，维护种业科技人员的合法权益。

第十三条 由财政资金支持形成的育种发明专利权和植物新品种权，除涉及国家安全、国家利益和重大社会公共利益的外，授权项目承担者依法取得。

由财政资金支持为主形成的育种成果的转让、许可等应当依法公开进行，禁止私自交易。

第十四条 单位和个人因林业主管部门为选育林木良种建立测定林、试验林、优树收集区、基因库等而减少经济收入的，批准建立的林业主管部门应当按照国家有关规定给予经济补偿。

第十五条 国家对主要农作物和主要林木实行品种审定制度。主要农作物品种和主要林木品种在推广前应当通过国家级或者省级审定。由省、自治区、直辖市人民政府林业主管部门确定的主要林木品种实行省级审定。

申请审定的品种应当符合特异性、一致性、稳定性要求。

主要农作物品种和主要林木品种的审定办法由国务院农业、林业主管部门规定。审定办法应当体现公正、公开、科学、效率的原则，有利于产量、品质、抗性等的提高与协调，有利于适应市场和生活消费需要的品种的推广。在制定、修改审定办法时，应当充分听取育种者、种子使用者、生产经营者和相关行业代表意见。

第十六条 国务院和省、自治区、直辖市人民政府的农业、林业主管部门分别设立由专业人员组成的农作物品种和林木品种审定委员会。品种审定委员会承担主要农作物品种和主要林木品种的审定工作，建立包括申请文件、品种审定试验数据、种子样品、审定意见和审定结论等内容的审定档案，保证可追溯。在审定通过的品种依法公布的相关信息中应当包括审定意见情况，接受监督。

品种审定实行回避制度。品种审定委员会委员、工作人员及相关测试、试验人员应当忠于职守，公正廉洁。对单位和个人举报或者监督检查发现的上述人员的违法行为，省级以上人民政府农业、林业主管部门和有关机关应当及时依法处理。

第十七条 实行选育生产经营相结合，符合国务院农业、林业主管部门规定条件的种子企业，对其自主研发的主要农作物品种、主要林木品种可以按照审定办法自行完成试验，达到审定标准的，品种审定委员会应当颁发审定证书。种子企业对试验数据的真实性负责，保证可追溯，接受省级以上人民政府农业、林业主管部门和社会的监督。

第十八条 审定未通过的农作物品种和林木品种，申请人有异议的，可以向原审定委员会或者国家级审定委员会申请复审。

第十九条 通过国家级审定的农作物品种和林木良种由国务院农业、林业主管部门公告，可以在全国适宜的生态区域推广。通过省级审定的农作物品种和林木良种由省、自治区、直辖市人民政府农业、林业主管部门公告，可以在本行政区域内适宜的生态区域推广；其他省、自治区、直辖市属于同一适宜生态区的地域引种农作物品种、林木良种的，引种者应当将引种的品种和区域报所在省、自治区、直辖市人民政府农业、林业主管部门备案。

引种本地区没有自然分布的林木品种，应当按照国家引种标准通过试验。

第二十条 省、自治区、直辖市人民政府农业、林业主管部门应当完善品种选育、审定工作的区域协作机制，促进优良品种的选育和推广。

第二十一条 审定通过的农作物品种和林木良种出现不可克服的严重缺陷等情形不宜继续推广、销售的，经原审定委员会审核确认后，撤销审定，由原公告部门发布公告，停止推广、销售。

第二十二条 国家对部分非主要农作物实行品种登记制度。列入非主要农作物登记目录的品种在推广前应当登记。

实行品种登记的农作物范围应当严格控制，并根据保护生物多样性、保证消费安全和用种安全的原则确定。登记目录由国务院农业主管部门制定和调整。

申请者申请品种登记应当向省、自治区、直辖市人民政府农业主管部门提交申请文件和种子样品，并对其真实性负责，保证可追溯，接受监督检查。申请文件包括品种的种类、名称、来源、特性、育种过程以及特异性、一致性、稳定性测试报告等。

省、自治区、直辖市人民政府农业主管部门自受理品种登记申请之日起二十个工作日内，对申请者提交的申请文件进行书面审查，符合要求的，报国务院农业主管部门予以登记公告。

对已登记品种存在申请文件、种子样品不实的，由国务院农业主管部门撤销该品种登记，并将该申请者的违法信息记入社会诚信档案，向社会公布；给种子使用者和其他种子生产经营者造成损失的，依法承担赔偿责任。

对已登记品种出现不可克服的严重缺陷等情形的，由国务院农业主管部门撤销登记，并发布公告，停止推广。

非主要农作物品种登记办法由国务院农业主管部门规定。

第二十三条 应当审定的农作物品种未经审定的，不得发布广告、推广、销售。

应当审定的林木品种未经审定通过的，不得作为良种推广、销售，但生产确需使用的，应当经林木品种审定委员会认定。

应当登记的农作物品种未经登记的，不得发布广告、推广，不得以登记品种的名义销售。

第二十四条 在中国境内没有经常居所或者营业场所的境外机构、个人在境内申请品种审定或者登记的，应当委托具有法人资格的境内种子企业代理。

第四章 新品种保护

第二十五条 国家实行植物新品种保护制度。对国家植物品种保护名录内经过人工选育或者发现的野生植物加以改良，具备新颖性、特异性、一致性、稳定性和适当命名的植物品种，由国务院农业、林业主管部门授予植物新品种权，保护植物新品种权所有人的合法权益。植物新品种权的内容和归属、授予条件、申请和受理、审查与批准，以及期限、终止和无效等依照本法、有关法律和行政法规规定执行。

国家鼓励和支持种业科技创新、植物新品种培育及成果转化。取得植物新品种权的品种得到推广应用的，育种者依法获得相应的经济利益。

第二十六条 一个植物新品种只能授予一项植物新品种权。两个以上的申请人分别就同一个品种申请植物新品种权的，植物新品种权授予最先申请的人；同时申请的，植物新品种权授予最先完成该品种育种的人。

对违反法律，危害社会公共利益、生态环境的植物新品种，不授予植物新品种权。

第二十七条 授予植物新品种权的植物新品种名称，应当与相同或者相近的植物属或者种中已知品种的名称相区别。该名称经授权后即为该植物新品种的通用名称。

下列名称不得用于授权品种的命名：

（一）仅以数字表示的；

（二）违反社会公德的；

（三）对植物新品种的特征、特性或者育种者身份等容易引起误解的。

同一植物品种在申请新品种保护、品种审定、品种登记、推广、销售时只能使用同一个名称。生产推广、销售的种子应当与申请植物新品种保护、品种审定、品种登记时提供的样品相符。

第二十八条 完成育种的单位或者个人对其授权品种，享有排他的独占权。任何单位或者个人未经植物新品种权所有人许可，不得生产、繁殖或者销售该授权品种的繁殖材料，不得为商业目的将该授权品种的繁殖材料重复使用于生产另一品种的繁殖材料；但是本法、有关法律、行政法规另有规定的除外。

第二十九条 在下列情况下使用授权品种的，可以不经植物新品种权所有人许可，不向其支付使用费，但不得侵犯植物新品种权所有人依照本法、有关法律、行政法规享有的其他权利：

（一）利用授权品种进行育种及其他科研活动；

（二）农民自繁自用授权品种的繁殖材料。

第三十条 为了国家利益或者社会公共利益，国务院农业、林业主管部门可以作出实施植物新品种权强制许可的决定，并予以登记和公告。

取得实施强制许可的单位或者个人不享有独占的实施权，并且无权允许他人实施。

第五章　种子生产经营

第三十一条 从事种子进出口业务的种子生产经营许可证，由省、自治区、直辖市人民政府农业、林业主管部门审核，国务院农业、林业主管部门核发。

从事主要农作物杂交种子及其亲本种子、林木良种种子的生产经营以及实行选育生产经营相结合，符合国务院农业、林业主管部门规定条件的种子企业的种子生产经营许可证，由生产经营者所在地县级人民政府农业、林业主管部门审核，省、自治区、直辖市人民政府农业、林业主管部门核发。

前两款规定以外的其他种子的生产经营许可证，由生产经营者所在地县级以上地方人民政府农业、林业主管部门核发。

只从事非主要农作物种子和非主要林木种子生产的，不需要办理种子生产经营许可证。

第三十二条 申请取得种子生产经营许可证的，应当具有与种子生产经营相适应的生产经营设施、设备及专业技术人员，以及法规和国务院农业、林业主管部门规定的其他条件。

从事种子生产的，还应当同时具有繁殖种子的隔离和培育条件，具有无检疫性有害生物的种子生产地点或者县级以上人民政府林业主管部门确定的采种林。

申请领取具有植物新品种权的种子生产经营许可证的，应当征得植物新品种权所有人的书面同意。

第三十三条 种子生产经营许可证应当载明生产经营者名称、地址、法定代表人、生产种子的品种、地点和种子经营的范围、有效期限、有效区域等事项。

前款事项发生变更的，应当自变更之日起三十日内，向原核发许可证机关申请变更登记。

除本法另有规定外，禁止任何单位和个人无种子生产经营许可证或者违反种子生产经营许可证的规定生产、经营种子。禁止伪造、变造、买卖、租借种子生产经营许可证。

第三十四条 种子生产应当执行种子生产技术规程和种子检验、检疫规程。

第三十五条 在林木种子生产基地内采集种子的，由种子生产基地的经营者组织进行，采集种子应当按照国家有关标准进行。

禁止抢采掠青、损坏母树，禁止在劣质林内、劣质母树上采集种子。

第三十六条 种子生产经营者应当建立和保存包括种子来源、产地、数量、质量、销售去向、销售日期和有关责任人员等内容的生产经营档案，保证可追溯。种子生产经营档案的具体载明事项，种子生产经营档案及种子样品的保存期限由国务院农业、林业主管部门规定。

第三十七条 农民个人自繁自用的常规种子有剩余的，可以在当地集贸市场上出售、串换，不需要办理种子生产经营许可证。

第三十八条 种子生产经营许可证的有效区域由发证机关在其管辖范围内确定。种子生产经营者在种子生产经营许可证载明的有效区域设立分支机构的，专门经营不再分装的包装种子的，或者受具有种子生产经营许可证的种子生产经营者以书面委托生产、代销其种子的，不需要办理种子生产经营许可证，但应当向当地农业、林业主管部门备案。

实行选育生产经营相结合，符合国务院农业、林业主管部门规定条件的种子企业的生产经营许可证的有效区域为全国。

第三十九条 未经省、自治区、直辖市人民政府林业主管部门批准，不得收购珍贵树木种子和本级人民政府规定限制收购的林木种子。

第四十条 销售的种子应当加工、分级、包装。但是不能加工、包装的除外。

大包装或者进口种子可以分装；实行分装的，应当标注分装单位，并对种子质量负责。

第四十一条 销售的种子应当符合国家或者行业标准，附有标签和使用说明。标签和使用说明标注的内容应当与销售的种子相符。种子生产经营者对标注内容的真实性和种子质量负责。

标签应当标注种子类别、品种名称、品种审定或者登记编号、品种适宜种植区域及季节、生产经营者及注册地、质量指标、检疫证明编号、种子生产经营许可证编号和信息代码，以及国务院农业、林业主管部门规定的其他事项。

销售授权品种种子的，应当标注品种权号。

销售进口种子的，应当附有进口审批文号和中文标签。

销售转基因植物品种种子的，必须用明显的文字标注，并应当提示使用时的安全控制措施。

种子生产经营者应当遵守有关法律、法规的规定，诚实守信，向种子使用者提供种子生产者信息、种子的主要性状、主要栽培措施、适应性等使用条件的说明、风险提示与有关咨询服务，不得作虚假或者引人误解的宣传。

任何单位和个人不得非法干预种子生产经营者的生产经营自主权。

第四十二条 种子广告的内容应当符合本法和有关广告的法律、法规的规定，主要性状描述等应当与审定、登记公告一致。

第四十三条 运输或者邮寄种子应当依照有关法律、行政法规的规定进行检疫。

第四十四条 种子使用者有权按照自己的意愿购买种子，任何单位和个人不得非法干预。

第四十五条 国家对推广使用林木良种造林给予扶持。国家投资或者国家投资为主的造林项目和国有林业单位造林，应当根据林业主管部门制定的计划使用林木良种。

第四十六条 种子使用者因种子质量问题或者因种子的标签和使用说明标注的内容不真实，遭受损失的，种子使用者可以向出售种子的经营者要求赔偿，也可以向种子生产者或者其他经营者要求赔偿。赔偿额包括购种价款、可得利益损失和其他损失。属于种子生产者或者其他经营者责任的，出售种子的经营者赔偿后，有权向种子生产者或者其他经营者追偿；属于出售种子的经营者责任的，种子生产者或者其他经营者赔偿后，有权向出售种子的经营者追偿。

第六章 种子监督管理

第四十七条 农业、林业主管部门应当加强对种子质量的监督检查。种子质量管理办法、行业标准和检验方法，由国务院农业、林业主管部门制定。

农业、林业主管部门可以采用国家规定的快速检测方法对生产经营的种子品种进行检测，检测结果可以作为行政处罚依据。被检查人对检测结果有异议的，可以申请复检，复检不得采用同一检测方法。因检测结果错误给当事人造成损失的，依法承担赔偿责任。

第四十八条 农业、林业主管部门可以委托种子质量检验机构对种子质量进行检验。

承担种子质量检验的机构应当具备相应的检测条件、能力，并经省级以上人民政府有关主管部门考核合格。

种子质量检验机构应当配备种子检验员。种子检验员应当具有中专以上有关专业学历，具备相应的种子检验技术能力和水平。

第四十九条 禁止生产经营假、劣种子。农业、林业主管部门和有关部门依法打击生产经营假、劣种子的违法行为，保护农民合法权益，维护公平竞争的市场秩序。

下列种子为假种子：

（一）以非种子冒充种子或者以此种品种种子冒充其他品种种子的；

（二）种子种类、品种与标签标注的内容不符或者没有标签的。

下列种子为劣种子：

（一）质量低于国家规定标准的；

（二）质量低于标签标注指标的；

（三）带有国家规定的检疫性有害生物的。

第五十条 农业、林业主管部门是种子行政执法机关。种子执法人员依法执行公务时应当出示行政执法证件。农业、林业主管部门依法履行种子监督检查职责时，有权采取下列措施：

（一）进入生产经营场所进行现场检查；

（二）对种子进行取样测试、试验或者检验；

（三）查阅、复制有关合同、票据、账簿、生产经营档案及其他有关资料；

（四）查封、扣押有证据证明违法生产经营的种子，以及用于违法生产经营的工具、设备及运输工具等；

（五）查封违法从事种子生产经营活动的场所。

农业、林业主管部门依照本法规定行使职权，当事人应当协助、配合，不得拒绝、阻挠。

农业、林业主管部门所属的综合执法机构或者受其委托的种子管理机构，可以开展种子执法相关工作。

第五十一条 种子生产经营者依法自愿成立种子行业协会，加强行业自律管理，维护成员合法权益，为成员和行业发展提供信息交流、技术培训、信用建设、市场营销和咨询等服务。

第五十二条 种子生产经营者可自愿向具有资质的认证机构申请种子质量认证。经认证合格的，可以在包装上使用认证标识。

第五十三条 由于不可抗力原因，为生产需要必须使用低于国家或者地方规定标准的农作物种子的，应当经用种地县级以上地方人民政府批准；林木种子应当经用种地省、自治区、直辖市人民政府批准。

第五十四条 从事品种选育和种子生产经营以及管理的单位和个人应当遵守有关植物检疫法律、行政法规的规定，防止植物危险性病、虫、杂草及其他有害生物的传播和蔓延。

禁止任何单位和个人在种子生产基地从事检疫性有害生物接种试验。

第五十五条 省级以上人民政府农业、林业主管部门应当在统一的政府信息发布平台上发布品种审定、品种登记、新品种保护、种子生产经营许可、监督管理等信息。

国务院农业、林业主管部门建立植物品种标准样品库，为种子监督管理提供依据。

第五十六条 农业、林业主管部门及其工作人员，不得参与和从事种子生产经营活动。

第七章 种子进出口和对外合作

第五十七条 进口种子和出口种子必须实施检疫，防止植物危险性病、虫、杂草及其他有害生物传入境内和传出境外，具体检疫工作按照有关植物进出境检疫法律、行政法规的规定执行。

第五十八条 从事种子进出口业务的，除具备种子生产经营许可证外，还应当依照国家有关规定取得种子进出口许可。

从境外引进农作物、林木种子的审定权限，农作物、林木种子的进口审批办法，引进转基因植物品种的管理办法，由国务院规定。

第五十九条 进口种子的质量，应当达到国家标准或者行业标准。没有国家标准或者行业标准的，可以按照合同约定的标准执行。

第六十条 为境外制种进口种子的，可以不受本法第五十八条第一款的限制，但应当具有对外制种合同，进口的种子只能用于制种，其产品不得在境内销售。

从境外引进农作物或者林木试验用种，应当隔离栽培，收获物也不得作为种子销售。

第六十一条 禁止进出口假、劣种子以及属于国家规定不得进出口的种子。

第六十二条 国家建立种业国家安全审查机制。境外机构、个人投资、并购境内种子企业，或者与境内科研院所、种子企业开展技术合作，从事品种研发、种子生产经营的审批管理依照有关法律、行政法规的规定执行。

第八章 扶持措施

第六十三条 国家加大对种业发展的支持。对品种选育、生产、示范推广、种质资源保护、种子储备以及制种大县给予扶持。

国家鼓励推广使用高效、安全制种采种技术和先进适用的制种采种机械，将先进适用的制种采种机械纳入农机具购置补贴范围。

国家积极引导社会资金投资种业。

第六十四条 国家加强种业公益性基础设施建设。

对优势种子繁育基地内的耕地，划入基本农田保护区，实行永久保护。优势种子繁育基地由国务院农业主管部门商所在省、自治区、直辖市人民政府确定。

第六十五条 对从事农作物和林木品种选育、生产的种子企业，按照国家有关规定给予扶持。

第六十六条 国家鼓励和引导金融机构为种子生产经营和收储提供信贷支持。

第六十七条 国家支持保险机构开展种子生产保险。省级以上人民政府可以采取保险费补贴等措施，支持发展种业生产保险。

第六十八条 国家鼓励科研院所及高等院校与种子企业开展育种科技人员交流，支持本单位的科技人员到种子企业从事育种成果转化活动；鼓励育种科研人才创新创业。

第六十九条 国务院农业、林业主管部门和异地繁育种子所在地的省、自治区、直辖市人民政府应当加强对异地繁育种子工作的管理和协调，交通运输部门应当优先保证种子的运输。

第九章 法律责任

第七十条 农业、林业主管部门不依法作出行政许可决定，发现违法行为或者接到对违法行为的举报不予查处，或者有其他未依照本法规定履行职责的行为的，由本级人民政府或者上级人民政府有关部门责令改正，对负有责任的主管人员和其他直接责任人员依法给予处分。

违反本法第五十六条规定，农业、林业主管部门工作人员从事种子生产经营活动的，依法给予处分。

第七十一条 违反本法第十六条规定，品种审定委员会委员和工作人员不依法履行职责，弄虚作假、徇私舞弊的，依法给予处分；自处分决定作出之日起五年内不得从事品种审定工作。

第七十二条 品种测试、试验和种子质量检验机构伪造测试、试验、检验数据或者出具虚假证明的，由县级以上人民政府农业、林业主管部门责令改正，对单位处五万元以上十万元以下罚款，对直接负责的主管人员和其他直接责任人员处一万元以上五万元以下罚款；有违法所得的，并处没收违法所得；给种子使用者和其他种子生产经营者造成损失的，与种子生产经营者承担连带责任；情节严重的，由省级以上人民政府有关主管部门取消种子质量检验资格。

第七十三条 违反本法第二十八条规定，有侵犯植物新品种权行为的，由当事人协商解决，不愿协商或者协商不成的，植物新品种权所有人或者利害关系人可以请求县级以上人民政府农业、林业主管部门进行处理，也可以直接向人民法院提起诉讼。

县级以上人民政府农业、林业主管部门，根据当事人自愿的原则，对侵犯植物新品种权所造成的损害赔偿可以进行调解。调解达成协议的，当事人应当履行；当事人不履行协议或者调解未达成协议的，植物新品种权所有人或者利害关系人可以依法向人民法院提起诉讼。

侵犯植物新品种权的赔偿数额按照权利人因被侵权所受到的实际损失确定；实际损失难以确定的，可以按照侵权人因侵权所获得的利益确定。权利人的损失或者侵权人获得的利益难以确定的，可以参照该植物新品种权许可使用费的倍数合理确定。赔偿数额应当包括权利人为制止侵权行为所支付的合理开支。侵犯植物新品种权，情节严重的，可以在按照上述方法确定数额的一倍以上三倍以下确定赔偿数额。

权利人的损失、侵权人获得的利益和植物新品种权许可使用费均难以确定的，人民法院可以根据植物新品种权的类型、侵权行为的性质和情节等因素，确定给予三百万元以下的赔偿。

县级以上人民政府农业、林业主管部门处理侵犯植物新品种权案件时，为了维护社会公共利益，责令侵权人停止侵权行为，没收违法所得和种子；货值金额不足五万元的，并处一万元以上二十五万元以下罚款；货值金额五万元以上的，并处货值金额五倍以上十倍以下罚款。

假冒授权品种的，由县级以上人民政府农业、林业主管部门责令停止假冒行为，没收违法所得和种子；货值金额不足五万元的，并处一万元以上二十五万元以下罚款；货值金额五万元以上的，并处货值金额五倍以上十倍以下罚款。

第七十四条 当事人就植物新品种的申请权和植物新品种权的权属发生争议的，可以向人民法院提起诉讼。

第七十五条 违反本法第四十九条规定，生产经营假种子的，由县级以上人民政府农业、林业主管部门责令停止生产经营，没收违法所得和种子，吊销种子生产经营许可证；违法生产经营的货值金额不足一万元的，并处一万元以上十万元以下罚款；货值金额一万元以上的，并处货值金额十倍以上二十倍以下罚款。

因生产经营假种子犯罪被判处有期徒刑以上刑罚的，种子企业或者其他单位的法定代表人、直接负责的主管人员自刑罚执行完毕之日起五年内不得担任种子企业的法定代表人、高级管理人员。

第七十六条 违反本法第四十九条规定，生产经营劣种子的，由县级以上人民政府农业、林业主管部门责令停止生产经营，没收违法所得和种子；违法生产经营的货值金额不足一万元的，并处五千元以上五万元以下罚款；货值金额一万元以上的，并处货值金额五倍以上十倍以下罚款；情节严重的，吊销种子生产经营许可证。

因生产经营劣种子犯罪被判处有期徒刑以上刑罚的，种子企业或者其他单位的法定代表人、直接负责的主管人员自刑罚执行完毕之日起五年内不得担任种子企业的法定代表人、高级管理人员。

第七十七条 违反本法第三十二条、第三十三条规定，有下列行为之一的，由县级以上人民政府农业、林业主管部门责令改正，没收违法所得和种子；违法生产经营的货值金额不足一万元的，并处三千元以上三万元以下罚款；货值金额一万元以上的，并处货值金额三倍以上五倍以下罚款；可以吊销种子生产经营许可证：

（一）未取得种子生产经营许可证生产经营种子的；

（二）以欺骗、贿赂等不正当手段取得种子生产经营许可证的；

（三）未按照种子生产经营许可证的规定生产经营种子的；

（四）伪造、变造、买卖、租借种子生产经营许可证的。

被吊销种子生产经营许可证的单位，其法定代表人、直接负责的主管人员自处罚决定作出之日起五年内不得担任种子企业的法定代表人、高级管理人员。

第七十八条 违反本法第二十一条、第二十二条、第二十三条规定，有下列行为之一的，由县级以上人民政府农业、林业主管部门责令停止违法行为，没收违法所得和种子，并处二万元以上二十万元以下罚款：

（一）对应当审定未经审定的农作物品种进行推广、销售的；

（二）作为良种推广、销售应当审定未经审定的林木品种的；

（三）推广、销售应当停止推广、销售的农作物品种或者林木良种的；

（四）对应当登记未经登记的农作物品种进行推广，或者以登记品种的名义进行销售的；

（五）对已撤销登记的农作物品种进行推广，或者以登记品种的名义进行销售的。

违反本法第二十三条、第四十二条规定，对应当审定未经审定或者应当登记未经登记的农作物品种发布广告，或者广告中有关品种的主要性状描述的内容与审定、登记公告不一致的，依照《中华人民共和国广告法》的有关规定追究法律责任。

第七十九条 违反本法第五十八条、第六十条、第六十一条规定，有下列行为之一的，由县级以上人民政府农业、林业主管部门责令改正，没收违法所得和种子；违法生产经营的货值金额不足一万元的，并处三千元以上三万元以下罚款；货值金额一万元以上的，并处货值金额三倍以上五倍以下罚款；情节严重的，吊销种子生产经营许可证：

（一）未经许可进出口种子的；

（二）为境外制种的种子在境内销售的；

（三）从境外引进农作物或者林木种子进行引种试验的收获物作为种子在境内销售的；

（四）进出口假、劣种子或者属于国家规定不得进出口的种子的。

第八十条 违反本法第三十六条、第三十八条、第四十条、第四十一条规定，有下列行为之一的，由县级以上人民政府农业、林业主管部门责令改正，处二千元以上二万元以下罚款：

（一）销售的种子应当包装而没有包装的；

（二）销售的种子没有使用说明或者标签内容不符合规定的；

（三）涂改标签的；

（四）未按规定建立、保存种子生产经营档案的；

（五）种子生产经营者在异地设立分支机构、专门经营不再分装的包装种子或者受委托生产、代销种子，未按规定备案的。

第八十一条 违反本法第八条规定，侵占、破坏种质资源，私自采集或者采伐国家重点保护的天然种质资源的，由县级以上人民政府农业、林业主管部门责令停止违法行为，没收种质资源和违法所得，并处五千元以上五万元以下罚款；造成损失的，依法承担赔偿责任。

第八十二条 违反本法第十一条规定，向境外提供或者从境外引进种质资源，或者与境外机构、个人开展合作研究利用种质资源的，由国务院或者省、自治区、直辖市人民政府的农业、林业主管部门没收种质资源和违法所得，并处二万元以上二十万元以下罚款。

未取得农业、林业主管部门的批准文件携带、运输种质资源出境的，海关应当将该种质资源扣留，并移送省、自治区、直辖市人民政府农业、林业主管部门处理。

第八十三条 违反本法第三十五条规定，抢采掠青、损坏母树或者在劣质林内、劣质母树上采种的，由县级以上人民政府林业主管部门责令停止采种行为，没收所采种子，并处所采种子货值金额两倍以上五倍以下罚款。

第八十四条 违反本法第三十九条规定，收购珍贵树木种子或者限制收购的林木种子的，由县级以上人民政府林业主管部门没收所收购的种子，并处收购种子货值金额两倍以上五倍以下罚款。

第八十五条 违反本法第十七条规定，种子企业有造假行为的，由省级以上人民政府农业、林业主管部门处一百万元以上五百万元以下罚款；不得再依照本法第十七条的规定申请品种审定；给种子使用者和其他种子生产经营者造成损失的，依法承担赔偿责任。

第八十六条 违反本法第四十五条规定，未根据林业主管部门制定的计划使用林木良种的，由同级人民政府林业主管部门责令限期改正；逾期未改正的，处三千元以上三万元以下罚款。

第八十七条 违反本法第五十四条规定，在种子生产基地进行检疫性有害生物接种试验的，由县级以上人民政府农业、林业主管部门责令停止试验，处五千元以上五万元以下罚款。

第八十八条 违反本法第五十条规定，拒绝、阻挠农业、林业主管部门依法实施监督检查的，处二千元以上五万元以下罚款，可以责令停产停业整顿；构成违反治安管理行为的，由公安机关依法给予治安管理处罚。

第八十九条 违反本法第十三条规定，私自交易育种成果，给本单位造成经济损失的，依法承担赔偿责任。

第九十条 违反本法第四十四条规定，强迫种子使用者违背自己的意愿购买、使用种子，给使用者造成损失的，应当承担赔偿责任。

第九十一条 违反本法规定，构成犯罪的，依法追究刑事责任。

第十章 附 则

第九十二条 本法下列用语的含义是：

（一）种质资源是指选育植物新品种的基础材料，包括各种植物的栽培种、野生种的繁殖材料以及利用上述繁殖材料人工创造的各种植物的遗传材料。

（二）品种是指经过人工选育或者发现并经过改良，形态特征和生物学特性一致，遗传性状相对稳定的植物群体。

（三）主要农作物是指稻、小麦、玉米、棉花、大豆。

（四）主要林木由国务院林业主管部门确定并公布；省、自治区、直辖市人民政府林业主管部门可以在国务院林业主管部门确定的主要林木之外确定其他八种以下的主要林木。

（五）林木良种是指通过审定的主要林木品种，在一定的区域内，其产量、适应性、抗性等方面明显优于当前主栽材料的繁殖材料和种植材料。

（六）新颖性是指申请植物新品种权的品种在申请日前，经申请权人自行或者同意销售、推广其种子，在中国境内未超过一年；在境外，木本或者藤本植物未超过六年，其他植物未超过四年。

本法施行后新列入国家植物品种保护名录的植物的属或者种，从名录公布之日起一年内提出植物新品种权申请的，在境内销售、推广该品种种子未超过四年的，具备新颖性。

除销售、推广行为丧失新颖性外，下列情形视为已丧失新颖性：

1. 品种经省、自治区、直辖市人民政府农业、林业主管部门依据播种面积确认已经形成事实扩散的；

2. 农作物品种已审定或者登记两年以上未申请植物新品种权的。

（七）特异性是指一个植物品种有一个以上性状明显区别于已知品种。

（八）一致性是指一个植物品种的特性除可预期的自然变异外，群体内个体间相关的特征或者特性表现一致。

（九）稳定性是指一个植物品种经过反复繁殖后或者在特定繁殖周期结束时，其主要性状保持不变。

（十）已知品种是指已受理申请或者已通过品种审定、品种登记、新品种保护，或者已经销售、推广的植物品种。

（十一）标签是指印制、粘贴、固定或者附着在种子、种子包装物表面的特定图案及文字说明。

第九十三条 草种、烟草种、中药材种、食用菌菌种的种质资源管理和选育、生产经营、管理等活动，参照本法执行。

第九十四条 本法自2016年1月1日起施行。

二、中华人民共和国植物新品种保护条例第二版（2013年）

（1997年3月20日中华人民共和国国务院令第213号公布 根据2013年1月31日《国务院关于修改〈中华人民共和国植物新品种保护条例〉的决定》修订）

第一章 总 则

第一条 为了保护植物新品种权，鼓励培育和使用植物新品种，促进农业、林业的发展，制定本条例。

第二条 本条例所称植物新品种，是指经过人工培育的或者对发现的野生植物加以开发，具备新颖性、特异性、一致性和稳定性并有适当命名的植物品种。

第三条 国务院农业、林业行政部门（以下统称审批机关）按照职责分工共同负责植物新品种权申请的受理和审查并对符合本条例规定的植物新品种授予植物新品种权（以下称品种权）。

第四条 完成关系国家利益或者公共利益并有重大应用价值的植物新品种育种的单位或者个人，由县级以上人民政府或者有关部门给予奖励。

第五条 生产、销售和推广被授予品种权的植物新品种（以下称授权品种），应当按照国家有关种子的法律、法规的规定审定。

第二章 品种权的内容和归属

第六条 完成育种的单位或者个人对其授权品种，享有排他的独占权。任何单位或者个人未经品种权所有人（以下称品种权人）许可，不得为商业目的生产或者销售该授权品种的繁殖材料，不得为商业目的将该授权品种的繁殖材料重复使用于生产另一品种的繁殖材料；但是，本条例另有规定的除外。

第七条 执行本单位的任务或者主要是利用本单位的物质条件所完成的职务育种，植物新品种的申请权属于该单位；非职务育种，植物新品种的申请权属于完成育种的个人。申请被批准后，品种权属于申请人。

委托育种或者合作育种，品种权的归属由当事人在合同中约定；没有合同约定的，品种权属于受委托完成或者共同完成育种的单位或者个人。

第八条 一个植物新品种只能授予一项品种权。两个以上的申请人分别就同一个植物新品种申请品种权的，品种权授予最先申请的人；同时申请的，品种权授予最先完成该植物新品种育种的人。

第九条 植物新品种的申请权和品种权可以依法转让。

中国的单位或者个人就其在国内培育的植物新品种向外国人转让申请权或者品种权的，应当经审批机关批准。

国有单位在国内转让申请权或者品种权的，应当按照国家有关规定报经有关行政主管部门批准。

转让申请权或者品种权的，当事人应当订立书面合同，并向审批机关登记，由审批机关予以公告。

第十条 在下列情况下使用授权品种的，可以不经品种权人许可，不向其支付使用费，但是不得侵犯品种权人依照本条例享有的其他权利：

（一）利用授权品种进行育种及其他科研活动；

（二）农民自繁自用授权品种的繁殖材料。

第十一条 为了国家利益或者公共利益，审批机关可以作出实施植物新品种强制许可的决定，并予以登记和公告。

取得实施强制许可的单位或者个人应当付给品种权人合理的使用费，其数额由双方商定；双方不能达成协议的，由审批机关裁决。

品种权人对强制许可决定或者强制许可使用费的裁决不服的，可以自收到通知之日起 3 个月内向人民法院提起诉讼。

第十二条 不论授权品种的保护期是否届满，销售该授权品种应当使用其注册登记的名称。

第三章 授予品种权的条件

第十三条 申请品种权的植物新品种应当属于国家植物品种保护名录中列举的植物的属或者种。植物品种保护名录由审批机关确定和公布。

第十四条 授予品种权的植物新品种应当具备新颖性。新颖性，是指申请品种权的植物新品种在申请日前该品种繁殖材料未被销售，或者经育种者许可，在中国境内销售该品种繁殖材料未超过 1 年；在中国境外销售藤本植物、林木、果树和观赏树木品种繁殖材料未超过 6 年，销售其他植物品种繁殖材料未超过 4 年。

第十五条 授予品种权的植物新品种应当具备特异性。特异性，是指申请品种权的植物新品种应当明显区别于在递交申请以前已知的植物品种。

第十六条 授予品种权的植物新品种应当具备一致性。一致性，是指申请品种权的植物新品种经过繁殖，除可以预见的变异外，其相关的特征或者特性一致。

第十七条 授予品种权的植物新品种应当具备稳定性。稳定性，是指申请品种权的植物新品种经过反复繁殖后或者在特定繁殖周期结束时，其相关的特征或者特性保持不变。

第十八条 授予品种权的植物新品种应当具备适当的名称，并与相同或者相近的植物属或者种中已知品种的名称相区别。该名称经注册登记后即为该植物新品种的通用名称。

下列名称不得用于品种命名：

（一）仅以数字组成的；

（二）违反社会公德的；

（三）对植物新品种的特征、特性或者育种者的身份等容易引起误解的。

第四章 品种权的申请和受理

第十九条 中国的单位和个人申请品种权的，可以直接或者委托代理机构向审批机关提出申请。

中国的单位和个人申请品种权的植物新品种涉及国家安全或者重大利益需要保密的，应当按照国家有关规定办理。

第二十条 外国人、外国企业或者外国其他组织在中国申请品种权的，应当按其所属国和中华人民共和国签订的协议或者共同参加的国际条约办理，或者根据互惠原则，依照本条例办理。

第二十一条 申请品种权的，应当向审批机关提交符合规定格式要求的请求书、说明书和该品种的照片。

申请文件应当使用中文书写。

第二十二条 审批机关收到品种权申请文件之日为申请日；申请文件是邮寄的，以寄出的邮戳日为申请日。

第二十三条 申请人自在外国第一次提出品种权申请之日起12个月内，又在中国就该植物新品种提出品种权申请的，依照该外国同中华人民共和国签订的协议或者共同参加的国际条约，或者根据相互承认优先权的原则，可以享有优先权。

申请人要求优先权的，应当在申请时提出书面说明，并在3个月内提交经原受理机关确认的第一次提出的品种权申请文件的副本；未依照本条例规定提出书面说明或者提交申请文件副本的，视为未要求优先权。

第二十四条 对符合本条例第二十一条规定的品种权申请，审批机关应当予以受理，明确申请日、给予申请号，并自收到申请之日起1个月内通知申请人缴纳申请费。

对不符合或者经修改仍不符合本条例第二十一条规定的品种权申请，审批机关不予受理，并通知申请人。

第二十五条 申请人可以在品种权授予前修改或者撤回品种权申请。

第二十六条 中国的单位或者个人将国内培育的植物新品种向国外申请品种权的，应当向审批机关登记。

第五章 品种权的审查与批准

第二十七条 申请人缴纳申请费后，审批机关对品种权申请的下列内容进行初步审查：

（一）是否属于植物品种保护名录列举的植物属或者种的范围；

（二）是否符合本条例第二十条的规定；

（三）是否符合新颖性的规定；

（四）植物新品种的命名是否适当。

第二十八条 审批机关应当自受理品种权申请之日起6个月内完成初步审查。对经初步审查合格的品种权申请，审批机关予以公告，并通知申请人在3个月内缴纳审查费。

对经初步审查不合格的品种权申请，审批机关应当通知申请人在3个月内陈述意见或者予以修正；逾期未答复或者修正后仍然不合格的，驳回申请。

第二十九条 申请人按照规定缴纳审查费后，审批机关对品种权申请的特异性、一致性和稳定性进行实质审查。

申请人未按照规定缴纳审查费的，品种权申请视为撤回。

第三十条 审批机关主要依据申请文件和其他有关书面材料进行实质审查。审批机关认为必要时，可以委托指定的测试机构进行测试或者考察业已完成的种植或者其他试验的结果。

因审查需要，申请人应当根据审批机关的要求提供必要的资料和该植物新品种的繁殖材料。

第三十一条 对经实质审查符合本条例规定的品种权申请，审批机关应当作出授予品种权的决定，颁发品种权证书，并予以登记和公告。

对经实质审查不符合本条例规定的品种权申请，审批机关予以驳回，并通知申请人。

第三十二条 审批机关设立植物新品种复审委员会。

对审批机关驳回品种权申请的决定不服的，申请人可以自收到通知之日起3个月内，向植物新品种复审委员会请求复审。植物新品种复审委员会应当自收到复审请求书之日起6个月内作出决定，并通知申请人。

申请人对植物新品种复审委员会的决定不服的，可以自接到通知之日起15日内向人民法院提起诉讼。

第三十三条 品种权被授予后，在自初步审查合格公告之日起至被授予品种权之日止的期间，对未经申请人许可，为商业目的生产或者销售该授权品种的繁殖材料的单位和个人，品种权人享有追偿的权利。

第六章 期限、终止和无效

第三十四条 品种权的保护期限，自授权之日起，藤本植物、林木、果树和观赏树木为20年，其他植物为15年。

第三十五条 品种权人应当自被授予品种权的当年开始缴纳年费，并且按照审批机关的要求提供用于检测的该授权品种的繁殖材料。

第三十六条 有下列情形之一的，品种权在其保护期限届满前终止：

（一）品种权人以书面声明放弃品种权的；

（二）品种权人未按照规定缴纳年费的；

（三）品种权人未按照审批机关的要求提供检测所需的该授权品种的繁殖材料的；

（四）经检测该授权品种不再符合被授予品种权时的特征和特性的。

品种权的终止，由审批机关登记和公告。

第三十七条 自审批机关公告授予品种权之日起，植物新品种复审委员会可以依据职权或者依据任何单位或者个人的书面请求，对不符合本条例第十四条、第十五条、第十六条和第十七条规定的，宣告品种权无效；对不符合本条例第十八条规定的，予以更名。宣告品种权无效或者更名的决定，由审批机关登记和公告，并通知当事人。

对植物新品种复审委员会的决定不服的，可以自收到通知之日起3个月内向人民法院提起诉讼。

第三十八条 被宣告无效的品种权视为自始不存在。

宣告品种权无效的决定，对在宣告前人民法院作出并已执行的植物新品种侵权的判决、裁定，省级以上人民政府农业、林业行政部门作出并已执行的植物新品种侵权处理决定，以及已经履行的植物新品种实施许可合同和植物新品种权转让合同，不具有追溯力；但是，因品种权人的恶意给他人造成损失的，应当给予合理赔偿。

依照前款规定，品种权人或者品种权转让人不向被许可实施人或者受让人返还使用费或者转让费，明显违反公平原则的，品种权人或者品种权转让人应当向被许可实施人或者受让人返还全部或者部分使用费或者转让费。

第七章 罚 则

第三十九条 未经品种权人许可，以商业目的生产或者销售授权品种的繁殖材料的，品种权人或者利害关系人可以请求省级以上人民政府农业、林业行政部门依据各自的职权进行处理，也可以直接向人民法院提起诉讼。

省级以上人民政府农业、林业行政部门依据各自的职权，根据当事人自愿的原则，对侵权所造成的损害赔偿可以进行调解。调解达成协议的，当事人应当履行；调解未达成协议的，品种权人或者利害关系人可以依照民事诉讼程序向人民法院提起诉讼。

省级以上人民政府农业、林业行政部门依据各自的职权处理品种权侵权案件时，为维护社会公共利益，可以责令侵权人停止侵权行为，没收违法所得和植物品种繁殖材料；货值金额5万元以上的，可处货值金额1倍以上5倍以下的罚款；没有货值金额或者货值金额5万元以下的，根据情节轻重，可处25万元以下的罚款。

第四十条 假冒授权品种的，由县级以上人民政府农业、林业行政部门依据各自的职权责令停止假冒行为，没收违法所得和植物品种繁殖材料；货值金额5万元以上的，处货值金额1倍以上5倍以下的罚款；没有货值金额或者货值金额5万元以下的，根据情节轻重，处25万元以下的罚款；情节严重，构成犯罪的，依法追究刑事责任。

第四十一条 省级以上人民政府农业、林业行政部门依据各自的职权在查处品种权侵权案件和县级以上人民政府农业、林业行政部门依据各自的职权在查处假冒授权品种案件时，根据需要，可以封存或者扣押与案件有关的植物品种的繁殖材料，查阅、复制或者封存与案件有关的合同、账册及有关文件。

第四十二条 销售授权品种未使用其注册登记的名称的，由县级以上人民政府农业、林业行政部门依据各自的职权责令限期改正，可以处1000元以下的罚款。

第四十三条 当事人就植物新品种的申请权和品种权的权属发生争议的，可以向人民法院提起诉讼。

第四十四条 县级以上人民政府农业、林业行政部门的及有关部门的工作人员滥用职权、玩忽职守、徇私舞弊、索贿受贿，构成犯罪的，依法追究刑事责任；尚不构成犯罪的，依法给予行政处分。

第八章 附 则

第四十五条 审批机关可以对本条例施行前首批列入植物品种保护名录的和本条例施行后新列入植物品种保护名录的植物属或者种的新颖性要求作出变通性规定。

第四十六条 本条例自 1997 年 10 月 1 日起施行。

三、中华人民共和国植物新品种保护条例实施细则（农业部分）第二版（2012 年）

颁布日期：20111231 实施日期：20120101 颁布单位：农业部

第一章 总 则

第一条 根据《中华人民共和国植物新品种保护条例》（以下简称《条例》），制定本细则。

第二条 农业植物新品种包括粮食、棉花、油料、麻类、糖料、蔬菜（含西甜瓜）、烟草、桑树、茶树、果树（干果除外）、观赏植物（木本除外）、草类、绿肥、草本药材、食用菌、藻类和橡胶树等植物的新品种。

第三条 依据《条例》第三条的规定，农业部为农业植物新品种权的审批机关，依照《条例》规定授予农业植物新品种权（以下简称品种权）。

农业部植物新品种保护办公室（以下简称品种保护办公室），承担品种权申请的受理、审查等事务，负责植物新品种测试和繁殖材料保藏的组织工作。

第四条 对危害公共利益、生态环境的植物新品种不授予品种权。

第二章 品种权的内容和归属

第五条 《条例》所称繁殖材料是指可繁殖植物的种植材料或植物体的其他部分，包括籽粒、果实和根、茎、苗、芽、叶等。

第六条 申请品种权的单位或者个人统称为品种权申请人；获得品种权的单位或者个人统称为品种权人。

第七条 《条例》第七条所称执行本单位任务所完成的职务育种是指下列情形之一：

（一）在本职工作中完成的育种；

（二）履行本单位交付的本职工作之外的任务所完成的育种；

（三）退职、退休或者调动工作后，3 年内完成的与其在原单位承担的工作或者原单位分配的任务有关的育种。

《条例》第七条所称本单位的物质条件是指本单位的资金、仪器设备、试验场地以及单位所有的尚未允许公开的育种材料和技术资料等。

第八条 《条例》第八条所称完成新品种育种的人是指完成新品种育种的单位或者个人（以下简称育种者）。

第九条 完成新品种培育的人员（以下简称培育人）是指对新品种培育作出创造性贡献的人。仅负责组织管理工作、为物质条件的利用提供方便或者从事其他辅助工作的人不能被视为培育人。

第十条 一个植物新品种只能被授予一项品种权。

一个植物新品种由两个以上申请人分别于同一日内提出品种权申请的，由申请人自行协商确定申请权的归属；协商不能达成一致意见的，品种保护办公室可以要求申请人在指定期限内提供证据，证明自己是最先完成该新品种育种的人。逾期未提供证据的，视为撤回申请；所提供证据不足以作为判定依据的，品种保护办公室驳回申请。

第十一条 中国的单位或者个人就其在国内培育的新品种向外国人转让申请权或者品种权的，应当向农业部申请审批。

转让申请权或者品种权的，当事人应当订立书面合同，向农业部登记，由农业部予以公告，并自公告之日起生效。

第十二条 有下列情形之一的，农业部可以作出实施品种权的强制许可决定：

（一）为了国家利益或者公共利益的需要；

（二）品种权人无正当理由自己不实施，又不许可他人以合理条件实施的；

（三）对重要农作物品种，品种权人虽已实施，但明显不能满足国内市场需求，又不许可他人以合理条件实施的。

申请强制许可的，应当向农业部提交强制许可请求书，说明理由并附具有关证明文件各一式两份。

农业部自收到请求书之日起 20 个工作日内作出决定。需要组织专家调查论证的，调查论证时间不得超过 3 个月。同意强制许可请求的，由农业部通知品种权人和强制许可请求人，并予以公告；不同意强制许可请求的，通知请求人并说明理由。

第十三条 依照《条例》第十一条第二款规定，申请农业部裁决使用费数额的，当事人应当提交裁决申请书，并附具未能达成协议的证明文件。农业部自收到申请书之日起 3 个月内作出裁决并通知当事人。

第三章 授予品种权的条件

第十四条 依照《条例》第四十五条的规定，列入植物新品种保护名录的植物属或者种，从名录公布之日起 1 年内提出的品种权申请，凡经过育种者许可，申请日前在中国境内销售该品种的繁殖材料未超过 4 年，符合《条例》规定的特异性、一致性和稳定性及命名要求的，农业部可以授予品种权。

第十五条 具有下列情形之一的，属于《条例》第十四条规定的销售：

（一）以买卖方式将申请品种的繁殖材料转移他人；

（二）以易货方式将申请品种的繁殖材料转移他人；

（三）以入股方式将申请品种的繁殖材料转移他人；

（四）以申请品种的繁殖材料签订生产协议；

（五）以其他方式销售的情形。

具有下列情形之一的，视为《条例》第十四条规定的育种者许可销售：

（一）育种者自己销售；

（二）育种者内部机构销售；

（三）育种者的全资或者参股企业销售；

（四）农业部规定的其他情形。

第十六条 《条例》第十五条所称“已知的植物品种”，包括品种权申请初审合格公告、通过品种审定或者已推广应用的品种。

第十七条 《条例》第十六条、第十七条所称“相关的特征或者特性”是指至少包括用于特异性、一致性和稳定性测试的性状或者授权时进行品种描述的性状。

第十八条 有下列情形之一的，不得用于新品种命名：

（一）仅以数字组成的；

（二）违反国家法律或者社会公德或者带有民族歧视性的；

（三）以国家名称命名的；

（四）以县级以上行政区划的地名或者公众知晓的外国地名命名的；

（五）同政府间国际组织或者其他国际国内知名组织及标识名称相同或者近似的；

（六）对植物新品种的特征、特性或者育种者的身份等容易引起误解的；

（七）属于相同或相近植物属或者种的已知名称的；

（八）夸大宣传的。

已通过品种审定的品种，或获得《农业转基因生物安全证书（生产应用）》的转基因植物品种，如品种名称符合植物新品种命名规定，申请品种权的品种名称应当与品种审定或农业转基因生物安全审批的品种名称一致。

第四章 品种权的申请和受理

第十九条 中国的单位和个人申请品种权的，可以直接或者委托代理机构向品种保护办公室提出申请。

在中国没有经常居所的外国人、外国企业或其他外国组织，向品种保护办公室提出品种权申请的，应当委托代理机构办理。

申请人委托代理机构办理品种权申请等相关事务时，应当与代理机构签订委托书，明确委托办理事项与权责。代理机构在向品种保护办公室提交申请时，应当同时提交申请人委托书。品种保护办公室在上述申请的受理与审查程序中，直接与代理机构联系。

第二十条 申请品种权的，申请人应当向品种保护办公室提交请求书、说明书和品种照片各一式两份，同时提交相应的请求书和说明书的电子文档。

请求书、说明书按照品种保护办公室规定的统一格式填写。

第二十一条 申请人提交的说明书应当包括下列内容：

（一）申请品种的暂定名称，该名称应当与请求书的名称一致；

（二）申请品种所属的属或者种的中文名称和拉丁文名称；

（三）育种过程和育种方法，包括系谱、培育过程和所使用的亲本或者其他繁殖材料来源与名称的详细说明；

（四）有关销售情况的说明；

（五）选择的近似品种及理由；

（六）申请品种特异性、一致性和稳定性的详细说明；

（七）适于生长的区域或者环境以及栽培技术的说明；

（八）申请品种与近似品种的性状对比表。

前款第（五）、（八）项所称近似品种是指在所有已知植物品种中，相关特征或者特性与申请品种最为相似的品种。

第二十二条 申请人提交的照片应当符合以下要求：

（一）照片有利于说明申请品种的特异性；

（二）申请品种与近似品种的同一种性状对比应在同一张照片上；

（三）照片应为彩色，必要时，品种保护办公室可以要求申请人提供黑白照片；

（四）照片规格为8.5厘米×12.5厘米或者10厘米×15厘米；

（五）关于照片的简要文字说明。

第二十三条 品种权申请文件有下列情形之一的，品种保护办公室不予受理：

（一）未使用中文的；

（二）缺少请求书、说明书或者照片之一的；

（三）请求书、说明书和照片不符合本细则规定格式的；

（四）文件未打印的；

（五）字迹不清或者有涂改的；

（六）缺少申请人和联系人姓名（名称）、地址、邮政编码的或者不详的；

（七）委托代理但缺少代理委托书的。

第二十四条 中国的单位或者个人将国内培育的植物新品种向国外申请品种权的，应当向农业部申请登记。

第二十五条 申请人依照《条例》第二十三条的规定要求优先权的，应当在申请中写明第一次提出品种权申请的申请日、申请号和受理该申请的国家或组织；未写明的，视为未要求优先权。申请人提交的第一次品种权申请文件副本应当经原受理机关确认。

第二十六条 在中国没有经常居所或者营业所的外国人、外国企业和外国其他组织，申请品种权或者要求优先权的，品种保护办公室认为必要时，可以要求其提供下列文件：

（一）申请人是个人的，其国籍证明；

（二）申请人是企业或者其他组织的，其营业所或者总部所在地的证明；

（三）外国人、外国企业、外国其他组织的所属国，承认中国单位和个人可以按照该国国民的同等条件，在该国享有品种申请权、优先权和其他与品种权有关的权利的证明文件。

第二十七条 申请人在向品种保护办公室提出品种权申请12个月内，又向国外申请品种权的，依照该国或组织同中华人民共和国签订的协议或者共同参加的国际条约，或者根据相互承认优先权的原则，可以请求品种保护办公室出具优先权证明文件。

第二十八条 依照《条例》第十九条第二款规定，中国的单位和个人申请品种权的植物新品种涉及国家安全或者重大利益需要保密的，申请人应当在申请文件中说明，品种保护办公室经过审查后作出是否按保密申请处理的决定，并通知申请人；品种保护办公室认为需要保密而申请人未注明的，仍按保密申请处理，并通知申请人。

第二十九条 申请人送交的申请品种繁殖材料应当与品种权申请文件中所描述的繁殖材料相一致，并符合下列要求：

（一）未遭受意外损害；

（二）未经过药物处理；

（三）无检疫性的有害生物；

（四）送交的繁殖材料为籽粒或果实的，籽粒或果实应当是最近收获的。

第三十条 品种保护办公室认为必要的，申请人应当送交申请品种和近似品种的繁殖材料，用于申请品种的审查和检测。申请品种属于转基因品种的，应当附具生产性试验阶段的《农业转基因生物安全审批书》或《农业转基因生物安全证书（生产应用）》复印件。

申请人应当自收到品种保护办公室通知之日起3个月内送交繁殖材料。送交繁殖材料为籽粒或果实的，应当送至品种保护办公室植物新品种保藏中心（以下简称保藏中心）；送交种苗、种球、块茎、块根等无性繁殖材料的，应当送至品种保护办公室指定的测试机构。

申请人送交的繁殖材料数量少于品种保护办公室规定的，保藏中心或者测试机构应当通知申请人，申请人应自收到通知之日起1个月内补足。特殊情况下，申请人送交了规定数量的繁殖材料后仍不能满足测试或者检测需要时，品种保护办公室有权要求申请人补交。

第三十一条 繁殖材料应当依照有关规定实施植物检疫。检疫不合格或者未经检疫的，保藏中心或者测试机构不予接收。

保藏中心或者测试机构收到申请人送交的繁殖材料后应当出具书面证明，并在收到繁殖材料之日起20个工作日内（有休眠期的植物除外）完成生活力等内容的检测。检测合格的，应当向申请人出具书面检测合格证明；检测不合格的，应当通知申请人自收到通知之日起1个月内重新送交繁殖材料并取回检测不合格的繁殖材料，申请人到期不取回的，保藏中心或者测试机构应当销毁。

申请人未按规定送交繁殖材料的，视为撤回申请。

第三十二条 保藏中心和测试机构对申请品种的繁殖材料负有保密的责任，应当防止繁殖材料丢失、被盗等事故的发生，任何人不得更换检验合格的繁殖材料。发生繁殖材料丢失、被盗、更换的，依法追究有关人员的责任。

第五章 品种权的审查与批准

第三十三条 在初步审查、实质审查、复审和无效宣告程序中进行审查和复审人员有下列情形之一的，应当自行回避，当事人或者其他利害关系人可以要求其回避：

（一）是当事人或者其代理人近亲属的；

（二）与品种权申请或者品种权有直接利害关系的；

（三）与当事人或者其代理人有其他关系，可能影响公正审查和审理的。

审查人员的回避由品种保护办公室决定，复审人员的回避由植物新品种复审委员会主任决定。

第三十四条 一件植物品种权申请包括两个以上新品种的，品种保护办公室应当要求申请人提出分案申请。申请人在指定期限内对其申请未进行分案修正或者期满未答复的，视为撤回申请。

申请人按照品种保护办公室要求提出的分案申请，可以保留原申请日；享有优先权的，可保留优先权日。但不得超出原申请文件已有内容的范围。

分案申请应当依照《条例》及本细则的规定办理相关手续。

分案申请的请求书中应当写明原申请的申请号和申请日。原申请享有优先权的，应当提交原申请的优先权文件副本。

第三十五条 品种保护办公室对品种权申请的下列内容进行初步审查：

（一）是否符合《条例》第二十七条规定。

（二）选择的近似品种是否适当；申请品种的亲本或其他繁殖材料来源是否公开。

品种保护办公室应当将审查意见通知申请人。品种保护办公室有疑问的，可要求申请人在指定期限内陈述意见或者补正；申请人期满未答复的，视为撤回申请。申请人陈述意见或者补正后，品种保护办公室认为仍然不符合规定的，应当驳回其申请。

第三十六条 除品种权申请文件外，任何人向品种保护办公室提交的与品种权申请有关的材料，有下列情形之一的，视为未提出：

（一）未使用规定的格式或者填写不符合要求的；

（二）未按照规定提交证明材料的。

当事人当面提交材料的，受理人员应当当面说明材料存在的缺陷后直接退回；通过邮局提交的，品种保护办公室应当将视为未提出的审查意见和原材料一起退回；邮寄地址不清的，采用公告方式退回。

第三十七条 自品种权申请之日起至授予品种权之日前，任何人均可以对不符合《条例》第八条、第十三条至第十八条以及本细则第四条规定的品种权申请，向品种保护办公室提出异议，并提供相关证据和说明理由。未提供相关证据的，品种保护办公室不予受理。

第三十八条 未经品种保护办公室批准，申请人在品种权授予前不得修改申请文件的下列内容：

（一）申请品种的名称、申请品种的亲本或其他繁殖材料名称、来源以及申请品种的育种方法；

（二）申请品种的最早销售时间；

（三）申请品种的特异性、一致性和稳定性内容。

品种权申请文件的修改部分，除个别文字修改或者增删外，应当按照规定格式提交替换页。

第三十九条 品种保护办公室负责对品种权申请进行实质审查，并将审查意见通知申请人。品种保护办公室可以根据审查的需要，要求申请人在指定期限内陈述意见或者补正。申请人期满未答复的，视为撤回申请。

第四十条 依照《条例》和本细则的规定，品种权申请经实质审查应当予以驳回的情形是指：

（一）不符合《条例》第八条、第十三条至第十七条规定之一的；

（二）属于本细则第四条规定的；

（三）不符合命名规定，申请人又不按照品种保护办公室要求修改的；

（四）申请人陈述意见或者补正后，品种保护办公室认为仍不符合规定的。

第四十一条 品种保护办公室发出办理授予品种权手续的通知后，申请人应当自收到通知之日起 2 个月内办理相关手续和缴纳第 1 年年费。对按期办理的，农业部授予品种权，颁发品种权证书，并予以公告。品种权自授权公告之日起生效。

期满未办理的，视为放弃取得品种权的权利。

第四十二条 农业部植物新品种复审委员会，负责审理驳回品种权申请的复审案件、品种权无效宣告案件和授权品种更名案件。具体规定由农业部另行制定。

第六章 文件的提交、送达和期限

第四十三条 依照《条例》和本细则规定提交的各种文件应当使用中文，并采用国家统一规定的科学技术术语和规范词。外国人名、地名和科学技术术语没有统一中文译文的，应当注明原文。

依照《条例》和本细则规定提交的各种证件和证明文件是外文的，应当附送中文译文；未附送的，视为未提交该证明文件。

第四十四条 当事人向品种保护办公室提交的各种文件应当打印或者印刷，字迹呈黑色，并整齐清晰。申请文件的文字部分应当横向书写，纸张只限单面使用。

第四十五条 当事人提交的各种文件和办理的其他手续，应当由申请人、品种权人、其他利害关系人或者其代表人签字或者盖章；委托代理机构的，由代理机构盖章。请求变更培育人姓名、品种权申请人和品种权人的姓名或者名称、国籍、地址、代理机构的名称和代理人姓名的，应当向品种保护办公室办理著录事项变更手续，并附具变更理由的证明材料。

第四十六条 当事人提交各种材料时，可以直接提交，也可以邮寄。邮寄时，应当使用挂号信函，不得使用包裹，一件信函中应当只包含同一申请的相关材料。邮寄的，以寄出的邮戳日为提交日。信封上寄出的邮戳日不清晰的，除当事人能够提供证明外，以品种保护办公室的收到日期为提交日。

品种保护办公室的各种文件，可以通过邮寄、直接送交或者以公告的方式送达当事人。当事人委托代理机构的，文件送交代理机构；未委托代理机构的，文件送交请求书中收件人地址及收件人或者第一署名人或者代表人。当事人拒绝接收文件的，该文件视为已经送达。

品种保护办公室邮寄的各种文件，自文件发出之日起满 15 日，视为当事人收到文件之日。

根据规定应当直接送交的文件，以交付日为送达日。文件送达地址不清，无法邮寄的，可以通过公告的方式送达当事人。自公告之日起满 2 个月，该文件视为已经送达。

第四十七条 《条例》和本细则规定的各种期限的第 1 日不计算在期限内。期限以年或者月计算的，以其最后 1 月的相应日为期限届满日；该月无相应日的，以该月最后 1 日为期限届满日。期限届满日是法定节假日的，以节假日后的第 1 个工作日为期限届满日。

第四十八条 当事人因不可抗力而耽误《条例》或者本细则规定的期限或者品种保护办公室指定的期限，导致其权利丧失的，自障碍消除之日起 2 个月内，最迟自期限届满之日起 2 年内，可以向品种保护办公室说明理由并附具有关证明文件，请求恢复其权利。

当事人因正当理由而耽误《条例》或者本细则规定的期限或者品种保护办公室指定的期限，造成其权利丧失的，可以自收到通知之日起 2 个月内向品种保护办公室说明理由，请求恢复其权利。

当事人请求延长品种保护办公室指定期限的，应当在期限届满前，向品种保护办公室说明理由并办理有关手续。

本条第一款和第二款的规定不适用《条例》第十四条、第二十三条、第三十二条第二、三款、第三十四条、第三十七条第二款规定的期限。

第四十九条 除《条例》第二十二条的规定外，《条例》所称申请日，有优先权的，指优先权日。

第七章 费用和公报

第五十条 申请品种权和办理其他手续时，应当按照国家有关规定向农业部缴纳申请费、审查费、年费。

第五十一条 《条例》和本细则规定的各种费用，可以直接缴纳，也可以通过邮局或者银行汇付。

通过邮局或者银行汇付的，应当注明品种名称，同时将汇款凭证的复印件传真或者邮寄至品种保护办公室，并说明该费用的申请号或者品种权号、申请人或者品种权人的姓名或名称、费用名称。

通过邮局或者银行汇付的，以汇出日为缴费日。

第五十二条 依照《条例》第二十四条的规定，申请人可以在提交品种权申请的同时缴纳申请费，但最迟自申请之日起 1 个月内缴纳申请费，期满未缴纳或者未缴足的，视为撤回申请。

第五十三条 经初步审查合格的品种权申请，申请人应当按照品种保护办公室的通知，在规定的期限内缴纳审查费。期满未缴纳或者未缴足的，视为撤回申请。

第五十四条 申请人在领取品种权证书前，应当缴纳授予品种权第 1 年的年费。以后的年费应当在前 1 年度期满前 1 个月内预缴。

第五十五条 品种权人未按时缴纳授予品种权第 1 年以后的年费，或者缴纳的数额不足的，品种保护办公室应当通知申请人自应当缴纳年费期满之日起 6 个月内补缴；期满未缴纳的，自应当缴纳年费期满之日起，品种权终止。

第五十六条 品种保护办公室定期发布植物新品种保护公报，公告品种权有关内容。

第八章 附 则

第五十七条 《条例》第四十条、第四十一条所称的假冒授权品种行为是指下列情形之一：

（一）印制或者使用伪造的品种权证书、品种权申请号、品种权号或者其他品种权申请标记、品种权标记；

（二）印制或者使用已经被驳回、视为撤回或者撤回的品种权申请的申请号或者其他品种权申请标记；

（三）印制或者使用已经被终止或者被宣告无效的品种权的品种权证书、品种权号或者其他品种权标记；

（四）生产或者销售本条第（一）项、第（二）项和第（三）项所标记的品种；

（五）生产或销售冒充品种权申请或者授权品种名称的品种；

（六）其他足以使他人将非品种权申请或者非授权品种误认为品种权申请或者授权品种的行为。

第五十八条 农业行政部门根据《条例》第四十一条的规定对封存或者扣押的植物品种繁殖材料，应当在30日内做出处理；情况复杂的，经农业行政部门负责人批准可以延长，延长期限不超过30日。

第五十九条 当事人因品种申请权或者品种权发生纠纷，向人民法院提起诉讼并且人民法院已受理的，可以向品种保护办公室请求中止有关程序。

依照前款规定申请中止有关程序的，应当向品种保护办公室提交申请书，并附具人民法院的有关受理文件副本。

在人民法院作出的判决生效后，当事人应当向品种保护办公室请求恢复有关程序。自请求中止之日起1年内，有关品种申请权或者品种权归属的纠纷未能结案，需要继续中止有关程序的，请求人应当在该期限内请求延长中止。期满未请求延长的，品种保护办公室可以自行恢复有关程序。

第六十条 已被视为撤回、驳回和主动撤回的品种权申请的案卷，自该品种权申请失效之日起满2年后不予保存。

已被宣告无效的品种权案卷自该品种权无效宣告之日起，终止的品种权案卷自该品种权失效之日起满3年后不予保存。

第六十一条 本细则自2008年1月1日起施行。1999年6月16日农业部发布的《中华人民共和国植物新品种保护条例实施细则（农业部分）》同时废止。

四、农业部公布《主要农作物品种审定办法》第三版（2016年）

《主要农作物品种审定办法》已经农业部2016年第6次常务会议审议通过，现予公布，自2016年8月15日起施行。

主要农作物品种审定办法

第一章 总 则

第一条 为科学、公正、及时地审定主要农作物品种，根据《中华人民共和国种子法》（以下简称《种子法》），制定本办法。

第二条 在中华人民共和国境内的主要农作物品种审定，适用本办法。

第三条 本办法所称主要农作物，是指稻、小麦、玉米、棉花、大豆。

第四条 省级以上人民政府农业主管部门应当采取措施，加强品种审定工作监督管理。省级人民政府农业主管部门应当完善品种选育、审定工作的区域协作机制，促进优良品种的选育和推广。

第二章 品种审定委员会

第五条 农业部设立国家农作物品种审定委员会，负责国家级农作物品种审定工作。省级人民政府农业主管部门设立省级农作物品种审定委员会，负责省级农作物品种审定工作。

农作物品种审定委员会建立包括申请文件、品种审定试验数据、种子样品、审定意见和审定结论等内容的审定档案，保证可追溯。

第六条 品种审定委员会由科研、教学、生产、推广、管理、使用等方面的专业人员组成。委员应当具有高级专业技术职称或处级以上职务，年龄一般在 55 岁以下。每届任期 5 年，连任不得超过两届。

品种审定委员会设主任 1 名，副主任 2～5 名。

第七条 品种审定委员会设立办公室，负责品种审定委员会的日常工作，设主任 1 名，副主任 1～2 名。

第八条 品种审定委员会按作物种类设立专业委员会，各专业委员会由 9～23 人的单数组成，设主任 1 名，副主任 1～2 名。

省级品种审定委员会对本辖区种植面积小的主要农作物，可以合并设立专业委员会。

第九条 品种审定委员会设立主任委员会，由品种审定委员会主任和副主任、各专业委员会主任、办公室主任组成。

第三章 申请和受理

第十条 申请品种审定的单位、个人（以下简称申请者），可以直接向国家农作物品种审定委员会或省级农作物品种审定委员会提出申请。

在中国境内没有经常居所或者营业场所的境外机构和个人在境内申请品种审定的，应当委托具有法人资格的境内种子企业代理。

第十一条 申请者可以单独申请国家级审定或省级审定，也可以同时申请国家级审定和省级审定，还可以同时向几个省、自治区、直辖市申请审定。

第十二条 申请审定的品种应当具备下列条件：

（一）人工选育或发现并经过改良；

（二）与现有品种（已审定通过或本级品种审定委员会已受理的其他品种）有明显区别；

（三）形态特征和生物学特性一致；

（四）遗传性状稳定；

（五）具有符合《农业植物品种命名规定》的名称；

（六）已完成同一生态类型区 2 个生产周期以上、多点的品种比较试验。其中，申请国家级品种审定的，稻、小麦、玉米品种比较试验每年不少于 20 个点，棉花、大豆品种比较试验每年不少于 10 个点，或具备省级品种审定试验结果报告；申请省级品种审定的，品种比较试验每年不少于 5 个点。

第十三条 申请品种审定的，应当向品种审定委员会办公室提交以下材料：

（一）申请表，包括作物种类和品种名称，申请者名称、地址、邮政编码、联系人、电话号码、传真、国籍，品种选育的单位或者个人（以下简称育种者）等内容；

（二）品种选育报告，包括亲本组合以及杂交种的亲本血缘关系、选育方法、世代和特性描述；品种（含杂交种亲本）特征特性描述、标准图片，建议的试验区域和栽培要点；品种主要缺陷及应当注意的问题；

（三）品种比较试验报告，包括试验品种、承担单位、抗性表现、品质、产量结果及各试验点数据、汇总结果等；

（四）转基因检测报告；

（五）转基因棉花品种还应当提供农业转基因生物安全证书；

（六）品种和申请材料真实性承诺书。

第十四条 品种审定委员会办公室在收到申请材料 45 日内作出受理或不予受理的决定，并书面通知申请者。

对于符合本办法第十二条、第十三条规定的，应当受理，并通知申请者在 30 日内提供试验种子。对于提供试验种子的，由办公室安排品种试验。逾期不提供试验种子的，视为撤回申请。

对于不符合本办法第十二条、第十三条规定的，不予受理。申请者可以在接到通知后 30 日内陈述意见或者对申请材料予以修正，逾期未陈述意见或者修正的，视为撤回申请；修正后仍然不符合规定的，驳回申请。

第十五条 品种审定委员会办公室应当在申请者提供的试验种子中留取标准样品，交农业部植物品种标准样品库保存。

第四章 品种试验

第十六条 品种试验包括以下内容。

（一）区域试验；

（二）生产试验；

（三）品种特异性、一致性和稳定性测试（以下简称 DUS 测试）。

第十七条 国家级品种区域试验、生产试验由全国农业技术推广服务中心组织实施，省级品种区域试验、生产试验由省级种子管理机构组织实施。

品种试验组织实施单位应当充分听取品种审定申请人和专家意见，合理设置试验组别，优化试验点布局，科学制定试验实施方案，并向社会公布。

第十八条 区域试验应当对品种丰产性、稳产性、适应性、抗逆性等进行鉴定，并进行品质分析、DNA 指纹检测、转基因检测等。

每一个品种的区域试验，试验时间不少于两个生产周期，田间试验设计采用随机区组或间比法排列。同一生态类型区试验点，国家级不少于 10 个，省级不少于 5 个。

第十九条 生产试验在区域试验完成后，在同一生态类型区，按照当地主要生产方式，在接近大田生产条件下对品种的丰产性、稳产性、适应性、抗逆性等进一步验证。

每一个品种的生产试验点数量不少于区域试验点，每一个品种在一个试验点的种植面积不少于 300 平方米，不大于 3000 平方米，试验时间不少于一个生产周期。

第一个生产周期综合性状突出的品种，生产试验可与第二个生产周期的区域试验同步进行。

第二十条 区域试验、生产试验对照品种应当是同一生态类型区同期生产上推广应用的已审定品种，具备良好的代表性。

对照品种由品种试验组织实施单位提出，品种审定委员会相关专业委员会确认，并根据农业生产发展的需要适时更换。

省级农作物品种审定委员会应当将省级区域试验、生产试验对照品种报国家农作物品种审定委员会备案。

第二十一条 区域试验、生产试验、DUS 测试承担单位应当具备独立法人资格，具有稳定的试验用地、仪器设备、技术人员。

品种试验技术人员应当具有相关专业大专以上学历或中级以上专业技术职称、品种试验相关工作经历，并定期接受相关技术培训。

抗逆性鉴定由品种审定委员会指定的鉴定机构承担，品质检测、DNA 指纹检测、转基因检测由具有资质的检测机构承担。

品种试验、测试、鉴定承担单位与个人应当对数据的真实性负责。

第二十二条 品种试验组织实施单位应当会同品种审定委员会办公室，定期组织开展品种试验考察，检查试验质量、鉴评试验品种表现，并形成考察报告，对田间表现出严重缺陷的品种保留现场图片资料。

第二十三条 品种试验组织实施单位应当组织申请者代表参与区域试验、生产试验收获测产，测产数据由试验技术人员、试验承担单位负责人和申请者代表签字确认。

第二十四条 品种试验组织实施单位应当在每个生产周期结束后 45 日内召开品种试验总结会议。品种审定委员会专业委员会根据试验汇总结果、试验考察情况，确定品种是否终止试验、继续试验、提交审定，由品种审定委员会办公室将品种处理结果及时通知申请者。

第二十五条 申请者具备试验能力并且试验品种是自有品种的，可以按照下列要求自行开展品种试验：

（一）在国家级或省级品种区域试验基础上，自行开展生产试验；

（二）自有品种属于特殊用途品种的，自行开展区域试验、生产试验，生产试验可与第二个生产周期区域试验合并进行。特殊用途品种的范围、试验要求由同级品种审定委员会确定；

（三）申请者属于企业联合体、科企联合体和科研单位联合体的，组织开展相应区组的品种试验。联合体成员数量应当不少于 5 家，并且签订相关合作协议，按照同权同责原则，明确责任义务。一个法人单位在同一试验区组内只能参加一个试验联合体。

前款规定自行开展品种试验的实施方案应当在播种前30日内报国家级或省级品种试验组织实施单位，符合条件的纳入国家级或省级品种试验统一管理。

第二十六条 DUS测试由申请者自主或委托农业部授权的测试机构开展，接受农业部科技发展中心指导。

申请者自主测试的，应当在播种前30日内，按照审定级别将测试方案报农业部科技发展中心或省级种子管理机构。农业部科技发展中心、省级种子管理机构分别对国家级审定、省级审定DUS测试过程进行监督检查，对样品和测试报告的真实性进行抽查验证。

DUS测试所选择近似品种应当为特征特性最为相似的品种，DUS测试依据相应主要农作物DUS测试指南进行。测试报告应当由法人代表或法人代表授权签字。

第二十七条 符合农业部规定条件、获得选育生产经营相结合许可证的种子企业（以下简称育繁推一体化种子企业），对其自主研发的主要农作物品种可以在相应生态区自行开展品种试验，完成试验程序后提交申请材料。

试验实施方案应当在播种前30日内报国家级或省级品种试验组织实施单位备案。

育繁推一体化种子企业应当建立包括品种选育过程、试验实施方案、试验原始数据等相关信息的档案，并对试验数据的真实性负责，保证可追溯，接受省级以上人民政府农业主管部门和社会的监督。

第五章 审定与公告

第二十八条 对于完成试验程序的品种，申请者、品种试验组织实施单位、育繁推一体化种子企业应当在2月底和9月底前分别将稻、玉米、棉花、大豆品种和小麦品种各试验点数据、汇总结果、DUS测试报告提交品种审定委员会办公室。

品种审定委员会办公室在30日内提交品种审定委员会相关专业委员会初审，专业委员会应当在30日内完成初审。

第二十九条 初审品种时，各专业委员会应当召开全体会议，到会委员达到该专业委员会委员总数三分之二以上的，会议有效。对品种的初审，根据审定标准，采用无记名投票表决，赞成票数达到该专业委员会委员总数二分之一以上的品种，通过初审。

专业委员会对育繁推一体化种子企业提交的品种试验数据等材料进行审核，达到审定标准的，通过初审。

第三十条 初审实行回避制度。专业委员会主任的回避，由品种审定委员会办公室决定；其他委员的回避，由专业委员会主任决定。

第三十一条 初审通过的品种，由品种审定委员会办公室在30日内将初审意见及各试点试验数据、汇总结果，在同级农业主管部门官方网站公示，公示期不少于30日。

第三十二条 公示期满后，品种审定委员会办公室应当将初审意见、公示结果，提交品种审定委员会主任委员会审核。主任委员会应当在30日内完成审核。审核同意的，通过审定。

育繁推一体化种子企业自行开展自主研发品种试验，品种通过审定后，将品种标准样品提交至农业部植物品种标准样品库保存。

第三十三条 审定通过的品种，由品种审定委员会编号、颁发证书，同级农业主管部门公告。

省级审定的农作物品种在公告前，应当由省级人民政府农业主管部门将品种名称等信息报农业部公示，公示期为15个工作日。

第三十四条 审定编号为审定委员会简称、作物种类简称、年号、序号，其中序号为四位数。

第三十五条 审定公告内容包括：审定编号、品种名称、申请者、育种者、品种来源、形态特征、生育期、产量、品质、抗逆性、栽培技术要点、适宜种植区域及注意事项等。

省级品种审定公告，应当在发布后30日内报国家农作物品种审定委员会备案。

审定公告公布的品种名称为该品种的通用名称。禁止在生产、经营、推广过程中擅自更改该品种的通用名称。

第三十六条 审定证书内容包括：审定编号、品种名称、申请者、育种者、品种来源、审定意见、公告号、证书编号。

第三十七条 审定未通过的品种，由品种审定委员会办公室在30日内书面通知申请者。申请者对审定结果有异议的，可以自接到通知之日起30日内，向原品种审定委员会或者国家级品种审定委员会申请复审。品种审定委员会应当在下一次审定会议期间对复审理由、原审定文件和原审定程序进行复审。对病虫害鉴定结果提出异议的，品种审定委员会认为有必要的，安排其他单位再次鉴定。

品种审定委员会办公室应当在复审后30日内将复审结果书面通知申请者。

第三十八条 品种审定标准，由同级农作物品种审定委员会制定。审定标准应当有利于产量、品质、抗性等的提高与协调，有利于适应市场和生活消费需要的品种的推广。

省级品种审定标准，应当在发布后30日内报国家农作物品种审定委员会备案。

制定品种审定标准，应当公开征求意见。

第六章 引种备案

第三十九条 省级人民政府农业主管部门应当建立同一适宜生态区省际间品种试验数据共享互认机制，开展引种备案。

第四十条 通过省级审定的品种，其他省、自治区、直辖市属于同一适宜生态区的地域引种的，引种者应当报所在省、自治区、直辖市人民政府农业主管部门备案。

备案时，引种者应当填写引种备案表，包括作物种类、品种名称、引种者名称、联系方式、审定品种适宜种植区域、拟引种区域等信息。

第四十一条 引种者应当在拟引种区域开展不少于1年的适应性、抗病性试验，对品种的真实性、安全性和适应性负责。具有植物新品种权的品种，还应当经过品种权人的同意。

第四十二条 省、自治区、直辖市人民政府农业主管部门及时发布引种备案公告，公告内容包括品种名称、引种者、育种者、审定编号、引种适宜种植区域等内容。公告号格式为：（×）引种〔×〕第×号，其中，第一个“×”为省、自治区、直辖市简称，第二个“×”为年号，第三个“×”为序号。

第四十三条 国家审定品种同一适宜生态区，由国家农作物品种审定委员会确定。省级审定品种同一适宜生态区，由省级农作物品种审定委员会依据国家农作物品种审定委员会确定的同一适宜生态区具体确定。

第七章 撤销审定

第四十四条 审定通过的品种，有下列情形之一的，应当撤销审定：

（一）在使用过程中出现不可克服严重缺陷的；

（二）种性严重退化或失去生产利用价值的；

（三）未按要求提供品种标准样品或者标准样品不真实的；

（四）以欺骗、伪造试验数据等不正当方式通过审定的。

第四十五条 拟撤销审定的品种，由品种审定委员会办公室在书面征求品种审定申请者意见后提出建议，经专业委员会初审后，在同级农业主管部门官方网站公示，公示期不少于30日。

公示期满后，品种审定委员会办公室应当将初审意见、公示结果，提交品种审定委员会主任委员会审核，主任委员会应当在30日内完成审核。审核同意撤销审定的，由同级农业主管部门予以公告。

第四十六条 公告撤销审定的品种，自撤销审定公告发布之日起停止生产、广告，自撤销审定公告发布一个生产周期后停止推广、销售。品种审定委员会认为有必要的，可以决定自撤销审定公告发布之日起停止推广、销售。

省级品种撤销审定公告，应当在发布后30日内报国家农作物品种审定委员会备案。

第八章 监督管理

第四十七条 农业部建立全国农作物品种审定数据信息系统，实现国家和省两级品种审定网上申请、受理，品种试验数据、审定通过品种、撤销审定品种、引种备案品种、标准样品等信息互联共享，审定证书网上统一打印。审定证书格式由国家农作物品种审定委员会统一制定。

省级以上人民政府农业主管部门应当在统一的政府信息发布平台上发布品种审定、撤销审定、引种备案、监督管理等信息，接受监督。

第四十八条 品种试验、审定单位及工作人员，对在试验、审定过程中获知的申请者的商业秘密负有保密义务，不得对外提供申请品种审定的种子或者谋取非法利益。

第四十九条 品种审定委员会委员和工作人员应当忠于职守，公正廉洁。品种审定委员会委员、工作人员不依法履行职责，弄虚作假、徇私舞弊的，依法给予处分；自处分决定作出之日起五年内不得从事品种审定工作。

第五十条 申请者在申请品种审定过程中有欺骗、贿赂等不正当行为的，三年内不受理其申请。

联合体成员单位弄虚作假的，终止联合体品种试验审定程序；弄虚作假成员单位三年内不得申请品种审定，不得再参加联合体试验；其他成员单位应当承担连带责任，三年内不得参加其他联合体试验。

第五十一条 品种测试、试验、鉴定机构伪造试验数据或者出具虚假证明的，按照《种子法》第七十二条及有关法律行政法规的规定进行处罚。

第五十二条 育繁推一体化种子企业自行开展品种试验和申请审定有造假行为的，由省级以上人民政府农业主管部门处一百万元以上五百万元以下罚款；不得再自行开展品种试验；给种子使用者和其他种子生产经营者造成损失的，依法承担赔偿责任。

第五十三条 农业部对省级人民政府农业主管部门的品种审定工作进行监督检查，未依法开展品种审定、引种备案、撤销审定的，责令限期改正，依法给予处分。

第五十四条 违反本办法规定，构成犯罪的，依法追究刑事责任。

第九章 附 则

第五十五条 农作物品种审定所需工作经费和品种试验经费，列入同级农业主管部门财政专项经费预算。

第五十六条 转基因农作物（不含转基因棉花）品种审定办法另行制定。

第五十七条 育繁推一体化企业自行开展试验的品种和联合体组织开展试验的品种，不再参加国家级和省级试验组织实施单位组织的相应区组品种试验。

第五十八条 本办法自 2016 年 8 月 15 日起施行，农业部 2001 年 2 月 26 日发布、2007 年 11 月 8 日和 2014 年 2 月 1 日修订的《主要农作物品种审定办法》，以及 2001 年 2 月 26 日发布的《主要农作物范围规定》同时废止。

五、农作物种子生产经营许可管理办法第二版（2012 年）

第一章 总 则

第一条 为加强农作物种子生产经营许可管理，规范农作物种子生产经营秩序，根据《中华人民共和国种子法》，制定本办法。

第二条 农作物种子生产经营许可证的申请、审核、核发和监管，适用本办法。

第三条 县级以上人民政府农业主管部门按照职责分工，负责农作物种子生产经营许可证的受理、审核、核发和监管工作。

第四条 负责审核、核发农作物种子生产经营许可证的农业主管部门，应当将农作物种子生产经营许可证的办理条件、程序等在办公场所公开。

第五条 农业主管部门应当按照保障农业生产安全、提升农作物品种选育和种子生产经营水平、促进公平竞争、强化事中事后监管的原则，依法加强农作物种子生产经营许可管理。

第二章 申请条件

第六条 申请领取种子生产经营许可证的企业，应当具有与种子生产经营相适应的设施、设备、品种及人员，符合本办法规定的条件。

第七条 申请领取主要农作物常规种子或非主要农作物种子生产经营许可证的企业，应当具备以下条件：

（一）基本设施。生产经营主要农作物常规种子的，具有办公场所150平方米以上、检验室100平方米以上、加工厂房500平方米以上、仓库500平方米以上；生产经营非主要农作物种子的，具有办公场所100平方米以上、检验室50平方米以上、加工厂房100平方米以上、仓库100平方米以上；

（二）检验仪器。具有净度分析台、电子秤、样品粉碎机、烘箱、生物显微镜、电子天平、扦样器、分样器、发芽箱等检验仪器，满足种子质量常规检测需要；

（三）加工设备。具有与其规模相适应的种子加工、包装等设备。其中，生产经营主要农作物常规种子的，应当具有种子加工成套设备，生产经营常规小麦种子的，成套设备总加工能力10吨/小时以上；生产经营常规稻种子的，成套设备总加工能力5吨/小时以上；生产经营常规大豆种子的，成套设备总加工能力3吨/小时以上；生产经营常规棉花种子的，成套设备总加工能力1吨/小时以上；

（四）人员。具有种子生产、加工贮藏和检验专业技术人员各2名以上；

（五）品种。生产经营主要农作物常规种子的，生产经营的品种应当通过审定，并具有1个以上与申请作物类别相应的审定品种；生产经营登记作物种子的，应当具有1个以上的登记品种。生产经营授权品种种子的，应当征得品种权人的书面同意；

（六）生产环境。生产地点无检疫性有害生物，并具有种子生产的隔离和培育条件；

（七）农业部规定的其他条件。

第八条 申请领取主要农作物杂交种子及其亲本种子生产经营许可证的企业，应当具备以下条件：

（一）基本设施。具有办公场所200平方米以上、检验室150平方米以上、加工厂房500平方米以上、仓库500平方米以上；

（二）检验仪器。除具备本办法第七条第二项规定的条件外，还应当具有PCR扩增仪及产物检测配套设备、酸度计、高压灭菌锅、磁力搅拌器、恒温水浴锅、高速冷冻离心机、成套移液器等仪器设备，能够开展种子水分、净度、纯度、发芽率四项指标检测及品种分子鉴定；

（三）加工设备。具有种子加工成套设备，生产经营杂交玉米种子的，成套设备总加工能力10吨/小时以上；生产经营杂交稻种子的，成套设备总加工能力5吨/小时以上；生产经营其他主要农作物杂交种子的，成套设备总加工能力1吨/小时以上；

（四）人员。具有种子生产、加工贮藏和检验专业技术人员各5名以上；

（五）品种。生产经营的品种应当通过审定，并具有自育品种或作为第一选育人的审定品种1个以上，或者合作选育的审定品种2个以上，或者受让品种权的品种3个以上。生产经营授权品种种子的，应当征得品种权人的书面同意；

（六）具有本办法第七条第六项规定的条件；

（七）农业部规定的其他条件。

第九条 申请领取实行选育生产经营相结合、有效区域为全国的种子生产经营许可证的企业，应当具备以下条件：

（一）基本设施。具有办公场所500平方米以上，冷藏库200平方米以上。生产经营主要农作物种子或马铃薯种薯的，具有检验室300平方米以上；生产经营其他农作物种子的，具有检验室200平方米以上。生产经营杂交玉米、杂交稻、小麦种子或马铃薯种薯的，具有加工厂房1000平方米以上、仓库2000平方米以上；生产经营棉花、大豆种子的，具有加工厂房500平方米以上、仓库500平方米以上；生产经营其他农作物种子的，具有加工厂房200平方米以上、仓库500平方米以上；

（二）育种机构及测试网络。具有专门的育种机构和相应的育种材料，建有完整的科研育种档案。生产经营杂交玉米、杂交稻种子的，在全国不同生态区有测试点30个以上和相应的播种、收获、考种设施设备；生产经营其他农作物种子的，在全国不同生态区有测试点10个以上和相应的播种、收获、考种设施设备；

（三）育种基地。具有自有或租用（租期不少于5年）的科研育种基地。生产经营杂交玉米、杂交稻种子的，具有分布在不同生态区的育种基地5处以上、总面积200亩以上；生产经营其他农作物种子的，具有分布在不同生态区的育种基地3处以上、总面积100亩以上；

（四）科研投入。在申请之日前3年内，年均科研投入不低于年种子销售收入的5%，同时，生产经营杂交玉米种子的，年均科研投入不低于1500万元；生产经营杂交稻种子的，年均科研投入不低于800万元；生产经营其他种子的，年均科研投入不低于300万元；

（五）品种。生产经营主要农作物种子的，生产经营的品种应当通过审定，并具有相应作物的作为第一育种者的国家级审定品种3个以上，或者省级审定品种6个以上（至少包含3个省份审定通过），或者国家级审定品种2个和省级审定品种3个以上，或者国家级审定品种1个和省级审定品种5个以上。生产经营杂交稻种子同时生产经营常规稻种子的，除具有杂交稻要求的品种条件外，还应当具有常规稻的作为第一育种者的国家级审定品种1个以上或者省级审定品种3个以上。生产经营非主要农作物种子的，应当具有相应作物的以本企业名义单独申请获得植物新品种权的品种5个以上。生产经营授权品种种子的，应当征得品种权人的书面同意；

（六）生产规模。生产经营杂交玉米种子的，近3年年均种子生产面积2万亩以上；生产经营杂交稻种子的，近3年年均种子生产面积1万亩以上；生产经营其他农作物种子的，近3年年均种子生产的数量不低于该类作物100万亩的大田用种量；

（七）种子经营。具有健全的销售网络和售后服务体系。生产经营杂交玉米种子的，在申请之日前3年内至少有1年，杂交玉米种子销售额2亿元以上或占该类种子全国市场份额的1%以上；生产经营杂交稻种子的，在申请之日前3年内至少有1年，杂交稻种子销售额1.2亿元以上或占该类种子全国市场份额的1%以上；生产经营蔬菜种子的，在申请之日前3年内至少有1年，蔬菜种子销售额8000万元以上或占该类种子全国市场份额的1%以上；生产经营其他农作物种子的，在申请之日前3年内至少有1年，其种子销售额占该类种子全国市场份额的1%以上；

（八）种子加工。具有种子加工成套设备，生产经营杂交玉米、小麦种子的，总加工能力20吨/小时以上；生产经营杂交稻种子的，总加工能力10吨/小时以上（含窝眼清选设备）；生产经营大豆种子的，总加工能力5吨/小时以上；生产经营其他农作物种子的，总加工能力1吨/小时以上。生产经营杂交玉米、杂交稻、小麦种子的，还应当具有相应的干燥设备；

（九）人员。生产经营杂交玉米、杂交稻种子的，具有本科以上学历或中级以上职称的专业育种人员10人以上；生产经营其他农作物种子的，具有本科以上学历或中级以上职称的专业育种人员6人以上。生产经营主要农作物种子的，具有专职的种子生产、加工贮藏和检验专业技术人员各5名以上；生产经营非主要农作物种子的，具有专职的种子生产、加工贮藏和检验专业技术人员各3名以上；

（十）具有本办法第七条第六项、第八条第二项规定的条件；

（十一）农业部规定的其他条件。

第十条 从事种子进出口业务的企业和外商投资企业申请领取种子生产经营许可证，除具备本办法规定的相应农作物种子生产经营许可证核发的条件外，还应当符合有关法律、行政法规规定的其他条件。

第十一条 申请领取种子生产经营许可证，应当提交以下材料：

（一）种子生产经营许可证申请表（式样见附件1）；

（二）单位性质、股权结构等基本情况，公司章程、营业执照复印件，设立分支机构、委托生产种子、委托代销种子以及以购销方式销售种子等情况说明；

（三）种子生产、加工贮藏、检验专业技术人员的基本情况及其企业缴纳的社保证明复印件，企业法定代表人和高级管理人员名单及其种业从业简历；

（四）种子检验室、加工厂房、仓库和其他设施的自有产权或自有资产的证明材料；办公场所自有产权证明复印件或租赁合同；种子检验、加工等设备清单和购置发票复印件；相关设施设备的情况说明及实景照片；

（五）品种审定证书复印件；生产经营授权品种种子的，提交植物新品种权证书复印件及品种权人的书面同意证明；

（六）委托种子生产合同复印件或自行组织种子生产的情况说明和证明材料；

（七）种子生产地点检疫证明；

（八）农业部规定的其他材料。

第十二条 申请领取选育生产经营相结合、有效区域为全国的种子生产经营许可证，除提交本办法第十一条所规定的材料外，还应当提交以下材料：

（一）自有科研育种基地证明或租用科研育种基地的合同复印件；

（二）品种试验测试网络和测试点情况说明，以及相应的播种、收获、烘干等设备设施的自有产权证明复印件及实景照片；

（三）育种机构、科研投入及育种材料、科研活动等情况说明和证明材料，育种人员基本情况及其企业缴纳的社保证明复印件；

（四）近三年种子生产地点、面积和基地联系人等情况说明和证明材料；

（五）种子经营量、经营额及其市场份额的情况说明和证明材料；

（六）销售网络和售后服务体系的建设情况。

第三章 受理、审核与核发

第十三条 种子生产经营许可证实行分级审核、核发。

（一）从事主要农作物常规种子生产经营及非主要农作物种子经营的，其种子生产经营许可证由企业所在地县级以上地方农业主管部门核发；

（二）从事主要农作物杂交种子及其亲本种子生产经营以及实行选育生产经营相结合、有效区域为全国的种子企业，其种子生产经营许可证由企业所在地县级农业主管部门审核，省、自治区、直辖市农业主管部门核发；

（三）从事农作物种子进出口业务的，其种子生产经营许可证由企业所在地省、自治区、直辖市农业主管部门审核，农业部核发。

第十四条 农业主管部门对申请人提出的种子生产经营许可申请，应当根据下列情况分别作出处理：

（一）不需要取得种子生产经营许可的，应当即时告知申请人不受理；

（二）不属于本部门职权范围的，应当即时作出不予受理的决定，并告知申请人向有关部门申请；

（三）申请材料存在可以当场更正的错误的，应当允许申请人当场更正；

（四）申请材料不齐全或者不符合法定形式的，应当当场或者在五个工作日内一次告知申请人需要补正的全部内容，逾期不告知的，自收到申请材料之日起即为受理；

（五）申请材料齐全、符合法定形式，或者申请人按照要求提交全部补正申请材料的，应当予以受理。

第十五条 审核机关应当对申请人提交的材料进行审查，并对申请人的办公场所和种子加工、检验、仓储等设施设备进行实地考察，查验相关申请材料原件。

审核机关应当自受理申请之日起二十个工作日内完成审核工作。具备本办法规定条件的，签署审核意见，上报核发机关；审核不予通过的，书面通知申请人并说明理由。

第十六条 核发机关应当自受理申请或收到审核意见之日起二十个工作日内完成核发工作。核发机关认为有必要的，可以进行实地考察并查验原件。符合条件的，发给种子生产经营许可证并予公告；不符合条件的，书面通知申请人并说明理由。

选育生产经营相结合、有效区域为全国的种子生产经营许可证，核发机关应当在核发前在中国种业信息网公示五个工作日。

第四章 许可证管理

第十七条 种子生产经营许可证设主证、副证（式样见附件 2）。主证注明许可证编号、企业名称、统一社会信用代码、住所、法定代表人、生产经营范围、生产经营方式、有效区域、有效期至、发证机关、发证日期；副证注明生产种子的作物种类、种子类别、品种名称及审定（登记）编号、种子生产地点等内容。

（一）许可证编号为“__（××××）农种许字（××××）第××××号”。“__”上标注生产经营类型，A 为实行选育生产经营相结合，B 为主要农作物杂交种子及其亲本种子，C 为其他主要农作物种子，D 为非主要农作物种子，E 为种子进出口，F 为外商投资企业；第一个括号内为发证机关所在地简称，格式为“省地县”；第二个括号内为首次发证时的年号；“第××××号”为四位顺序号；

（二）生产经营范围按生产经营种子的作物名称填写，蔬菜、花卉、麻类按作物类别填写；

（三）生产经营方式按生产、加工、包装、批发、零售或进出口填写；

（四）有效区域。实行选育生产经营相结合的种子生产经营许可证的有效区域为全国。其他种子生产经营许可证的有效区域由发证机关在其管辖范围内确定；

（五）生产地点为种子生产所在地，主要农作物杂交种子标注至县级行政区域，其他作物标注至省级行政区域。

种子生产经营许可证加注许可信息代码。许可信息代码应当包括种子生产经营许可相关内容，由发证机关打印许可证书时自动生成。

第十八条 种子生产经营许可证载明的有效区域是指企业设立分支机构的区域。

种子生产地点不受种子生产经营许可证载明的有效区域限制，由发证机关根据申请人提交的种子生产合同复印件及无检疫性有害生物证明确定。

种子销售活动不受种子生产经营许可证载明的有效区域限制，但种子的终端销售地应当在品种审定、品种登记或标签标注的适宜区域内。

第十九条 种子生产经营许可证有效期为五年。

在有效期内变更主证载明事项的，应当向原发证机关申请变更并提交相应材料，原发证机关应当依法进行审查，办理变更手续。

在有效期内变更副证载明的生产种子的品种、地点等事项的，应当在播种三十日前向原发证机关申请变更并提交相应材料，申请材料齐全且符合法定形式的，原发证机关应当当场予以变更登记。

种子生产经营许可证期满后继续从事种子生产经营的，企业应当在期满六个月前重新提出申请。

第二十条 在种子生产经营许可证有效期内，有下列情形之一的，发证机关应当注销许可证，并予以公告：

（一）企业停止生产经营活动一年以上的；

（二）企业不再具备本办法规定的许可条件，经限期整改仍达不到要求的。

第五章 监督检查

第二十一条 有下列情形之一的，不需要办理种子生产经营许可证：

（一）农民个人自繁自用常规种子有剩余，在当地集贸市场上出售、串换的；

（二）在种子生产经营许可证载明的有效区域设立分支机构的；

（三）专门经营不再分装的包装种子的；

（四）受具有种子生产经营许可证的企业书面委托生产、代销其种子的。

前款第一项所称农民，是指以家庭联产承包责任制的形式签订农村土地承包合同的农民；所称当地集贸市场，是指农民所在的乡（镇）区域。农民个人出售、串换的种子数量不应超过其家庭联产承包土地的年度用种量。违反本款规定出售、串换种子的，视为无证生产经营种子。

第二十二条 种子生产经营者在种子生产经营许可证载明有效区域设立的分支机构，应当在取得或变更分支机构营业执照后十五个工作日内向当地县级农业主管部门备案。备案时应当提交分支机构的营业执照复印件、设立企业的种子生产经营许可证复印件以及分支机构名称、住所、负责人、联系方式等材料（式样见附件3）。

第二十三条 专门经营不再分装的包装种子或者受具有种子生产经营许可证的企业书面委托代销其种子的，应当在种子销售前向当地县级农业主管部门备案，并建立种子销售台账。备案时应当提交种子销售者的营业执照复印件、种子购销凭证或委托代销合同复印件，以及种子销售者名称、住所、经营方式、负责人、联系方式、销售地点、品种名称、种子数量等材料（式样见附件4）。种子销售台账应当如实记录销售种子的品种名称、种子数量、种子来源和种子去向。

第二十四条 受具有种子生产经营许可证的企业书面委托生产其种子的，应当在种子播种前向当地县级农业主管部门备案。备案时应当提交委托企业的种子生产经营许可证复印件、委托生产合同，以及种子生产者名称、住所、负责人、联系方式、品种名称、生产地点、生产面积等材料（式样见附件5）。受托生产杂交玉米、杂交稻种子的，还应当提交与生产所在地农户、农民合作组织或村委会的生产协议。

第二十五条 种子生产经营者应当建立包括种子田间生产、加工包装、销售流通等环节形成的原始记载或凭证的种子生产经营档案，具体内容如下：

（一）田间生产方面：技术负责人，作物类别、品种名称、亲本（原种）名称、亲本（原种）来源，生产地点、生产面积、播种日期、隔离措施、产地检疫、收获日期、种子产量等。委托种子生产的，还应当包括种子委托生产合同。

（二）加工包装方面：技术负责人，品种名称、生产地点，加工时间、加工地点、包装规格、种子批次、标签标注，入库时间、种子数量、质量检验报告等。

（三）流通销售方面：经办人，种子销售对象姓名及地址、品种名称、包装规格、销售数量、销售时间、销售票据。批量购销的，还应包括种子购销合同。

种子生产经营者应当至少保存种子生产经营档案五年，确保档案记载信息连续、完整、真实，保证可追溯。档案材料含有复印件的，应当注明复印时间并经相关责任人签章。

第二十六条 种子生产经营者应当按批次保存所生产经营的种子样品，样品至少保存该类作物两个生产周期。

第二十七条 申请人故意隐瞒有关情况或者提供虚假材料申请种子生产经营许可证的，农业主管部门应当不予许可，并将申请人的不良行为记录在案，纳入征信系统。申请人在一年内不得再次申请种子生产经营许可证。

申请人以欺骗、贿赂等不正当手段取得种子生产经营许可证的，农业主管部门应当撤销种子生产经营许可证，并将申请人的不良行为记录在案，纳入征信系统。申请人在三年内不得再次申请种子生产经营许可证。

第二十八条 农业主管部门应当对种子生产经营行为进行监督检查，发现不符合本办法的违法行为，按照《中华人民共和国种子法》有关规定进行处理。

核发、撤销、吊销、注销种子生产经营许可证的有关信息，农业主管部门应当依法予以公布，并在中国种业信息网上及时更新信息。

对管理过程中获知的种子生产经营者的商业秘密，农业主管部门及其工作人员应当依法保密。

第二十九条 上级农业主管部门应当对下级农业主管部门的种子生产经营许可行为进行监督检查。有下列情形的，责令改正，对直接负责的主管人员和其他直接责任人依法给予行政处分；构成犯罪的，依法移送司法机关追究刑事责任：

（一）未按核发权限发放种子生产经营许可证的；

（二）擅自降低核发标准发放种子生产经营许可证的；

（三）其他未依法核发种子生产经营许可证的。

第六章 附 则

第三十条 本办法所称种子生产经营，是指种植、采收、干燥、清选、分级、包衣、包装、标识、贮藏、销售及进出口种子的活动；种子生产是指繁（制）种的种植、采收的田间活动。

第三十一条 本办法所称种子加工成套设备，是指主机和配套系统相互匹配并固定安装在加工厂房内，实现种子精选、包衣、计量和包装基本功能的加工系统。主机主要包括风筛清选机（风选部分应具有前后吸风道，双沉降室；筛选部分应具有三层以上筛片）、比重式清选机和电脑计量包装设备；配套系统主要包括输送系统、储存系统、除尘系统、除杂系统和电控系统。

第三十二条 本办法规定的科研育种、生产、加工、检验、贮藏等设施设备，应为申请企业自有产权或自有资产，或者为其绝对控股子公司的自有产权或自有资产。办公场所应在种子生产经营许可证核发机关所辖行政区域，可以租赁。对申请企业绝对控股子公司的自有品种可以视为申请企业的自有品种。申请企业的绝对控股子公司不可重复利用上述办证条件申请办理种子生产经营许可证。

第三十三条 本办法所称不再分装的包装种子，是指按有关规定和标准包装的、不再分拆的最小包装种子。分装种子的，应当取得种子生产经营许可证，保证种子包装的完整性，并对其所分装种子负责。

有性繁殖作物的籽粒、果实，包括颖果、荚果、蒴果、核果等以及马铃薯微型脱毒种薯应当包装。无性繁殖的器官和组织、种苗以及不宜包装的非籽粒种子可以不包装。

种子包装应当符合有关国家标准或者行业标准。

第三十四条 转基因农作物种子生产经营许可管理规定，由农业部另行制定。

第三十五条 申请领取鲜食、爆裂玉米的种子生产经营许可证的，按非主要农作物种子的许可条件办理。

第三十六条 生产经营无性繁殖的器官和组织、种苗、种薯以及不宜包装的非籽粒种子的，应当具有相适应的设施、设备、品种及人员，具体办法由省级农业主管部门制定，报农业部备案。

第三十七条 没有设立农业主管部门的行政区域，种子生产经营许可证由上级行政区域农业主管部门审核、核发。

第三十八条 种子生产经营许可证由农业部统一印制，相关表格格式由农业部统一制定。种子生产经营许可证的申请、受理、审核、核发和打印，以及种子生产经营备案管理，在中国种业信息网统一进行。

第三十九条 本办法自2016年8月15日起施行。农业部2011年8月22日公布、2015年4月29日修订的《农作物种子生产经营许可管理办法》(农业部令2011年第3号)和2001年2月26日公布的《农作物商品种子加工包装规定》(农业部令第50号)同时废止。

本办法施行之日前已取得的农作物种子生产、经营许可证有效期不变，有效期在本办法公布之日至2016年8月15日届满的企业，其原有种子生产、经营许可证的有效期自动延展至2016年12月31日。

本办法施行之日前已取得农作物种子生产、经营许可证且在有效期内，申请变更许可证载明事项的，按本办法第十三条规定程序办理。

附件：1. 农作物种子生产经营许可证申请表（式样）

2. 农作物种子生产经营许可证（式样）

3. 农作物种子生产经营备案表（分支机构）（式样）

4. 农作物种子生产经营备案表（经营代销种子/经营不分装种子）（式样）

5. 农作物种子生产经营备案表（种子生产者）（式样）

附件 1

农作物种子生产经营许可证申请表（式样）

（ ）农种申字（ ）第 号

<table>
<tr><td colspan="2">申请单位名称</td><td colspan="4"></td></tr>
<tr><td colspan="2">统一社会信用代码</td><td colspan="4"></td></tr>
<tr><td colspan="2">注册地址</td><td colspan="4"></td></tr>
<tr><td colspan="2">通讯地址</td><td colspan="4"></td></tr>
<tr><td colspan="2">法定代表人</td><td></td><td colspan="2">法定代表人身份证号</td><td></td></tr>
<tr><td colspan="2">联系人</td><td></td><td colspan="2">联系电话</td><td></td></tr>
<tr><td colspan="2">邮政编码</td><td></td><td colspan="2">电子邮箱</td><td></td></tr>
<tr><td rowspan="6">基本情况</td><td>种子生产人员</td><td>名</td><td>加工贮藏人员</td><td colspan="2">名</td></tr>
<tr><td>种子检验人员</td><td>名</td><td>科研育种人员</td><td colspan="2">名</td></tr>
<tr><td>检验仪器</td><td>台</td><td>检验室面积</td><td colspan="2">平方米</td></tr>
<tr><td>加工成套设备</td><td>吨/小时</td><td>加工厂房面积</td><td colspan="2">平方米</td></tr>
<tr><td>仓库面积</td><td>平方米</td><td>办公场所面积</td><td colspan="2">平方米</td></tr>
<tr><td>科研室面积</td><td>平方米</td><td>生产基地面积</td><td colspan="2">亩</td></tr>
<tr><td rowspan="10">申请事项</td><td>生产经营范围</td><td colspan="4"></td></tr>
<tr><td>生产经营方式</td><td colspan="4"></td></tr>
<tr><td>生产经营区域</td><td colspan="4"></td></tr>
</table>

作物种类	品种名称	品种审定（登记）编号	植物新品种权号	生产地点	加工包装地点

申请单位： 负责人(签章) 年 月 日	审核机关： 负责人(签章) 年 月 日

注：申请生产经营种子的作物种类和品种较多的，可另附页。

本表一式三份，申请单位一份、受理机关二份。

附件 2

(许可信息代码标注位置)

农作物种子生产经营许可证（主证式样）

许可证编号：______（　　）农种许字（　　）第　　号

企业名称：________________

住所：________________

法定代表人：________________

生产经营范围：________________

生产经营方式：________________

有效区域：________________

有效期至：________________

统一社会信用代码：________________

发证机关（盖章）

年　月　日

(许可信息代码标注位置)

农作物种子生产经营许可证（副证式样）

企业名称：　　　许可证编号：______（　　）农种许字（　　）第　　号

发证日期：　　　有效期至：

作物种类	种子类别	品种名称	品种审定(登记)编号	种子生产地点	备注

经办人（签章）：　　　　打印日期：____年____月____日

附件 3

农作物种子生产经营备案表（式样）

（类型：分支机构）

分支机构名称：________________　统一社会信用代码：________________

住所：________________　种子生产经营区域：________________

负责人：________（签章）　联系方式：________________

设立企业的种子生产经营许可证编号：________________

备案日期：____年____月____日

备案机关：________________农业主管部门（盖章）

本表一式三份，分支机构一份、备案机关二份。

附件 4

农作物种子生产经营备案表（式样）

（类型：经营代销种子/经营不分装种子）

备案者名称：________________ 统一社会信用代码：________________

住所：________________ 种子销售地点：________________

负责人：________（签章） 联系电话：________________

备案日期：____年____月____日

备案机关：________________农业主管部门（盖章）

序号	作物种类	种子类别	品种名称	种子数量/公斤	备注

本表一式三份，种子经营者一份、备案机关二份。

附件 5

农作物种子生产经营备案表（式样）

（类型：种子生产者）

生产者名称：________________ 类别：________企业/农户

身份证号码：________________ 住所：________________

负责人：________（签章） 联系电话：________________

备案日期：____年____月____日

备案机关：________________农业主管部门（盖章）

序号	作物种类	种子类别	品种名称	生产地点	生产面积/亩	委托企业			备注
						单位名称	种子生产经营许可证号码	统一社会信用代码	

本表一式三份，种子生产者一份、备案机关二份。

六、农业转基因生物安全管理条例第二版（2011 年）

第一章 总 则

第一条 为了加强农业转基因生物安全管理，保障人体健康和动植物、微生物安全，保护生态环境，促进农业转基因生物技术研究，制定本条例。

第二条 在中华人民共和国境内从事农业转基因生物的研究、试验、生产、加工、经营和进口、出口活动，必须遵守本条例。

第三条 本条例所称农业转基因生物，是指利用基因工程技术改变基因组构成，用于农业生产或者农产品加工的动植物、微生物及其产品，主要包括：

（一）转基因动植物（含种子、种畜禽、水产苗种）和微生物；

（二）转基因动植物、微生物产品；

（三）转基因农产品的直接加工品；

（四）含有转基因动植物、微生物或者其产品成分的种子、种畜禽、水产苗种、农药、兽药、肥料和添加剂等产品。

本条例所称农业转基因生物安全，是指防范农业转基因生物对人类、动植物、微生物和生态环境构成的危险或者潜在风险。

第四条 国务院农业行政主管部门负责全国农业转基因生物安全的监督管理工作。

县级以上地方各级人民政府农业行政主管部门负责本行政区域内的农业转基因生物安全的监督管理工作。

县级以上各级人民政府有关部门依照《中华人民共和国食品安全法》的有关规定，负责转基因食品安全的监督管理工作。

第五条 国务院建立农业转基因生物安全管理部际联席会议制度。

农业转基因生物安全管理部际联席会议由农业、科技、环境保护、卫生、外经贸、检验检疫等有关部门的负责人组成，负责研究、协调农业转基因生物安全管理工作中的重大问题。

第六条 国家对农业转基因生物安全实行分级管理评价制度。

农业转基因生物按照其对人类、动植物、微生物和生态环境的危险程度，分为Ⅰ、Ⅱ、Ⅲ、Ⅳ四个等级。具体划分标准由国务院农业行政主管部门制定。

第七条 国家建立农业转基因生物安全评价制度。

农业转基因生物安全评价的标准和技术规范，由国务院农业行政主管部门制定。

第八条 国家对农业转基因生物实行标识制度。

实施标识管理的农业转基因生物目录，由国务院农业行政主管部门商国务院有关部门制定、调整并公布。

第二章 研究与试验

第九条 国务院农业行政主管部门应当加强农业转基因生物研究与试验的安全评价管理工作，并设立农业转基因生物安全委员会，负责农业转基因生物的安全评价工作。

农业转基因生物安全委员会由从事农业转基因生物研究、生产、加工、检验检疫以及卫生、环境保护等方面的专家组成。

第十条 国务院农业行政主管部门根据农业转基因生物安全评价工作的需要，可以委托具备检测条件和能力的技术检测机构对农业转基因生物进行检测。

第十一条 从事农业转基因生物研究与试验的单位，应当具备与安全等级相适应的安全设施和措施，确保农业转基因生物研究与试验的安全，并成立农业转基因生物安全小组，负责本单位农业转基因生物研究与试验的安全工作。

第十二条 从事Ⅲ、Ⅳ级农业转基因生物研究的，应当在研究开始前向国务院农业行政主管部门报告。

第十三条 农业转基因生物试验，一般应当经过中间试验、环境释放和生产性试验三个阶段。

中间试验，是指在控制系统内或者控制条件下进行的小规模试验。

环境释放，是指在自然条件下采取相应安全措施所进行的中规模的试验。

生产性试验，是指在生产和应用前进行的较大规模的试验。

第十四条 农业转基因生物在实验室研究结束后，需要转入中间试验的，试验单位应当向国务院农业行政主管部门报告。

第十五条 农业转基因生物试验需要从上一试验阶段转入下一试验阶段的，试验单位应当向国务院农业行政主管部门提出申请；经农业转基因生物安全委员会进行安全评价合格的，由国务院农业行政主管部门批准转入下一试验阶段。

试验单位提出前款申请，应当提供下列材料：

（一）农业转基因生物的安全等级和确定安全等级的依据；

（二）农业转基因生物技术检测机构出具的检测报告；

（三）相应的安全管理、防范措施；

（四）上一试验阶段的试验报告。

第十六条 从事农业转基因生物试验的单位在生产性试验结束后，可以向国务院农业行政主管部门申请领取农业转基因生物安全证书。

试验单位提出前款申请，应当提供下列材料：

（一）农业转基因生物的安全等级和确定安全等级的依据；

（二）农业转基因生物技术检测机构出具的检测报告；

（三）生产性试验的总结报告；

（四）国务院农业行政主管部门规定的其他材料。

国务院农业行政主管部门收到申请后，应当组织农业转基因生物安全委员会进行安全评价；安全评价合格的，方可颁发农业转基因生物安全证书。

第十七条 转基因植物种子、种畜禽、水产苗种，利用农业转基因生物生产的或者含有农业转基因生物成分的种子、种畜禽、水产苗种、农药、兽药、肥料和添加剂等，在依照有关法律、行政法规的规定进行审定、登记或者评价、审批前，应当依照本条例第十六条的规定取得农业转基因生物安全证书。

第十八条 中外合作、合资或者外方独资在中华人民共和国境内从事农业转基因生物研究与试验的，应当经国务院农业行政主管部门批准。

第三章 生产与加工

第十九条 生产转基因植物种子、种畜禽、水产苗种，应当取得国务院农业行政主管部门颁发的种子、种畜禽、水产苗种生产许可证。

生产单位和个人申请转基因植物种子、种畜禽、水产苗种生产许可证，除应当符合有关法律、行政法规规定的条件外，还应当符合下列条件：

（一）取得农业转基因生物安全证书并通过品种审定；

（二）在指定的区域种植或者养殖；

（三）有相应的安全管理、防范措施；

（四）国务院农业行政主管部门规定的其他条件。

第二十条 生产转基因植物种子、种畜禽、水产苗种的单位和个人，应当建立生产档案，载明生产地点、基因及其来源、转基因的方法以及种子、种畜禽、水产苗种流向等内容。

第二十一条 单位和个人从事农业转基因生物生产、加工的，应当由国务院农业行政主管部门或者省、自治区、直辖市人民政府农业行政主管部门批准。具体办法由国务院农业行政主管部门制定。

第二十二条 农民养殖、种植转基因动植物的，由种子、种畜禽、水产苗种销售单位依照本条例第二十一条的规定代办审批手续。审批部门和代办单位不得向农民收取审批、代办费用。

第二十三条 从事农业转基因生物生产、加工的单位和个人，应当按照批准的品种、范围、安全管理要求和相应的技术标准组织生产、加工，并定期向所在地县级人民政府农业行政主管部门提供生产、加工、安全管理情况和产品流向的报告。

第二十四条 农业转基因生物在生产、加工过程中发生基因安全事故时，生产、加工单位和个人应当立即采取安全补救措施，并向所在地县级人民政府农业行政主管部门报告。

第二十五条 从事农业转基因生物运输、贮存的单位和个人，应当采取与农业转基因生物安全等级相适应的安全控制措施，确保农业转基因生物运输、贮存的安全。

第四章 经 营

第二十六条 经营转基因植物种子、种畜禽、水产苗种的单位和个人，应当取得国务院农业行政主管部门颁发的种子、种畜禽、水产苗种经营许可证。

经营单位和个人申请转基因植物种子、种畜禽、水产苗种经营许可证，除应当符合有关法律、行政法规规定的条件外，还应当符合下列条件：

（一）有专门的管理人员和经营档案；

（二）有相应的安全管理、防范措施；

（三）国务院农业行政主管部门规定的其他条件。

第二十七条 经营转基因植物种子、种畜禽、水产苗种的单位和个人，应当建立经营档案，载明种子、种畜禽、水产苗种的来源、贮存、运输和销售去向等内容。

第二十八条 在中华人民共和国境内销售列入农业转基因生物目录的农业转基因生物，应当有明显的标识。

列入农业转基因生物目录的农业转基因生物，由生产、分装单位和个人负责标识；未标识的，不得销售。经营单位和个人在进货时，应当对货物和标识进行核对。经营单位和个人拆开原包装进行销售的，应当重新标识。

第二十九条 农业转基因生物标识应当载明产品中含有转基因成分的主要原料名称；有特殊销售范围要求的，还应当载明销售范围，并在指定范围内销售。

第三十条 农业转基因生物的广告，应当经国务院农业行政主管部门审查批准后，方可刊登、播放、设置和张贴。

第五章 进口与出口

第三十一条 从中华人民共和国境外引进农业转基因生物用于研究、试验的，引进单位应当向国务院农业行政主管部门提出申请；符合下列条件的，国务院农业行政主管部门方可批准：

（一）具有国务院农业行政主管部门规定的申请资格；

（二）引进的农业转基因生物在国（境）外已经进行了相应的研究、试验；

（三）有相应的安全管理、防范措施。

第三十二条 境外公司向中华人民共和国出口转基因植物种子、种畜禽、水产苗种和利用农业转基因生物生产的或者含有农业转基因生物成分的植物种子、种畜禽、水产苗种、农药、兽药、肥料和添加剂的，应当向国务院农业行政主管部门提出申请；符合下列条件的，国务院农业行政主管部门方可批准试验材料入境并依照本条例的规定进行中间试验、环境释放和生产性试验：

（一）输出国家或者地区已经允许作为相应用途并投放市场；

（二）输出国家或者地区经过科学试验证明对人类、动植物、微生物和生态环境无害；

（三）有相应的安全管理、防范措施。

生产性试验结束后，经安全评价合格，并取得农业转基因生物安全证书后，方可依照有关法律、行政法规的规定办理审定、登记或者评价、审批手续。

第三十三条 境外公司向中华人民共和国出口农业转基因生物用作加工原料的，应当向国务院农业行政主管部门提出申请；符合下列条件，并经安全评价合格的，由国务院农业行政主管部门颁发农业转基因生物安全证书：

（一）输出国家或者地区已经允许作为相应用途并投放市场；

（二）输出国家或者地区经过科学试验证明对人类、动植物、微生物和生态环境无害；

（三）经农业转基因生物技术检测机构检测，确认对人类、动植物、微生物和生态环境不存在危险；

（四）有相应的安全管理、防范措施。

第三十四条 从中华人民共和国境外引进农业转基因生物的，或者向中华人民共和国出口农业转基因生物的，引进单位或者境外公司应当凭国务院农业行政主管部门颁发的农业转基因生物安全证书和相关批准文件，向口岸出入境检验检疫机构报检；经检疫合格后，方可向海关申请办理有关手续。

第三十五条 农业转基因生物在中华人民共和国过境转移的，货主应当事先向国家出入境检验检疫部门提出申请；经批准方可过境转移，并遵守中华人民共和国有关法律、行政法规的规定。

第三十六条 国务院农业行政主管部门、国家出入境检验检疫部门应当自收到申请人申请之日起270日内作出批准或者不批准的决定，并通知申请人。

第三十七条 向中华人民共和国境外出口农产品，外方要求提供非转基因农产品证明的，由口岸出入境检验检疫机构根据国务院农业行政主管部门发布的转基因农产品信息，进行检测并出具非转基因农产品证明。

第三十八条 进口农业转基因生物，没有国务院农业行政主管部门颁发的农业转基因生物安全证书和相关批准文件的，或者与证书、批准文件不符的，作退货或者销毁处理。进口农业转基因生物不按照规定标识的，重新标识后方可入境。

第六章 监督检查

第三十九条 农业行政主管部门履行监督检查职责时，有权采取下列措施：

（一）询问被检查的研究、试验、生产、加工、经营或者进口、出口的单位和个人、利害关系人、证明人，并要求其提供与农业转基因生物安全有关的证明材料或者其他资料；

（二）查阅或者复制农业转基因生物研究、试验、生产、加工、经营或者进口、出口的有关档案、账册和资料等；

（三）要求有关单位和个人就有关农业转基因生物安全的问题作出说明；

（四）责令违反农业转基因生物安全管理的单位和个人停止违法行为；

（五）在紧急情况下，对非法研究、试验、生产、加工、经营或者进口、出口的农业转基因生物实施封存或者扣押。

第四十条 农业行政主管部门工作人员在监督检查时，应当出示执法证件。

第四十一条 有关单位和个人对农业行政主管部门的监督检查，应当予以支持、配合，不得拒绝、阻碍监督检查人员依法执行职务。

第四十二条 发现农业转基因生物对人类、动植物和生态环境存在危险时，国务院农业行政主管部门有权宣布禁止生产、加工、经营和进口，收回农业转基因生物安全证书，销毁有关存在危险的农业转基因生物。

第七章 罚 则

第四十三条 违反本条例规定，从事Ⅲ、Ⅳ级农业转基因生物研究或者进行中间试验，未向国务院农业行政主管部门报告的，由国务院农业行政主管部门责令暂停研究或者中间试验，限期改正。

第四十四条 违反本条例规定，未经批准擅自从事环境释放、生产性试验的，已获批准但未按照规定采取安全管理、防范措施的，或者超过批准范围进行试验的，由国务院农业行政主管部门或者省、自治区、直辖市人民政府农业行政主管部门依据职权，责令停止试验，并处1万元以上5万元以下的罚款。

第四十五条 违反本条例规定，在生产性试验结束后，未取得农业转基因生物安全证书，擅自将农业转基因生物投入生产和应用的，由国务院农业行政主管部门责令停止生产和应用，并处2万元以上10万元以下的罚款。

第四十六条 违反本条例第十八条规定，未经国务院农业行政主管部门批准，从事农业转基因生物研究与试验的，由国务院农业行政主管部门责令立即停止研究与试验，限期补办审批手续。

第四十七条 违反本条例规定，未经批准生产、加工农业转基因生物或者未按照批准的品种、范围、安全管理要求和技术标准生产、加工的，由国务院农业行政主管部门或者省、自治区、直辖市人民政府农业行政主管部门依据职权，责令停止生产或者加工，没收违法生产或者加工的产品及违法所得；违法所得10万元以上的，并处违法所得1倍以上5倍以下的罚款；没有违法所得或者违法所得不足10万元的，并处10万元以上20万元以下的罚款。

第四十八条 违反本条例规定，转基因植物种子、种畜禽、水产苗种的生产、经营单位和个人，未按照规定制作、保存生产、经营档案的，由县级以上人民政府农业行政主管部门依据职权，责令改正，处1000元以上1万元以下的罚款。

第四十九条 违反本条例规定，转基因植物种子、种畜禽、水产苗种的销售单位，不履行审批手续代办义务或者在代办过程中收取代办费用的，由国务院农业行政主管部门责令改正，处2万元以下的罚款。

第五十条 违反本条例规定，未经国务院农业行政主管部门批准，擅自进口农业转基因生物的，由国务院农业行政主管部门责令停止进口，没收已进口的产品和违法所得；违法所得10万元以上的，并处违法所得1倍以上5倍以下的罚款；没有违法所得或者违法所得不足10万元的，并处10万元以上20万元以下的罚款。

第五十一条 违反本条例规定，进口、携带、邮寄农业转基因生物未向口岸出入境检验检疫机构报检的，或者未经国家出入境检验检疫部门批准过境转移农业转基因生物的，由口岸出入境检验检疫机构或者国家出入境检验检疫部门比照进出境动植物检疫法的有关规定处罚。

第五十二条 违反本条例关于农业转基因生物标识管理规定的，由县级以上人民政府农业行政主管部门依据职权，责令限期改正，可以没收非法销售的产品和违法所得，并可以处1万元以上5万元以下的罚款。

第五十三条 假冒、伪造、转让或者买卖农业转基因生物有关证明文书的，由县级以上人民政府农业行政主管部门依据职权，收缴相应的证明文书，并处2万元以上10万元以下的罚款；构成犯罪的，依法追究刑事责任。

第五十四条 违反本条例规定，在研究、试验、生产、加工、贮存、运输、销售或者进口、出口农业转基因生物过程中发生基因安全事故，造成损害的，依法承担赔偿责任。

第五十五条 国务院农业行政主管部门或者省、自治区、直辖市人民政府农业行政主管部门违反本条例规定核发许可证、农业转基因生物安全证书以及其他批准文件的，或者核发许可证、农业转基因生物安全证书以及其他批准文件后不履行监督管理职责的，对直接负责的主管人员和其他直接责任人员依法给予行政处分；构成犯罪的，依法追究刑事责任。

第八章　附　　则

第五十六条 本条例自公布之日起施行。

七、植物检疫条例

(1983年1月3日国务院发布)

(1992年5月13日根据《国务院关于修改〈植物检疫条例〉的决定》修订发布)

第一条 为了防止危害植物的危险性病、虫、杂草传播蔓延，保护农业、林业生产安全，制定本条例。

第二条 国务院农业主管部门、林业主管部门主管全国的植物检疫工作，各省、自治区、直辖市农业主管部门、林业主管部门主管本地区的植物检疫工作。

第三条 县级以上地方各级农业主管部门、林业主管部门所属的植物检疫机构，负责执行国家的植物检疫任务。植物检疫人员进入车站、机场、港口、仓库以及其他有关场所执行植物检疫任务，应穿着检疫制服和佩带检疫标志。

第四条 凡局部地区发生的危险性大、能随植物及其产品传播的病、虫、杂草，应定为植物检疫对象。农业、林业植物检疫对象和应施检疫的植物、植物产品名单，由国务院农业主管部门、林业主管部门制定。各省、自治区、直辖市农业主管部门、林业主管部门可以根据本地区的需要，制定本省、自治区、直辖市的补充名单，并报国务院农业主管部门、林业主管部门备案。

第五条 局部地区发生植物检疫对象的，应划为疫区，采取封锁、消灭措施，防止植物检疫对象传出；发生地区已比较普遍的，则应将未发生地区划为保护区，防止植物检疫对象传入。疫区应根据植物检疫对象的传播情况、当地的地理环境、交通状况以及采取封锁、消灭措施的需要来划定，其范围应严格控制。在发生疫情的地区，植物检疫机构可以派人参加当地的道路联合检查站或者木树检查站；发生特大疫情时，经省、自治区、直辖市人民政府批准，可以设立植物检疫检查站，开展植物检疫工作。

第六条 疫区和保护区的划定，由省、自治区、直辖市农业主管部门、林业主管部门提出，报省、自治区、直辖市人民政府批准，并报国务院农业主管部门、林业主管部门备案。疫区和保护区的范围涉及两省、自治区、直辖市以上的，由有关省、自治区、直辖市农业主管部门、林业主管部门共同提出，报国务院农业主管部门、林业主管部门批准后划定。疫区、保护区的改变和撤销的程序，与划定时同。

第七条 调运植物和植物产品，属于下列情况的，必须经过检疫：

（一）列入应施检疫的植物、植物产品名单的，运出发生疫情的县级行政区域之前，必须经过检疫；

（二）凡种子、苗木和其他繁殖材料，不论是否列入应施检疫的植物、植物产品名单和运往何地，在调运之前，都必须经过检疫。

第八条 按照本条例第七条的规定必须检疫的植物和植物产品，经检疫未发现植物检疫对象的，发给植物检疫证书。发现有植物检疫对象、但能彻底消毒处理的，托运人应按植物检疫机构的要求，在指定地点作消毒处理，经检查合格后发给植物检疫证书；无法消毒处理的，应停止调运。植物检疫证书的格式由国务院农业主管部门、林业主管部门制定。对可能被植物检疫对象污染的包装材料、运载工具、场地、仓库等，也应实施检疫。如已被污染，托运人应按植物检疫机构的要求处理。因实施检疫需要的车船停留、货物搬运、开拆、取样、储存、消毒处理等费用，由托运人负责。

第九条 按照本条例第七条的规定必须检疫的植物和植物产品，交通运输部门和邮政部门一律凭植物检疫证书承运或收寄。植物检疫证书应随货运寄。具体办法由国务院农业主管部门、林业主管部门会同铁路、交通、民航、邮政部门制定。

第十条 省、自治区、直辖市间调运本条例第七条规定经过检疫的植物和植物产品的，调入单位必须事先征得所在地的省、自治区、直辖市植物检疫机构同意，并向调出单位提出检疫要求；调出单位必须根据该检疫要求向所在地的省、自治区、直辖市植物检疫机构申请检疫。对调入的植物和植物产品，调入单位所在地的省、自治区、直辖市的植物检疫机构应当查验检疫证书，必要时可以复检。省、自治区、直辖市内调运植物和植物产品的检疫办法，由省、自治区、直辖市人民政府规定。

第十一条 种子、苗木和其他繁殖材料的繁育单位，必须有计划地建立无植物检疫对象的种苗繁育基地、母树林基地。试验推广的种子、苗木和其他繁殖材料，不得带有植物检疫对象。植物检疫机构应实施产地检疫。

第十二条 从国外引进种子、苗木，引进单位应当向所在地的省、自治区、直辖市植物检疫机构提出申请，办理检疫审批手续。但是，国务院有关部门所属的在京单位从国外引进种子、苗木，应当向国务院农业主管部门、林业主管部门所属的植物检疫机构提出申请，办理检疫审批手续。具体办法由国务院农业主管部门、林业主管部门制定。从国外引进、可能潜伏有危险性病、虫的种子、苗木和其他繁殖材料，必须隔离试种，植物检疫机构应进行调查、观察和检疫，证明确实不带危险性病、虫的，方可分散种植。

第十三条 农林院校和试验研究单位对植物检疫对象的研究，不得在检疫对象的疫区进行。如教学、科研确需在非疫区进行时，属于国务院主管部门、林业主管部门规定的核物检疫对象须经国务院农业主管部门、林业主管部门批准，属于省、自治区、直辖市规定的植物检疫对象须经省、自治区、直辖市农业主管部门、林业主管部门批准，并应采取严密措施防止扩散。

第十四条 植物检疫机构对于新发现的检疫对象和其他危险性病、虫、杂草，必须及时查清情况，立即报告省、自治区、直辖市农业主管部门、林业主管部门，采取措施，彻底消灭，并报告国务院农业主管部门、林业主管部门。

第十五条 疫情由国务院农业主管部门、林业主管部门发布。

第十六条 按照本条例第五条第一款和第十四条的规定，进行疫情调查和采取消灭措施所需的紧急防治费和补助费，由省、自治区、直辖市在每年的植物保护费、森林保护费或者国有农场生产费中安排。特大疫情的防治费，国家酌情给予补助。

第十七条 在植物检疫工作中作出显著成绩的单位和个人，由人民政府给予奖励。

第十八条 有下列行为之一的，植物检疫机构应当责令纠正，可以处以罚款；造成损失的，应当负责赔偿；构成犯罪的，由司法机关依法追究刑事责任：

（一）未依照本条例规定办理植物检疫证书或者在报检过程中弄虚作假的；

（二）伪造、涂改、买卖、转让植物检疫单证、印章、标志、封识的；

（三）未依照本条例规定调运、隔离试种或者生产应施检疫的植物、植物产品的；

（四）违反本条例规定，擅自开拆植物、植物产品包装，调换植物、植物产品，或者擅自改变植物、植物产品的规定用途的；

（五）违反本条例规定，引起疫情扩散的。有前款第（一）、（二）、（三）、（四）项所列情形之一，尚不构成犯罪的，植物检疫机构可以没收非法所得。对违反本条例规定调运的植物和植物产品，植物检疫机构有权予以封存、没收、销毁或者责令改变用途。销毁所需费用由责任人承担。

第十九条 植物检疫人员在植物检疫工作中，交通运输部门和邮政部门有关工作人员在植物、植物产品的运输，邮寄工作中，徇私舞弊、玩忽职守的，由其所在单位或者上级。主管机关给予行政处分；构成犯罪的，由司法机关依法追究刑事责任。

第二十条 当事人对植物检疫机构的行政处罚决定不服的，可以自接到处罚决定通知书之日起15日内，向作出行政处罚决定的植物检疫机构的上级机构申请复议；对复议决定不服的，可以自接到复议决定书之日起15日内向人民法院提起诉讼。当事人逾期不申请复议或者不起诉又不履行行政处罚决定的，植物检疫机构可以申请人民法院强制执行或者依法强制执行。

第二十一条 植物检疫机构执行检疫任务可以收取检疫费，具体办法由国务院农业主管部门、林业主管部门制定。

第二十二条 进出口植物的检疫，按照《中华人民共和国进出境动植物检疫法》的规定执行。

第二十三条 本条例的实施细则由国务院农业主管部门、林业主管部门制定。各省、自治区、直辖市可根据本条例及其实施细则，结合当地具体情况，制定实施办法。

第二十四条 本条例自发布之日起施行。国务院批准、农业部1957年12月4日发布的《国内植物检疫试行办法》同时废止。

八、农作物种质资源管理办法

（2003年7月8日发布）

第一章 总 则

第一条 为了加强农作物种质资源的保护，促进农作物种质资源的交流和利用，根据《中华人民共和国种子法》的规定，制定本办法。

第二条 在中华人民共和国境内从事农作物种质资源收集、整理、鉴定、登记、保存、交流、利用和管理等活动，适用本办法。

第三条 本办法所称农作物种质资源，是指选育农作物新品种的基础材料，包括农作物的栽培种、野生种和濒危稀有种的繁殖材料，以及利用上述繁殖材料人工创造的各种遗传材料，其形态包括果实、籽粒、苗、根、茎、叶、芽、花、组织、细胞和DNA、DNA片段及基因等有生命的物质材料。

第四条 农业部设立国家农作物种质资源委员会，研究提出国家农作物种质资源发展战略和方针政策，协调全国农作物种质资源的管理工作。委员会办公室设在农业部种植业管理司，负责委员会的日常工作。

各省、自治区、直辖市农业行政主管部门可根据需要，确定相应的农作物种质资源管理单位。

第五条 农作物种质资源工作属于公益性事业，国家及地方政府有关部门应当采取措施，保障农作物种质资源工作的稳定和经费来源。

第六条 国家对在农作物种质资源收集、整理、鉴定、登记、保存、交流、引进、利用和管理过程中成绩显著的单位和个人，给予表彰和奖励。

第二章 农作物种质资源收集

第七条 国家有计划地组织农作物种质资源普查、重点考察和收集工作。因工程建设、环境变化等情况可能造成农作物种质资源灭绝的，应当及时组织抢救收集。

第八条 禁止采集或采伐列入国家重点保护野生植物名录的野生种、野生近缘种、濒危稀有种和保护区、保护地、种质圃内的农作物种质资源。

因科研等特殊情况需要采集或采伐列入国家重点保护野生植物名录的野生种、野生近缘种、濒危稀有种种质资源的，应当按照国务院及农业部有关野生植物管理的规定，办理审批手续；需要采集或采伐保护区、保护地、种质圃内种质资源的，应当经建立该保护区、保护地、种质圃的农业行政主管部门批准。

第九条 农作物种质资源的采集数量应当以不影响原始居群的遗传完整性及其正常生长为标准。

第十条 未经批准，境外人员不得在中国境内采集农作物种质资源。中外科学家联合考察我国农作物种质资源的，应当提前 6 个月报经农业部批准。

采集的农作物种质资源需要带出境外的，应当按照本办法的规定办理对外提供农作物种质资源审批手续。

第十一条 收集种质资源应当建立原始档案，详细记载材料名称、基本特征特性、采集地点和时间、采集数量、采集人等。

第十二条 收集的所有农作物种质资源及其原始档案应当送交国家种质库登记保存。

第十三条 申请品种审定的单位和个人，应当将适量繁殖材料（包括杂交亲本繁殖材料）交国家种质库登记保存。

第十四条 单位和个人持有国家尚未登记保存的种质资源的，有义务送交国家种质库保存。

当事人可以将种质资源送交当地农业行政主管部门或农业科研机构，地方农业行政主管部门或农业科研机构应当及时将收到的种质资源送交国家种质库保存。

第三章 农作物种质资源鉴定、登记和保存

第十五条 对收集的所有农作物种质资源应当进行植物学类别和主要农艺性状鉴定。

农作物种质资源的鉴定实行国家统一标准制度，具体标准由农业部根据国家农作物种质资源委员会的建议制定和公布。

农作物种质资源的登记实行统一编号制度，任何单位和个人不得更改国家统一编号和名称。

第十六条 农作物种质资源保存实行原生境保存和非原生境保存相结合的制度。

原生境保存包括建立农作物种质资源保护区和保护地，非原生境保存包括建立各种类型的种质库、种质圃及试管苗库。

第十七条 农业部在农业植物多样性中心、重要农作物野生种及野生近缘植物原生地以及其他农业野生资源富集区，建立农作物种质资源保护区或保护地。

第十八条 农业部建立国家农作物种质库，包括长期种质库及其复份库、中期种质库、种质圃及试管苗库。

长期种质库负责全国农作物种质资源的长期保存；复份库负责长期种质库贮存种质的备份保存；中期种质库负责种质的中期保存、特性鉴定、繁殖和分发；种质圃及试管苗库负责无性繁殖作物及多年生作物种质的保存、特性鉴定、繁殖和分发。

国家和地方有关部门应当采取措施，保障国家种质库的正常运转和种质资源安全。

第十九条 各省、自治区、直辖市根据需要建立本地区的农作物种质资源保护区、保护地、种质圃和中期种质库。

第四章 农作物种质资源繁殖和利用

第二十条 国家鼓励单位和个人从事农作物种质资源研究和创新。

第二十一条 国家长期种质库保存的种质资源属国家战略资源，未经农业部批准，任何单位和个人不得动用。

因国家中期种质库保存的种质资源绝种，需要从国家长期种质库取种繁殖的，应当报农业部审批。

国家长期种质库应当定期检测库存种质资源，当库存种质资源活力降低或数量减少影响种质资源安全时，应当及时繁殖补充。

第二十二条 国家中期种质库应当定期繁殖更新库存种质资源，保证库存种质资源活力和数量；国家种质圃应当定期更新复壮圃存种质资源，保证圃存种质资源的生长势。国家有关部门应保障其繁殖更新费用。

第二十三条 农业部根据国家农作物种质资源委员会的建议，定期公布可供利用的农作物种质资源目录，并评选推荐优异种质资源。

因科研和育种需要目录中农作物种质资源的单位和个人，可以向国家中期种质库、种质圃提出申请。对符合国家中期种质库、种质圃提供种质资源条件的，国家中期种质库、种质圃应当迅速、免费向申请者提供适量种质材料。如需收费，不得超过繁种等所需的最低费用。

第二十四条 从国家获取的种质资源不得直接申请新品种保护及其他知识产权。

第二十五条 从国家中期种质库、种质圃获取种质资源的单位和个人应当及时向国家中期种质库、种质圃反馈种质资源利用信息，对不反馈信息者，国家中期种质库、种质圃有权不再向其提供种质资源。

国家中期种质库、种质圃应当定期向国家农作物种质资源委员会办公室上报种质资源发放和利用情况。

第二十六条 各省、自治区、直辖市农业行政主管部门可以根据本办法和本地区实际情况，制定本地区的农作物种质资源发放和利用办法。

第五章 农作物种质资源国际交流

第二十七条 国家对农作物种质资源享有主权，任何单位和个人向境外提供种质资源，应当经所在地省、自治区、直辖市农业行政主管部门审核，报农业部审批。

第二十八条 对外提供农作物种质资源实行分类管理制度，农业部定期修订分类管理目录。

第二十九条 对外提供农作物种质资源按以下程序办理：

（一）对外提供种质资源的单位和个人按规定的格式及要求填写《对外提供农作物种质资源申请表》，提交对外提供种质资源说明，向所在地省、自治区、直辖市农业行政主管部门提出申请。

（二）省、自治区、直辖市农业行政主管部门应当在收到申请材料之日起10日内完成审核工作。审核通过的，报农业部审批。

（三）农业部应当在收到审核意见之日起10日内完成审批工作。审批通过的，开具《对外提供农作物种质资源准许证》，加盖“农业部对外提供农作物种质资源审批专用章”。

（四）对外提供种质资源的单位和个人持《对外提供农作物种质资源准许证》到检疫机关办理检疫审批手续。

（五）《对外提供农作物种质资源准许证》和检疫通关证明作为海关放行依据。

第三十条 对外合作项目中包括农作物种质资源交流的，应当在签订合作协议前，办理对外提供农作物种质资源审批手续。

第三十一条 国家鼓励单位和个人从境外引进农作物种质资源。

第三十二条 从境外引进新物种的，应当进行科学论证，采取有效措施，防止可能造成的生态危害和环境危害。引进前，报经农业部批准，引进后隔离种植1个以上生育周期，经评估，证明确实安全和有利用价值的，方可分散种植。

第三十三条 单位和个人从境外引进种质资源，应当依照有关植物检疫法律、行政法规的规定，办理植物检疫手续。引进的种质资源，应当隔离试种，经植物检疫机构检疫，证明确实不带危险性病、虫及杂草的，方可分散种植。

第三十四条 国家实行引种统一登记制度。引种单位和个人应当在引进种质资源入境之日起一年之内向国家农作物种质资源委员会办公室申报备案，并附适量种质材料供国家种质库保存。

当事人可以将引种信息和种质资源送交当地农业行政主管部门或农业科研机构，地方农业行政主管部门或农业科研机构应当及时向国家农作物种质资源委员会办公室申报备案，并将收到的种质资源送交国家种质库保存。

第三十五条 引进的种质资源，由国家农作物种质资源委员会统一编号和译名，任何单位和个人不得更改国家引种编号和译名。

第六章 农作物种质资源信息管理

第三十六条 国家农作物种质资源委员会办公室应当加强农作物种质资源的信息管理工作，包括种质资源收集、鉴定、保存、利用、国际交流等动态信息，为有关部门提供信息服务，保护国家种质资源信息安全。

第三十七条 负责农作物种质资源收集、鉴定、保存、登记等工作的单位，有义务向国家农作物种质资源委员会办公室提供相关信息，保障种质资源信息共享。

第七章 罚 则

第三十八条 违反本办法规定，未经批准私自采集或采伐国家重点保护的天然种质资源的，按照《种子法》第六十一条的规定予以处罚。

第三十九条 违反本办法规定，未经批准动用国家长期种质库贮存的种质资源的，对直接负责的主管人员和其他直接责任人员，依法给予行政处分。

第四十条 违反本办法规定，未经批准向境外提供或者从境外引进种质资源的，按照《种子法》第六十三条的规定予以处罚。

第四十一条 违反本办法规定，农业行政主管部门或者农业科研机构未及时将收到的单位或个人送交的国家未登记的种质资源及引种信息送交国家种质库保存的，或者引进境外种质资源未申报备案的，由本单位或上级主管部门责令改正，对直接负责的主管人员和其他直接责任人员，可以依法给予行政处分。

第八章 附 则

第四十二条 中外科学家联合考察的农作物种质资源，对外提供的农作物种质资源，以及从境外引进的农作物种质资源，属于列入国家重点保护野生植物名录的野生种、野生近缘种、濒危稀有种的，除按本办法办理审批手续外，还应按照《野生植物保护条例》、《农业野生植物保护办法》的规定，办理相关审批手续。

第四十三条 本办法自 2003 年 10 月 1 日起施行。1997 年 3 月 28 日农业部发布的《进出口农作物种子（苗）管理暂行办法》有关种质资源进出口管理的内容同时废止。

九、农作物商品种子加工包装规定

中华人民共和国农业部（第 50 号）令

（2001 年 2 月 26 日发布）

第一条 根据《中华人民共和国种子法》第三十四条的规定，制定本规定。

第二条 下列农作物种子应当加工、包装后销售：

（一）有性繁殖作物的籽粒、果实，包括颖果、荚果、蒴果、核果等；

（二）马铃薯微型脱毒种薯。

第三条 下列农作物种子可以不经加工、包装进行销售：

（一）无性繁殖的器官和组织，包括根（块根）、茎（块茎、鳞茎、球茎、根茎）、枝、叶、芽、细胞等；

（二）苗和苗木，包括蔬菜苗、水稻苗、果树苗木、茶树苗木、桑树苗木、花卉苗木等；

（三）其他不宜包装的种子。

第四条 种子加工、包装应当符合有关国家标准或者行业标准。

第五条 省级农业行政主管部门可以根据本规定，制定具体名录，报农业部备案，并予以公布。

第六条 本规定由农业部负责解释。

第七条 本规定自发布之日起施行。

十、主要农作物范围规定

（农业部2001年2月26日发布）

第一条 根据国务院的有关规定，农作物包括粮食、棉花、油料、麻类、糖料、蔬菜、果树（核桃、板栗等干果除外）、茶树、花卉（野生珍贵花卉除外）、桑树、烟草、中药材、草类、绿肥、食用菌等作物以及橡胶等热带作物。

第二条 根据《种子法》第七十四条第一款第三项规定，除稻、小麦、玉米、棉花、大豆为主要农作物外，农业部确定油菜、马铃薯为主要农作物。

除本条第一款规定的七种农作物外，各省、自治区、直辖市农业行政主管部门可以根据本地区的实际情况，确定其他1～2种农作物为主要农作物，予以公布并报农业部备案。

第三条 本规定由农业部负责解释。

第四条 本规定自发布之日起施行。

十一、农作物种子标签和使用说明管理办法

第一章 总 则

第一条 为了规范农作物种子标签和使用说明的管理，维护种子生产经营者、使用者的合法权益，保障种子质量和农业生产安全，根据《中华人民共和国种子法》，制定本办法。

第二条 在中华人民共和国境内销售的农作物种子应当附有种子标签和使用说明。

种子标签和使用说明标注的内容应当与销售的种子相符，符合本办法的规定，不得作虚假或者引人误解的宣传。

第三条 种子生产经营者负责种子标签和使用说明的制作，对其标注内容的真实性和种子质量负责。

第四条 县级以上人民政府农业主管部门负责农作物种子标签和使用说明的监督管理工作。

第二章 种子标签

第五条 种子标签是指印制、粘贴、固定或者附着在种子、种子包装物表面的特定图案及文字说明。

第六条 种子标签应当标注下列内容：

（一）作物种类、种子类别、品种名称；

（二）种子生产经营者信息，包括种子生产经营者名称、种子生产经营许可证编号、注册地地址和联系方式；

（三）质量指标、净含量；

（四）检测日期和质量保证期；

（五）品种适宜种植区域、种植季节；

（六）检疫证明编号；

（七）信息代码。

第七条 属于下列情形之一的，种子标签除标注本办法第六条规定内容外，应当分别加注以下内容：

（一）主要农作物品种，标注品种审定编号；通过两个以上省级审定的，至少标注种子销售所在地省级品种审定编号；引种的主要农作物品种，标注引种备案公告文号；

（二）授权品种，标注品种权号；

（三）已登记的农作物品种，标注品种登记编号；

（四）进口种子，标注进口审批文号及进口商名称、注册地址和联系方式；

（五）药剂处理种子，标注药剂名称、有效成分、含量及人畜误食后解决方案；依据药剂毒性大小，分

别注明“高毒”并附骷髅标志、“中等毒”并附十字骨标志、“低毒”字样；

（六）转基因种子，标注“转基因”字样、农业转基因生物安全证书编号。

第八条 作物种类明确至植物分类学的种。

种子类别按照常规种和杂交种标注。类别为常规种的按照育种家种子、原种、大田用种标注。

第九条 品种名称应当符合《农业植物品种命名规定》，一个品种只能标注一个品种名称。审定、登记的品种或授权保护的品种应当使用经批准的品种名称。

第十条 种子生产经营者名称、种子生产经营许可证编号、注册地地址应当与农作物种子生产经营许可证载明内容一致；联系方式为电话、传真，可以加注网络联系方式。

第十一条 质量指标是指生产经营者承诺的质量标准，不得低于国家或者行业标准规定；未制定国家标准或行业标准的，按企业标准或者种子生产经营者承诺的质量标准进行标注。

第十二条 质量指标按照质量特性和特性值进行标注。

质量特性按照下列规定进行标注：

（一）标注品种纯度、净度、发芽率和水分，但不宜标注水分、芽率、净度等指标的无性繁殖材料、种苗等除外；

（二）脱毒繁殖材料按品种纯度、病毒状况和脱毒扩繁代数进行标注；

（三）国家标准、行业标准或农业部对某些农作物种子有其他质量特性要求的，应当加注。

特性值应当标明具体数值，品种纯度、净度、水分百分率保留一位小数，发芽率保留整数。

第十三条 净含量是指种子的实际重量或者数量，标注内容由“净含量”字样、数字、法定计量单位（kg或者g）或者数量单位（粒或者株）三部分组成。

第十四条 检测日期是指生产经营者检测质量特性值的年月，年月分别用四位、两位数字完整标示，采用下列示例：检测日期：2016年05月。

质量保证期是指在规定贮存条件下种子生产经营者对种子质量特性值予以保证的承诺时间。标注以月为单位，自检测日期起最长时间不得超过十二个月，采用下列示例：质量保证期6个月。

第十五条 品种适宜种植区域不得超过审定、登记公告及省级农业主管部门引种备案公告公布的区域。审定、登记以外作物的适宜区域由生产经营者根据试验确定。

种植季节是指适宜播种的时间段，由生产经营者根据试验确定，应当具体到日，采用下列示例：5月1日至5月20日。

第十六条 检疫证明编号标注产地检疫合格证编号或者植物检疫证书编号。

进口种子检疫证明编号标注引进种子、苗木检疫审批单编号。

第十七条 信息代码以二维码标注，应当包括品种名称、生产经营者名称或进口商名称、单元识别代码、追溯网址等信息。二维码格式及生成要求由农业部另行制定。

第三章 使用说明

第十八条 使用说明是指对种子的主要性状、主要栽培措施、适应性等使用条件的说明以及风险提示、技术服务等信息。

第十九条 使用说明应当包括下列内容：

（一）品种主要性状；

（二）主要栽培措施；

（三）适应性；

（四）风险提示；

（五）咨询服务信息。

除前款规定内容外，有下列情形之一的，还应当增加相应内容：

（一）属于转基因种子的，应当提示使用时的安全控制措施；

（二）使用说明与标签分别印制的，应当包括品种名称和种子生产经营者信息。

第二十条 品种主要性状、主要栽培措施应当如实反映品种的真实状况，主要内容应当与审定或登记公告一致。通过两个以上省级审定的主要农作物品种，标注内容应当与销售地所在省级品种审定公告一致；引种标注内容应当与引种备案信息一致。

第二十一条 适应性是指品种在适宜种植地区内不同年度间产量的稳定性、丰产性、抗病性、抗逆性等特性，标注值不得高于品种审定、登记公告载明的内容。审定、登记以外作物适应性的说明，参照登记作物有关要求执行。

第二十二条 风险提示包括种子贮藏条件以及销售区域主要病虫害、高低温、倒伏等因素对品种引发风险的提示及注意事项。

第四章 制作要求

第二十三条 种子标签可以与使用说明合并印制。种子标签包括使用说明全部内容的，可不另行印制使用说明。

第二十四条 应当包装的种子，标签应当直接印制在种子包装物表面。可以不包装销售的种子，标签可印制成印刷品粘贴、固定或者附着在种子上，也可以制成印刷品，在销售种子时提供给种子使用者。

第二十五条 标注文字除注册商标外，应当使用国家语言工作委员会公布的现行规范化汉字。标注的文字、符号、数字的字体高度不得小于1.8毫米。同时标注的汉语拼音或者外文，字体应当小于或者等于相应的汉字字体。信息代码不得小于2平方厘米。

品种名称应放在显著位置，字号不得小于标签标注的其他文字。

第二十六条 印刷内容应当清晰、醒目、持久，易于辨认和识读。标注字体、背景和底色应当与基底形成明显的反差，易于识别；警示标志和说明应当醒目，其中"高毒"以红色字体印制。

第二十七条 检疫证明编号、检测日期、质量保证期，可以采用喷印、压印等印制方式。

第二十八条 作物种类和种子类别、品种名称、品种审定或者登记编号、净含量、种子生产经营者名称、种子生产经营许可证编号、注册地地址和联系方式、"转基因"字样、警示标志等信息，应当在同一版面标注。

第二十九条 本办法第二十四条规定的印刷品，应当为长方形，长和宽不得小于11厘米×7厘米。印刷品制作材料应当有足够的强度，确保不易损毁或字迹变得模糊、脱落。

第三十条 进口种子应当在原标签外附加符合本办法规定的中文标签和使用说明，使用进（出）口审批表批准的品种中文名称和英文名称、生产经营者。

第五章 监督管理

第三十一条 法律、行政法规没有特别规定的，种子标签和使用说明不得有下列内容：

（一）在品种名称前后添加修饰性文字；

（二）种子生产经营者、进口商名称以外的其他单位名称；

（三）不符合广告法、商标法等法律法规规定的描述；

（四）未经认证合格使用认证标识；

（五）其他带有夸大宣传、引人误解或者虚假的文字、图案等信息。

第三十二条 标签缺少品种名称，视为没有种子标签。

使用说明缺少品种主要性状、适应性或风险提示的，视为没有使用说明。

以剪切、粘贴等方式修改或者补充标签内容的，按涂改标签查处。

第三十三条 县级以上人民政府农业主管部门应当加强监督检查，发现种子标签和使用说明不符合本办法规定的，按照《中华人民共和国种子法》的相关规定进行处罚。

第六章 附 则

第三十四条 本办法自2017年1月1日起施行。农业部2001年2月26日公布的《农作物种子标签使用与管理办法》（农业部令第49号）同时废止。

十二、农作物种子标签通则

中华人民共和国国家质量监督检验总局

中国国家标准化管理委员会

（2006 年 7 月 12 日发布，2006 年 11 月 1 日施行）

为了规范农作物种子标签的标注、制作与使用行为，指导企业正确标注农作物种子标签，明示质量信息，明确质量责任，加强质量监督，根据《中华人民共和国种子法》（2000 年 7 月 8 日中华人民共和国主席令第 34 号发布）、《农业转基因生物安全管理条例》（2001 年 5 月 23 日国务院令第 304 号发布）、《农作物种子标签管理办法》（2001 年 2 月 26 日农业部令第 49 号发布）等有关法规的规定，本标准对农作物种子标签的标注内容、制作要求和使用监督等原则性规定作出进一步的规范、指导和示例。

1 范围

本标准规定了农作物商品种子标签的标注内容、制作要求，还确立了其使用监督的检查范围、内容以及质量判定规则。

本标准适用于中华人民共和国境内经营的农作物商品种子。

2 规范性引用文件

下列文件中的条款通过本标准的引用而成为本标准的条款。凡是注日期的引用文件，其随后所有的修改单（不包括勘误的内容）或修订版均不适用于本标准，然而，鼓励根据本标准达成协议的各方研究是否可使用这些文件的最新版本。凡是不注日期的引用文件，其最新版本适用于本标准。

GB/T 2930（所有部分） 牧草种子检验规程

GB/T 3543（所有部分） 农作物种子检验规程

GB/T 7408—2005 数据元和交换格式 信息交换 日期和时间表示法

3 术语和定义

下列术语和定义适用于本标准

3.1 种子标签 seed iabelling

标注内容的文字说明及特定图案

注 1：文字说明是指对标注内容的具体描述，特定图案是指警示标志、认证标志等。

注 2：对于应当包装销售的农作物种子，标签为固定在种子包装物表面及内外的文字说明及特定图案；对于可以不经包装销售的农作物种子，标签为在经营时所提供印刷品的文字说明及特定图案。

3.2 商品种子 commercial seed

用于营销目的而进行交易的种子。

3.3 主要农作物种子 main crop seed

《中华人民共和国种子法》第七十四条第一款第三项所规定农作物的种子。

注：也见《主要农作物范围规定》（2001 年 2 月 26 日农业部令第 50 号发布）的第二条。

3.4 非主要农作物种子 non-main crop seed

除主要农作物种子外的其他农作物种子。

3.5 混合种子 mixture seed

不同作物种类或者同一作物不同品种或者同一品种不同生产方式、不同加工处理方式的种子混合物。

3.6 药剂处理种子 treated seed

经过杀虫剂、杀菌剂或其他添加剂处理的种子。

3.7 认证种子 certified seed

由种子认证机构依据种子认证方案通过对种子生产全过程的质量监控，确认符合规定质量要求并准许使用认证标志的种子。

3.8 转基因种子 genetically modified seed

利用基因工程技术改变基因组构成并用于农业生产的种子。

注 1：基因工程技术系指利用载体系统的重组 DNA 技术以及利用物理、化学和生物学等方法把重组

DNA分子导入品种的技术。

注2：基因组系指作物的染色体和染色体外所有遗传物质的总和。

3.9 育种家种子 breeder seed

育种家育成的遗传性状稳定、特征特性一致的品种或亲本组合的最初一批种子。

3.10 原种 basic seed

用育种家种子繁殖的第一代至第三代，经确认达到规定质量要求的种子。

3.11 大田用种 qualified seed

用原种繁殖的第一代至第三代或杂交种，经确认达到规定质量要求的种子。

3.12 应当包装销售的农作物种子 pack-marketing crop seed

《农作物商品种子加工包装规定》（2001年2月26日农业部令第50号发布）第二条所规定的农作物种子。

3.12.1 包装物 packaging material

符合标准规定的、将种子包装以作为交货单元的任何包装材料。

3.12.2 销售包装 marketing package

通过销售与内装物一起交付给种子使用者的不再分割的包装。

3.12.3 内装物 inner mass

包装物内的产品。

3.12.4 净含量 net content

除去包装物后的内装物的实际质量或数量。

3.13 可以不经包装销售的农作物种子 bulk-marketing crop seed

《农作物商品种子加工包装规定》（2001年2月26日农业部令第50号发布）第三条所规定的农作物种子。

3.14 生产商 seed packager

商品种子的最初供应商。

3.15 进口商 importer

直接从境外购入商品种子的经营者。

3.16 产地 origin

种子生产所在地隶属的行政区域。

3.17 检测值 estimated value

检测商品种子代表性样品所获得的某一质量指标的测定值。

注：质量指标也称质量特性，在本标准中，由标注项目（如发芽率、纯度、净度等）和标注值组成。

3.18 规定值 specified value

技术规范或标准中规定的商品种子某一质量指标所能容许的最低值（如发芽率、纯度、净度等指标）或最高值（如水分指标）。

3.19 标注值 stated value

商品种子标签上所标注的种子某一质量指标的最低值（如发芽率、纯度、净度等指标）或最高值（如水分指标）。

4 总则

4.1 真实

种子标签标注内容应真实、有效，与销售的农作物商品种子相符。

4.2 合法

种子标签标注内容应符合国家法律、法规的规定，满足相应技术规范的强制性要求。

4.3 规范

种子标签标注内容表述应准确、科学、规范，规定标注内容应在标签上描述完整。

标注所用文字应为中文，除注册商标外，使用国家语言文字工作委员会公布的规范汉字。可以同时使用有严密对应关系的汉语拼音或其他文字，但字体应小于相应的中文。除进口种子的生产商名称和地址外，不应标注与中文无对应关系的外文。

种子标签制作形式符合规定的要求，印刷清晰易辨，警示标志醒目。

5　标注内容

5.1　应标注内容

5.1.1　作物种类与种子类别

5.1.1.1　作物种类名称标注，应符合下列规定：

—按植物分类学上所确定的种或亚种或变种进行标注，宜采用GB/T 3543.2和GB/T 2930.1以及其他国家标准或行业标准所确定的作物种类名称；

—在不引起误解或混淆的情况下，个别作物种类可采用常用名称或俗名，例如：“结球白菜”可标注为“大白菜”；

—需要特别说明用途或其他情况的，应在作物种类名称前附加相应的词，例如：“饲用甜菜”和“糖用甜菜”。

5.1.1.2　种子类别的标注，应同时符合下列规定：

—按常规种和杂交种进行标注，其中常规种可以不具体标注；

—常规种按育种家种子、原种、大田用种进行标注，其中大田用种可以不具体标注；

—杂交亲本种子应标注杂交亲本种子的类型，例如：“三系”籼型杂交水稻的亲本种子，应明确至不育系或保持系或恢复系；或直接标明杂交亲本种子，例如：西瓜亲本原种。

5.1.1.3　作物种类与种子类别可以联合标注，例如：水稻原种、水稻杂交种、水稻不育系原种、水稻不育系；玉米杂交种、玉米自交系。

5.1.2　品种名称

属于授权品种或审定通过的品种，应标注批准的品种名称；不属于授权品种或无需进行审定的品种，宜标注品种持有者（或育种者）确定的品种名称。

标注的品种名称应适宜，不应含有下列情形之一：

—仅以数字组成的，如：88－8－8；

—违反国家法规或者社会公德或者带有民族歧视性的；

—以国家名称命名的；如：中国1号；

—以县级以上行政区划的地名或公众知晓的外国地名命名的，如湖南水稻、北海道小麦；

—同政府间国际组织或其他国际国内知名组织及标志名称相同或者近似的，如FAO、UPOV、国微、红十字；

—对植物新品种的特征、特性或者育种者的身份或者来源等容易引起误解的，如铁杆小麦、超大穗水稻、李氏玉米、美棉王；

—属于相同或相近植物属或者种的已知名称的；

—夸大宣传并带有欺骗性的。

5.1.3　生产商、进口商名称及地址

5.1.3.1　国内生产的种子

国内生产的种子应标注：生产商名称、生产商地址以及联系方式。

生产商名称、地址，按农作物种子经营许可证（见5.1.7）注明的进行标注；联系方式，标注生产商的电话号码或传真号码。

有下列情形之一的，按照下列规定相应予以标注：

a. 集团公司生产的种子，标集团公司的名称和地址；集团公司子公司生产的种子，标子公司（也可同时标集团公司）的名称的地址；

b. 集团公司的分公司或其生产基地，对其生产的种子，标集团公司（也可同时标分公司或生产基地）的名称和地址；

c. 代制种或代加工且不负责外销的种子，标委托者的名称和地址。

5.1.3.2　进口种子

进口种子应标注：进口商名称、进口商地址以及联系方式、生产商名称。

进口商名称、地址，按农作物种子经营许可证（见 5.1.7）注明的进行标注；联系方式，标注进口商的电话号码或传真号码。

生产商名称，标注种子原产国或地区（见 5.1.5）能承担种子质量责任的种子供应商的名称。

5.1.4　质量指标

5.1.4.1　已制定技术规范强制性要求的农作物种子

已发布种子质量国家或行业技术规范强制性要求的农作物种子，其质量指标的标注项目应按规定进行标注（现行强制性标准参见附录 A）。如果已发布种子质量地方性技术规范强制性要求的农作物种子，并在该地方辖区内进行种子经营的，可按该技术规范的规定进行标注。

质量指标的标注值按生产商或进口商或分装单位承诺的进行标注，但不应低于技术规范强制性要求已明确的规定值。

5.1.4.2　未制定技术规范强制性要求的农作物种子

质量指标的标注项目应执行下列规定：

a. 粮食作物种子、经济作物种子、瓜菜种子、饲料和绿肥种子的质量指标的标注项目应标注品种纯度、净度、发芽率和水分。

b. 无性繁殖材料（苗木）、热带作物种子和种苗、草种、花卉种子和种苗的质量指标宜参照推荐性国家标准或行业标准或地方标准（适用于该地方辖区的经营种子）已规定的质量指标的标注项目进行标注（参见附录 B）；未制定推荐性国家标准或行业标准或地方标准的，按备案的企业标准规定或企业承诺的质量指标的标注项目进行标注。

c. 脱毒繁殖材料的质量指标宜参照推荐性国家标准或行业标准或地方性标准（适应于该地方辖区的经营种子）已规定的质量指标的标注项目进行标注（参见附录 B）；未制定推荐性国家标准或行业标准或地方标准的，按备案的企业标准规定或企业承诺的质量指标的标注项目进行标注，但至少应标注品种纯度、病毒状况和脱毒扩繁代数。

质量指标的标注值按生产商或进口商或分装单位承诺的进行标注，品种纯度、净度（净种子）、水分百分率保留一位小数，发芽率、其他植物种子数目保留整数。

5.1.5　产地

国内生产种子的产地，应标注种子繁育或生产所在地，按照行政区域最大标注到省级。

进口种子的原产地，按照“完全获得”和“实质性改变”规则进行认定，标注种子原产地的国家或地区（指中国香港、中国澳门、中国台湾）名称。

注：《中华人民共和国海关关于进口货物原产地的暂行管理办法》（1986 年 12 月 6 日海关总署发布）对“完全获得”和“实质性改变”规则作了详细的界定。

5.1.6　生产年月

生产年月标注种子收获或种苗出圃的日期，采用 GB/T 7408—2005 中（5.2.1.2a）规定的基本格式：YYYY-MM。如：种子于 2001 年 9 月收获的，生产年月标注为：2001-09。

5.1.7　种子经营许可证编号和检疫证明编号

标注生产商或进口商或分装单位的农作物种子经营许可证编号。

注：《农作物种子生产经营许可证管理办法》（2001 年 2 月 26 日农业部令第 48 号发布）规定了农作物种子经营许编号的表示格式：（×）农种经许字（××××）第×号，其中第一个括号内的×表示发证机关简称，第二个括号内的××××为年号，第×号中的×证书号。

应采用下列方式之一，标注检疫证明编号：

—产地检疫合格证编号（适用于国内生产种子）；

—植物检疫证书编号（适用于国内生产种子）；

—引进种子、苗木检疫审批单编号（适用于进口种子）。

5.2　根据种子特点和使用要求应加注的内容

5.2.1　主要农作物种子

a. 国内生产的主要农作物种子应加注：

—主要农作物种子生产许可证编号；

—主要农作物品种审定编号。

b. 进口的主要农作物种子应加注在中国境内审定通过的主要农作物品种审定编号。

注 1:《农作物种子生产经营许可证管理办法》(2001 年 2 月 26 日农业部令第 48 号发布)规定了主要农作物种子生产许可证编号的表示格式:(×)农种生许字(××××)第×号,其中第一个括号内的×表示发证机关简称;第二个括号内的××××为年号;第×号中的×为证书序号。

注 2:《主要农作物品种审定办法》(2001 年 2 月 21 日农业部令第 44 号发布)规定了主要农作物品种审定编号的表示格式:审定委员会简称、作物种类简称、年号(四位数)、序号(三位数)。

5.2.2 进口种子

进口种子应加注:

—进出口企业资格证书或对外贸易经营者备案登记表编号;

—进口种子审批文号。

5.2.3 转基因种子

转基因种子应加注:

—标明“转基因”或“转基因种子”;

—农业转基因生物安全证书编号;

—转基因农作物种子生产许可证编号;

—转基因品种审定编号;

—有特殊销售范围要求的需标注销售范围,可表示为“仅限于××销售(生产、使用)”;

—转基因品种安全控制措施,按农业转基因生物安全证书上所载明的进行标注。

5.2.4 药剂处理种子

药剂处理种子应加注:

a. 药剂名称、有效成分及含量;

b. 依据药剂毒性大小(以大鼠经口半数致死量表示,缩写为 LD_{50})进行标注:

—若 LD_{50}<50mg/kg,标明“高毒”,并附骷髅警示标志;

—若 LD_{50}=50~500mg/kg,标明“中等毒”,并附十字骨警示标志;

—若 LD_{50}>500mg/kg,标明“低毒”。

c. 药剂中毒所引起的症状、可使用的解毒药剂的建议等注意事项。

5.2.5 分装种子

分装种子应加注:

—分装单位名称和地址,按农作物种子经营许可证(见 5.1.7)注明的进行标注;

—分装日期,日期表示法同 5.1.6。

5.2.6 混合种子

混合种子应加注:

—标明“混合种子”;

—每一类种子的名称(包括作物种类、种子类别和品种名称)及质量分数;

—产地、检疫证明编号、农作物种子经营许可证编号、生产年月、质量指标等(只要存在着差异,就应标注至每一类);

—如果属于同一品种不同生产方式、不同加工处理方式的种子混合物,应予注明。

5.2.7 净含量

应当包装销售的农作物种子应加注净含量。

净含量的标注由“净含量”(中文)、数字、法定计量单位(kg 或 g)或数量单位(粒或株)三个部分组成。使用法定计量单位时,净含量小于 1000g 的,以 g(克)表示,大于或等于 1000g 的,以 kg(千克)表示。

5.2.8 杂草种子

农作物商品种子批中不应存在检疫性有害杂草种子;其他杂草种子依据作物种类的不同,不应超过技术规范强制性要求所规定的允许含量。

如果种子批中含有低于或等于技术规范强制性要求所规定的含量，应加注杂草种子的种类和含量。

杂草种子种类应按植物分类学上所确定的种（不能准确确定所属种时，允许标注至属）进行标注，含量表示为：××粒/kg或××粒/千克。

5.2.9　认证标志

以质量认证种子进行销售的种子批，其标签应附有认证标志。

5.3　宜加注内容

5.3.1　种子批号

种子批号是质量信息可靠性、溯源性以及质量监督的重要依据之一。应当包装销售的农作物种子，宜在标签上标注由生产商或进口商或分装单位自行确定的种子批号。

5.3.2　品种说明

有关品种主要性状、主要栽培措施、使用条件的说明，宜在标签上标注。

主要性状可包括种性、生育期、穗形、株型、株高、粒形、抗病性、单产、品质以及其他典型性状；主要栽培措施可包括播期、播量、施肥方式、灌水、病虫防治等；使用条件可包括适宜种植的生态区和生产条件。

对于主要农作物种子，品种说明应与审定公告一致；对于非主要农作物种子，品种说明应有试验验证的依据。

6　制作要求

6.1　形式

6.1.1　应当包装销售的农作物种子

应当包装销售的农作物种子的标注内容可采用下列一种或多种形式：

—直接印制在包装物表面；

—固定在包装物外面的印刷品；

—放置在包装物内的印刷品。

这三种形式应包括5.1、5.2的规定标注内容，但是下列标注内容应直接印制在包装物表面或者制成印刷品固定在包装物外面：

—作物种类与种子类别（见5.1、1.3）；

—品种名称；

—生产商或进口商或分装单位名称与地址；

—质量指标；

—净含量；

—生产年月；

—农作物种子经营许可证编号；

—警示标志；

—标明“转基因”或“转基因种子”。

6.1.2　可以不经包装销售的农作物种子

可以不经包装销售的农作物种子的标注内容，应制成印刷品。

6.2　作为标签的印刷品的制作要求

6.2.1　形状

固定在包装物外面的或作为可以不经包装销售的农作物种子标签的印刷品应为长方形，长与宽大小不应小于12cm×8cm。

6.2.2　材料

印刷品的制作材料应有足够的强度，特别是固定在包装物外面的应不易在流通环节中变得模糊甚至脱落。

6.2.3　颜色

固定在包装物外面的或作为可以不经包装销售的农作物种子标签的印刷品宜制作不同颜色以示区别。育种家种子使用白色并有左上角至右下角的紫色单对角条纹，原种使用蓝色，大田用种使用白色或者蓝红以外的单一颜色，亲本种子使用红色。

6.3 印刷要求

印刷字体、图案应与基底形成明显的反差，清晰易辨。使用的汉字、数字和字母的字体高度不应小于1.8mm。定量包装种子净含量标注字符高度应符合表1的要求。

表1 定量包装种子净含量标注字符高度

标注净含量(Q_n)	字符的最小高度/mm
$Q_n \leqslant 50$g	2
50g $< Q_n \leqslant$ 200g	3
200g $< Q_n \leqslant$ 1000g	4
$Q_n >$ 1000g	6

警示标志和说明书应醒目，“高毒”、“中等毒”、“低毒”（5.2.4b）以红色字体印刷。

生产年月标示采用见包装物某部位的方式，应标示所在包装物的具体部位。

7 标签使用监督

7.1 标签适用范围

直接销售给种子使用者的销售包装或不再分割的种子包装，其标签标注的内容应符合第5章、第6章的规定。

生产商供应且又不是最终销售的种子包装，其标签可只标注作物种类、品种名称、生产商名称或进口商名称、质量指标、净含量、农作物种子经营许可证编号、生产年月、警示标志、“转基因”，并符合第5章、第6章的规定。

属于运输加工目的需要而非直接用于销售的种子包装，其标签的标注和制作不受本标准的约束。

7.2 检查内容

种子标签使用监督检查内容包括：

—标注内容的真实性和合法性；

—标注内容的完整性和规范性（见5.1和5.2）；

—种子标签的制作要求（见第6章）。

7.3 质量判定规则

7.3.1 判定规则

对种子标签标注内容进行质量判定时，应同时符合下列规则：

a. 作物种类、品种名称、产地与种子标签标注内容不符的，判为假种子；

b. 质量检测值任一项达不到相应标注值的，判为劣种子；

c. 质量标注值任一项达不到技术规范强制性要求所明确的相应规定值的，判为劣种子；

d. 质量标注值任一项达不到已声明符合推荐性国家标准（或行业标准或地方标准）、企业标准所明确的相应规定值的，判为劣种子；

e. 带有国家规定检疫性有害生物的，判为劣种子。

7.3.2 验证方法

质量指标的检验方法，应执行下列原则：

—采用农作物种子质量技术规范或标准中的方法或其规范性引用文件的方法；

—尚未制定农作物种子质量技术规范或标准的，宜采用GB/T2930、GB/T 3543规定的方法；GB/T 2930、GB/T 3543未作规定的，可采用国际种子检验协会公布的《国际种子检验规程》所规定的方法。

7.3.3 容许误差

对于质量符合性检验，在使用（7.3.1b）规则进行质量判定时，检测值与标注值允许执行下列的容许误差：

—净度的容许误差见GB/T 3543.3；

—发芽率的容许误差见GB/T 3543.4；

—对于不密封包装种子袋，种子水分允许有0.5%的容许误差；对于密封包装种子袋，水分不允许采用容许误差；

—品种纯度的容许误差见 GB/T 3543.5。

十三、农作物种子标签二维码编码规则

第一条 为规范农作物种子标签二维码信息内容和二维码制作，便于种子标签二维码的识别和应用，根据《中华人民共和国种子法》《农作物种子标签和使用说明管理办法》有关规定制定本规则。

第二条 本规则所指种子标签二维码即《中华人民共和国种子法》中所规定的信息代码。

第三条 农作物种子标签二维码具有唯一性，一个二维码对应唯一一个最小销售单元种子。

二维码一旦赋予给某一商品种子，不得再次赋给其他种子使用。

第四条 农作物种子二维码应包括下列信息：品种名称、生产经营者名称或进口商名称、单元识别代码、追溯网址四项信息。四项内容必须按以上顺序排列，每项信息单独成行。

二维码信息内容不得缺失，所含内容应与标签标注内容一致。

第五条 二维码所含的品种名称、生产经营者名称或进口商名称应与行政许可核发信息一致。

第六条 单元识别代码是指每一个最小销售单元种子区别于其他种子的唯一代码，由企业自行编制，代码由阿拉伯数字或数字与英文字母组合构成，代码长度不得超过 20 个字符。

单元识别代码可与原产品条形码代码一致，也可另外设计。

第七条 产品追溯网址由企业提供并保证有效，通过该网址可追溯到种子加工批次以及物流或销售信息。

网页应具有较强的兼容性，可在 PC 端和手机端浏览。

第八条 不得在二维码图像或识读信息中添加引人误解或误导消费者的内容以及宣传信息。

第九条 二维码设计采用 QR 码标准。

第十条 二维码印制要清晰完整，确保可识读。

第十一条 二维码模块为黑色，二维码背景色为白色，背景区域应大于图形边缘至少 2MM。

第十二条 本规则于发布之日起实施，解释权在农业部。

第十三条 二维码图片大小可根据包装大小而定，不得小于 $2cm^2$。

农业部办公厅

2016 年 9 月 18 日

十四、农作物种子质量纠纷田间现场鉴定办法

（2003 年 7 月 8 日农业部令第 28 号公布　自 2003 年 9 月 1 日起施行）

第一条 为了规范农作物种子质量纠纷田间现场鉴定（以下简称现场鉴定）程序和方法，合理解决农作物种子质量纠纷，维护种子使用者和经营者的合法权益，根据《中华人民共和国种子法》（以下简称《种子法》）及有关法律、法规的规定，制定本办法。

第二条 本办法所称现场鉴定是指农作物种子在大田种植后，因种子质量或者栽培、气候等原因，导致田间出苗、植株生长、作物产量、产品品质等受到影响，双方当事人对造成事故的原因或损失程度存在分歧，为确定事故原因或（和）损失程度而进行的田间现场技术鉴定活动。

第三条 现场鉴定由田间现场所在地县级以上地方人民政府农业行政主管部门所属的种子管理机构组织实施。

第四条 种子质量纠纷处理机构根据需要可以申请现场鉴定；种子质量纠纷当事人可以共同申请现场鉴定，也可以单独申请现场鉴定。鉴定申请一般以书面形式提出，说明鉴定的内容和理由，并提供相关材料。口头提出鉴定申请的，种子管理机构应当制作笔录，并请申请人签字确认。

第五条 种子管理机构对申请人的申请进行审查，符合条件的，应当及时组织鉴定。有下列情形之一的，种子管理机构对现场鉴定申请不予受理：

（一）针对所反映的质量问题，申请人提出鉴定申请时，需鉴定地块的作物生长期已错过该作物典型性状表现期，从技术上已无法鉴别所涉及质量纠纷起因的；

（二）司法机构、仲裁机构、行政主管部门已对质量纠纷做出生效判决和处理决定的；

（三）受当前技术水平的限制，无法通过田间现场鉴定的方式来判定所提及质量问题起因的；

（四）纠纷涉及的种子没有质量判定标准、规定或合同约定要求的；

（五）有确凿的理由判定质量纠纷不是由种子质量所引起的；

（六）不按规定缴纳鉴定费的。

第六条 现场鉴定由种子管理机构组织专家鉴定组进行。

专家鉴定组由鉴定所涉及作物的育种、栽培、种子管理等方面的专家组成，必要时可邀请植保、气象、土壤肥料等方面的专家参加。专家鉴定组名单应当征求申请人和当事人的意见，可以不受行政区域的限制。参加鉴定的专家应当具有高级以上专业技术职称、具有相应的专门知识和实际工作经验、从事相关专业领域的工作五年以上。纠纷所涉品种的选育人为鉴定组成员的，其资格不受前款条件的限制。

第七条 专家鉴定组人数应为3人以上的单数，由一名组长和若干成员组成。

第八条 专家鉴定组成员有下列情形之一的，应当回避，申请人也可以口头或者书面申请其回避：

（一）是种子质量纠纷当事人或者当事人的近亲属的；

（二）与种子质量纠纷有利害关系的；

（三）与种子质量纠纷当事人有其他关系，可能影响公正鉴定的。

第九条 专家鉴定组进行现场鉴定时，可以向当事人了解有关情况，可以要求申请人提供与现场鉴定有关的材料。申请人及当事人应予以必要的配合，并提供真实资料和证明。不配合或提供虚假资料和证明，对鉴定工作造成影响的，应承担由此造成的相应后果。

第十条 专家鉴定组进行现场鉴定时，应当通知申请人及有关当事人到场。专家鉴定组根据现场情况确定取样方法和鉴定步骤，并独立进行现场鉴定。任何单位或者个人不得干扰现场鉴定工作，不得威胁、利诱、辱骂、殴打专家鉴定组成员。专家鉴定组成员不得接受当事人的财物或者其他利益。

第十一条 有下列情况之一的，终止现场鉴定：

（一）申请人不到场的；

（二）需鉴定的地块已不具备鉴定条件的；

（三）因人为因素使鉴定无法开展的。

第十二条 专家鉴定组对鉴定地块中种植作物的生长情况进行鉴定时，应当充分考虑以下因素：

（一）作物生长期间的气候环境状况；

（二）当事人对种子处理及田间管理情况；

（三）该批种子室内鉴定结果；

（四）同批次种子在其他地块生长情况；

（五）同品种其他批次种子生长情况；

（六）同类作物其他品种种子生长情况；

（七）鉴定地块地力水平等影响作物生长的其他因素。

第十三条 专家鉴定组应当在事实清楚、证据确凿的基础上，根据有关种子法规、标准，依据相关的专业知识，本着科学、公正、公平的原则，及时作出鉴定结论。专家鉴定组现场鉴定实行合议制。鉴定结论以专家鉴定组成员半数以上通过有效。专家鉴定组成员在鉴定结论上签名。专家鉴定组成员对鉴定结论的不同意见，应当予以注明。

第十四条 专家鉴定组应当制作现场鉴定书。现场鉴定书应当包括以下主要内容：

（一）鉴定申请人名称、地址、受理鉴定日期等基本情况；

（二）鉴定的目的、要求；

（三）有关的调查材料；

（四）对鉴定方法、依据、过程的说明；

（五）鉴定结论；

（六）鉴定组成员名单；

（七）其他需要说明的问题。

第十五条 现场鉴定书制作完成后，专家鉴定组应当及时交给组织鉴定的种子管理机构。种子管理机构应当在5日内将现场鉴定书交付申请人。

第十六条 对现场鉴定书有异议的，应当在收到现场鉴定书15日内向原受理单位上一级种子管理机构提出再次鉴定申请，并说明理由。上一级种子管理机构对原鉴定的依据、方法、过程等进行审查，认为有必要和可能重新鉴定的，应当按本办法规定重新组织专家鉴定。再次鉴定申请只能提起一次。当事人双方共同提出鉴定申请的，再次鉴定申请由双方共同提出。当事人一方单独提出鉴定申请的，另一方当事人不得提出再次鉴定申请。

第十七条 有下列情形之一的，现场鉴定无效：

（一）专家鉴定组组成不符合本办法规定的；

（二）专家鉴定组成员收受当事人财物或其他利益，弄虚作假的；

（三）其他违反鉴定程序，可能影响现场鉴定客观、公正的。现场鉴定无效的，应当重新组织鉴定。

第十八条 申请现场鉴定，应当按照省级有关主管部门的规定缴纳鉴定费。

第十九条 参加现场鉴定工作的人员违反本办法的规定，接受鉴定申请人或者当事人的财物或者其他利益，出具虚假现场鉴定书的，由其所在单位或者主管部门给予行政处分；构成犯罪的，依法追究刑事责任。

第二十条 申请人、有关当事人或者其他人员干扰田间现场鉴定工作，寻衅滋事，扰乱现场鉴定工作正常进行的，依法给予治安处罚或追究刑事责任。

第二十一条 委托制种发生质量纠纷，需要进行现场鉴定的，参照本办法执行。

第二十二条 本办法自2003年9月1日起施行。

附录二 以案说法

案例1 洛阳玉米种子（上下级法律冲突）纠纷案

案情：

2001年，被告伊川县种子公司（简称伊川公司）委托原告汝阳县种子公司（简称汝阳公司）代为繁殖“农大108”玉米杂交种子并约定全部收购，但后者繁殖了种子后，前者没有依约定收购。汝阳公司要求伊川公司赔偿损失。但是，赔偿的数额到底应该依据市场确定价还是按政府指导价来计算，双方在法庭上提出了不同的看法。

按双方合同约定，汝阳公司接收种子的价格为基地收购价加代繁费，基地种子收购价的确定按收购种子时当地市场商品玉米单价的2.2～2.5倍计算。

伊川公司认为，《河南省农作物种子管理条例》（以下简称《河南种子条例》）三十六条明确规定“种子的收购和销售必须严格执行省内统一价格，不得随意提价”。按照此规定计算即使伊川公司履行合同，汝阳公司的可得利益最多只能是2.5万元。而汝阳公司方面则认为，依据《中华人民共和国种子法》（以下简称《种子法》）的立法精神，种子价格应由市场决定。汝阳公司按市场利润3.4～3.9元计算出的损失为70万元。

(2003) 洛民初字第26号民事判决书采纳了汝阳公司的观点。参照当年“农大108”玉米种子在两地的批发价格，在扣除成本及代繁费后，确定为计算汝阳公司预期可得利益的单位价格，据此判伊川公司赔偿汝阳公司经济损失597001元。

评析：

本案涉及当下位法与上位法对同一问题的规定不一致，两者发生冲突时，如何适用的问题。依法理，下位法的制定、实施必须依据上位法，不得与上位法相抵触。与上位法相抵触的下位法自然无效，自始无效。本案中，下位法《河南省农作物种子管理条例》与上位法《中华人民共和国种子法》对同一问题的规定不一致，适用上位法《中华人民共和国种子法》的规定，下位法《河南省农作物种子管理条例》的相关规定自然无效，自始无效。

相关法条：

《中华人民共和国立法法》第八十八条、第八十九条规定，法律的效力高于行政法规、地方性法规、规章。行政法规的效力高于地方性法规、规章。地方性法规的效力高于本级和下级地方政府规章。省、自治区的人民政府制定的规章的效力高于本行政区域内的较大的市的人民政府制定的规章。

《中华人民共和国立法法》第九十六条 法律、行政法规、地方性法规、自治条例和单行条例、规章有下列情形之一的，由有关机关依照本法第八十八条规定的权限予以改变或者撤销：

（一）超越权限的；

（二）下位法违反上位法规定的；

（三）规章之间对同一事项的规定不一致，经裁决应当改变或者撤销一方的规定的；

（四）规章的规定被认为不适当，应当予以改变或者撤销的；

（五）违背法定程序的。

案例2 知识产权（植物新品种权纠纷）侵犯新品种权案

案情：

2001年原告山东登海种业股份有限公司通过转让取得“登海9号（原名登海3119，又称DH3119）”

玉米植物新品种权，某年被告高密裕丰种业有限公司、高密市种子公司在未领取种子生产许可证的情况下，生产、销售名称为“3119”的玉米杂交种。原告登海公司认为“3119”实际为“登海9号”，侵犯了其植物新品种权。

本案经历了一审二审，一审法院济南中院经审理认为：原告登海公司通过受让取得“登海9号”玉米的植物新品种权，其作为植物新品种权人对授权品种“登海9号”玉米享有排他的独占权。任何单位或个人未经其许可，不得为商业目的生产或销售该授权品种的繁殖材料“登海9号”玉米杂交种。虽然本案两被告生产、销售的涉案玉米杂交种冠名为“3119”，但将被告高密种子公司的宣传材料对照“3119”的介绍，比照登海9号的新品种权证书、审定证书及推广证书记载的内容，即可清楚地看出两者的同一性。两被告作为种子经营企业，未经品种权人登海公司的许可，生产、销售与授权品种的繁殖材料相同的玉米杂交种，其行为侵犯了原告对登海9号玉米依法享有的植物新品种权，作出了停止侵害、赔偿损失等判决；两被告不服一审判决，提起了上诉，本案在二审过程中，经法院主持调解，各方当事人达成了调解协议，两被告停止侵权、赔礼道歉并赔偿原告经济损失187379.2元。（中国知识产权裁判文书网）

评析：

本案是山东省首例侵犯植物新品种权纠纷案。在植物新品种侵权行为的表现形式中有一种侵权形式称之为隐蔽的侵权行为，就是故意或者无意培育出权利品种，但另取他名，不以权利品种的正式名称对外销售。本案两被告的侵权行为应属此类，其将侵权产品对外称之为3119，但实际就是登海9号。两者不经专业的识别，是无法作出侵权判定的。本案也经历了鉴定程序，鉴定结论成为了本案的重要证据和定案依据之一。

相关法条：

《植物新品种保护条例》第六条规定，完成育种的单位或者个人对其授权品种，享有排他的独占权。任何单位或者个人未经品种权所有人（以下称品种权人）许可，不得为商业目的生产或者销售该授权品种的繁殖材料，不得为商业目的将该授权品种的繁殖材料重复使用于生产另一品种的繁殖材料；但是，本条例另有规定的除外。

《植物新品种保护条例》第九条规定，植物新品种的申请权和品种权可以依法转让。中国的单位或者个人就其在国内培育的植物新品种向外国人转让申请权或者品种权的，应当经审批机关批准。国有单位在国内转让申请权或者品种权的，应当按照国家有关规定报经有关行政主管部门批准。转让申请权或者品种权的，当事人应当订立书面合同，并向审批机关登记，由审批机关予以公告。

《植物新品种保护条例》第三十九条规定，未经品种权人许可，以商业目的生产或者销售授权品种的繁殖材料的，品种权人或者利害关系人可以请求省级以上人民政府农业、林业行政部门依据各自的职权进行处理，也可以直接向人民法院提起诉讼。

案例3 重庆市某种子有限公司经营未经审定种子案

案情：

2015年3月25日及2015年4月14日青阳县农委农业行政执法人员依法进行执法检查时，发现孙建兵经营标称安徽国豪农业科技有限公司生产的豪两优996及Y两优2008杂交稻种、标称湖南亚华种子有限公司生产的隆两优华占杂交稻种，上述三品种杂交稻种包装上均未见品种审定号，并且他又未能提供审定通过批准文件资料。执法人员立即进行了现场检查（勘验）和拍照，并制作了现场检查（勘验）笔录，对涉嫌经营应当审定而未经审定通过的豪两优996杂交稻种54袋（500g/袋）、Y两优2008杂交稻种60袋（500g/袋）及隆两优华占杂交稻种20袋（500g/袋）分别进行了异地登记保存。

立案后，经查实，该品种属应当审定而未经审定通过的稻种。当事人从2015年3月从池州市民丰农资处购进标称安徽国豪农业科技有限公司2014年10月生产的豪两优996杂交稻种及2014年10月3日生产的Y两优2008杂交稻种进行经营，并于同月又从青阳县瑞丰农资销售中心（原名为青阳县瑞丰良种销售中心）购进标称湖南亚华种子有限公司2014年6月生产的隆两优华占杂交稻种进行经营。当事人经营“豪两优 996、Y 两优 2008、隆两优华占”杂交稻种种子的行为是经营应当审定而未经审定通过种子的行为违反了《种子法》第七十八条的规定，被作出如下处罚决定：1. 责令停止经营“豪两优 996 及 Y 两优 2008、隆两优华占杂交稻种”种子的行为；2. 没收豪两优 996 杂交稻种 54 袋（500g/袋）、Y 两优 2008 杂交稻种 60 袋（500g/袋）及隆两优华占杂交稻种 20 袋（500g/袋）；3. 处罚款 10000 元整（1 万元整）。

案例 4 超出推广种植区域售种引发处罚

案情：

2008 年，高陵县种子管理站执法人员在检查种子市场时，发现咸阳市种子公司在该县销售鲁单 9002 玉米种子，执法人员以未在当地农业、林业主管部门备案登记，以及涉嫌利用文字资料、碟片等形式夸大宣传，误导群众购买未审定品种为由，当场将其扣押。经查阅资料，鲁单 9002 玉米种子为国审品种，在陕西境内的推广种植范围明确界定为延安春播种植，高陵县不属于推广种植区域，并且咸阳市种子公司销售的鲁单 9002 品种的行为与农业部 2005 年发布的 516 号公告严重不符，违反了《种子法》相关规定，属应当审定而未审定品种。针对这一情况，高陵县的农林局、公安局、工商局组成的联合工作组，对咸阳市种子公司在该县销售不适宜种植的鲁单 9002 玉米种子案件进行处理，清退 6700 余千克应审未审玉米种子，对咸阳市种子公司罚款 1 万元，缴保证金 1 万元。(摘自高陵农业信息网)

案例 5 违法引种纠纷案

案情：

江苏省射阳县个体工商户陈光明从事棉种直销，但他怎么也没有想到，自己经销的棉种虽然不是假劣棉种，质量也达到标准，却因未经农业部门批准在当地引种，近日被射阳县法院判决赔偿 30 户棉农损失 4 万余元。

某年，射阳县兴桥镇 30 户棉农向陈光明订购鲁棉 15 系棉种，后陈光明却向棉农提供了鲁棉 25 系棉种。当年 3 月份县农业部门向社会公布，该县当年只能推广种植苏棉 15 号、苏棉 9 号、鲁棉 15 系等品种，而鲁棉 25 系未经审定不能种植。30 户棉农即向陈光明提出异议，但在陈的承诺和反复劝说下，还是施种了鲁棉 25 系棉种。到当年 9 月份棉花生长高峰期，棉农们发现这批棉花与其他棉花相比，明显出现底部无桃、结桃少、小等情况，遂及时向工商部门、农业部门反映。经有关部门测定，30 户棉农种植鲁棉 25 系棉花，减产 43.1%，直接经济损失 4.5 万余元。另查明，陈光明所销售的鲁棉 25 系棉种，是由山东棉花研究中心研制，经山东省审定的常规棉种，但未经江苏省农业主管部门同意引种，由于气候、土壤等环境因素差异而不能在该县推广种植。法院认为，虽然陈光明向棉农销售的棉种并非假冒伪劣种子，但不能向棉农推广种植，其销售该棉种的行为违反了种子法的有关规定，遂判令其赔偿棉农因此造成的损失，维护了棉农的合法权益。(摘自中国农业律师网)

评析：

案例 3、案例 4、案例 5 均是违法引种案件。一个是典型的经营未经审定的种子的案例，一个是国审品种在推广种植范围以外销售的案例，一个是省审品种，未经相关部门同意，引种至邻省，并造成了农民损失的案例。以上三案中涉及的行为都属于经营、推广未经审定的种子即经营假种子的行为，应由经营者承担经营假种子的法律责任。

相关法条：

《种子法》第十九条规定，通过国家级审定的主要农作物品种和主要林木良种由国务院农业、林业行政主管部门公告，可以在全国适宜的生态区域推广。通过省级审定的主要农作物品种和主要林木良种由省、自治区、直辖市人民政府农业、林业行政主管部门公告，可以在本行政区域内适宜的生态区域推广；其他省、自治区、直辖市属于同一适宜生态区的地域引种农作物品种、林木良种的，引种者应当将引种的品种和区域报所在省、自治区、直辖市人民政府农业、林业主管部门备案；引种本地区没有自然分布的林木品种，应当按照国家引种标准通过试验。

《种子法》第二十三条规定。应当审定的农作物品种未经审定通过的，不得发布广告，不得经营、推广。

《种子法》第七十八条规定，违反本法规定，经营、推广应当审定而未经审定通过的种子的，由县级以上人民政府农业、林业主管部门责令停止违法行为，没收违法所得和种子，并处二万元以上二十万元以下罚款。

案例6　无种子生产许可证生产杂交玉米种子案

案情：

2013年12月，经甘州区农牧局立案调查，张掖市粒粒金种子有限公司在未取得主要农作物种子生产、经营许可证情况下，于2013年在大满镇黑城村生产玉米杂交种子4670亩，收购、加工玉米杂交种子3340吨。因涉案金额较大，该案移送甘州区公安局依法立案侦查。经查，当事人魏大军在无种子生产、经营许可证的情况下，以张掖市粒粒金种子有限责任公司的名义，与甘州区安阳乡农户禅进责签订农作物种子生产合同，2012年、2013年分别生产玉米种子40亩、80亩。2013年魏大军与张鑫合作，在甘州区大满镇黑城子村村民委员会非法制种共计4678.58亩。

综上，魏大军非法经营额共计8181014元，张鑫非法经营额2335190元。目前，魏大军已被甘州区人民法院以犯非法经营罪判处有期徒刑五年，并处罚金160万元；张鑫以犯非法经营罪判处有期徒刑一年六个月，缓刑二年，并处罚金46万元。

评析：

本案中张掖市粒粒金种子有限公司的行为违反了《中华人民共和国种子法》第三十三条之规定，省农业厅作出的处罚决定依据的是《中华人民共和国种子法》第七十七条之规定。

相关法条：

《种子法》第三十三条规定，种子生产经营许可证应当载明生产经营者名称、地址、法定代表人、生产种子的品种、地点和种子经营的范围、有效期限、有效区域等事项。

除本法另有规定外，禁止任何单位和个人无种子生产经营许可证或者违反种子生产经营许可证的规定生产、经营种子。禁止伪造、变造、买卖、租借种子生产经营许可证。《种子法》规定违反本法第三十二条、第三十三条规定，有下列行为之一的，由县级以上人民政府农业、林业主管部门责令改正，没收违法所得和种子；违法生产经营的货值金额不足一万元的，并处三千元以上三万元以下罚款；货值金额一万元以上的，并处货值金额三倍以上五倍以下罚款；可以吊销种子生产经营许可证：

（一）未取得种子生产经营许可证生产经营种子的；

（二）以欺骗、贿赂等不正当手段取得种子生产经营许可证的；

（三）未按照种子生产经营许可证的规定生产经营种子的；

（四）伪造、变造、买卖、租借种子生产经营许可证的。

被吊销种子生产经营许可证的单位，其法定代表人、直接负责的主管人员自处罚决定作出之日起五年内不得担任种子企业的法定代表人、高级管理人员。

案例7　种子定量包装不合格案件

案情：

2007年4月9日，黑龙江省桦南县质量技术监督局会同桦南县社会公正计量站对县内佳木斯市金成种子公司进行检查。现场发现该企业经销的净含量25kg的黑吨牌优质大豆种40袋，共1000kg。依照《定量包装商品净含量计量检验规则》，工作人员现场抽取30袋种子，用TCS-60Ⅲ级电子秤对该批大豆种进行定量包装净含量计量检验。经过检验，30袋种子平均负偏差为200g，最大偏差为230g，经过进一步调查，执法人员发现该公司这批种子共1t，拟在桦南县销售，由于该案件违法事实清楚，证据确凿，公司负责人对案情没有异议。质监部门经案审委员会集体审议，对该公司作出“责令企业改正，并给予该公司3000元

罚款”的处理决定。(中国质量新闻网)

评析：

该批大豆种子净含量与实际含量不相符，净含量检验综合判定为不合格，违反了《定量包装商品计量监督管理办法》第九条的规定，质监部门依照《定量包装商品计量监督管理办法》第十八条规定作出处理决定合法有效。此案的办理，有力地打击了计量违法行为，保护了广大农民的合法权益。

相关法条：

《定量包装商品计量监督管理办法》第九条规定，批量定量包装商品的平均实际含量应当大于或者等于其标注净含量。

《定量包装商品计量监督管理办法》第十八条规定，生产、销售的定量包装商品，经检验违反本办法第九条规定的，责令改正，可处检验批货值金额3倍以下，最高不超过30000元的罚款。

案例8 品种特性标注不符案件

案情：

农业部第136号公告的审定编号为国审棉20000002的棉花杂交种的品种名称是中棉所39（原名中抗杂4号）。北京某种子公司将其标注为“审定编号国审棉20000002中抗39F1”推广经营。种子使用者于某某未因此种子质量问题遭受损失，而以该公司将“中棉所39（原名中抗杂4号）”标注为“中抗39F1”属欺诈为由诉诸法院，要求该公司返还购种价款21000元和增加赔偿购种价款一倍的损失21000元。法院支持了原告的请求，判决被告赔偿原告损失42000元。案件执结后，于某某的诉讼代理人又以杨某某的名义，再次以同样的事实和理由向同一法院起诉该公司，要求加倍赔偿损失42000元。第二个案件现尚未审结。(摘自法律咨询网)

评析：

农业部第136号公告的审定编号为国审棉20000002的作物种类是棉花，种子类别是杂交种，品种名称是“中棉所39（原名中抗杂4号）”。种子经营者在其产品上标注的品种审定编号和作物种类与审定公告相符，与销售的种子相符，符合种子标签真实制度。品种名称批准者农业部以第136号公告的品种名称“中棉所39（原名中抗杂4号）”，本身就是“一品多名”，即该品种有两个法定名称“中棉所39”和“中抗杂4号”。种子经营者将两个名称合并标注为“中抗39”，符合“约定俗成规则”。未经种子质量检验机构依法对“中抗39”是否“中棉所39”或“中抗杂4号”进行品种真实性检验（即同一性认定），没有证据证明“中抗39”与“中棉所39”或“中抗杂4号”不具同一性，不能仅因为将“中棉所39（原名中抗杂4号）”标注为“中抗39”就判定其属于品种名称与种子标签标注内容不符的假种子。

相关法条：

《种子法》第四十二条规定，种子广告的内容应当符合本法和有关广告的法律、法规的规定，主要性状描述应当与审定公告一致。

《种子法》第四十六条规定，因种子的标签和使用说明标注的内容不真实，遭受损失的，种子使用者可以向出售种子的经营者要求赔偿，也可以向种子生产者或者其他经营者要求赔偿。赔偿额包括购种价款、可得利益损失和其他损失。属于种子生产者或者其他经营者责任的，出售种子的经营者赔偿后，有权向种子生产者或者其他经营者追偿；属于出售种子的经营者责任的，种子生产者或者其他经营者赔偿后，有权向出售种子的经营者追偿。

案例9 假冒进口种子致45亩玉米歉收

案情：

2009年1月份，陈某从销售商李某那里购进65包据称从美国进口的SBS902（库普拉改良型）玉米种子，并将其种在自家的45亩田地里。3月份，田地里长出了玉米株，但植株矮小，茎较细，苞果也较小，商品果的合格率较低。陈某认为玉米种子有问题，要求经销店赔偿。但李某认为陈某种植技术差，才导致玉米生长率不高，不肯赔偿。

接到陈某投诉后，徐闻消委会立即联系农业部门技术人员，到陈某的玉米地进行勘查。勘查人员发现，玉米植株矮小，叶片早衰，果实秃顶严重，底面子粒发育不良，商品果合格率不足30%。消委会人员再检查陈某用剩的玉米种子，发现其包装没有按规定标示进口批号，所附贴的中文说明不规范，且经销商也未能提供该批玉米种子进口的相关资料，调查结论是玉米种子质量不合格。查明情况后，消委会召集购销双方进行协调，双方达成协议，经销商一次性赔偿陈某5.3万元。（摘自湛江日报2009624期社会福彩版）

评析：

本案中销售商李某销售的进口种子，没有按规定标示进口批号，所附贴的中文说明不规范，且经销商也未能提供该批玉米种子进口的相关资料，违反相关法律的规定，相关部门认定该种子为质量不合格的种子合法有效，李某为此必须做出赔偿。

相关法条：

《种子法》第四十一条规定，销售的种子应当符合国家或者行业标准，附有标签和使用说明。标签和使用说明标注的内容应当与销售的种子相符。种子生产经营者对标注内容的真实性和种子质量负责。标签应当标注种子类别、品种名称、品种审定或者登记编号、品种适宜种植区域及季节、生产经营者及注册地、质量指标、检疫证明编号、种子生产经营许可证编号和信息代码，以及国务院农业、林业主管部门规定的其他事项。销售授权品种种子的，应当标注品种权号。销售进口种子的，应当附有进口审批文号和中文标签。销售转基因植物品种种子的，必须用明显的文字标注，并应当提示使用时的安全控制措施。

种子生产经营者应当遵守有关法律、法规的规定，诚实守信，向种子使用者提供种子生产者信息、种子的主要性状、主要栽培措施、适应性等使用条件的说明、风险提示与有关咨询服务，不得作虚假或者引人误解的宣传。

《种子法》第四十六条规定，因种子的标签和使用说明标注的内容不真实，遭受损失的，种子使用者可以向出售种子的经营者要求赔偿，也可以向种子生产者或者其他经营者要求赔偿。赔偿额包括购种价款、可得利益损失和其他损失。属于种子生产者或者其他经营者责任的，出售种子的经营者赔偿后，有权向种子生产者或者其他经营者追偿；属于出售种子的经营者责任的，种子生产者或者其他经营者赔偿后，有权向出售种子的经营者追偿。

《种子法》第八十条规定，销售的种子没有使用说明或者标签内容不符合规定的，由县级以上人民政府农业、林业主管部门责令改正，处二千元以上二万元以下罚款。

案例10 劣种子案

案情：

2014年北京市种子执法人员对北京德大世纪科技有限公司进行调查，发现该公司在未取得种子经营许可证的情况下，在河南、内蒙古等地经营玉米种子。经抽样检测，该公司经营的“金山27”杂交玉米种子水分不合格，“辽禾6号”杂交玉米种子发芽率不合格。经查该公司经营劣质玉米种子，违法所得共计12760元。2014年3月，北京市种子管理站依法没收其违法所得并处以罚款，罚没款合计127600元。（农业部2014年10大种子案件）

评析：

本案中涉及的玉米杂交种种子“金山27”水分不合格，不符合国家标准；“辽禾6号”发芽率不合格，不符合国家标准，二者是《种子法》规定中劣种子。销售这样的种子，给种子使用者造成损失的，销售者应依法承担赔偿责任。

相关法条：

《种子法》第四十九条规定，禁止生产经营假、劣种子。农业、林业主管部门和有关部门依法打击生产经营假、劣种子的违法行为，保护农民合法权益，维护公平竞争的市场秩序。下列种子为劣种子：（一）质量低于国家规定的种用标准的；（二）质量低于标签标注指标的；（三）带有国家规定检疫对象的有害生物的。

《种子法》第七十六条规定，违反本法第四十九条规定，生产经营劣种子的，由县级以上人民政府农业、林业主管部门责令停止生产经营，没收违法所得和种子；违法生产经营的货值金额不足一万元的，并处五千元以上五万元以下罚款；货值金额一万元以上的，并处货值金额五倍以上十倍以下罚款；情节严重的，吊销种子生产经营许可证。

因生产经营劣种子犯罪被判处有期徒刑以上刑罚的，种子企业或者其他单位的法定代表人、直接负责的主管人员自刑罚执行完毕之日起五年内不得担任种子企业的法定代表人、高级管理人员。

案例11 假种子案

案情：

2006年11月28日，重庆市农业局接举报称，当事人四川某种业有限责任公司销往重庆境内的“成单19”和“科恩939”杂交玉米种子涉嫌为假种子。2006年12月25日，执法人员依照法定程序，对当事人销至重庆境内的“成单19”和“科恩939”杂交玉米种子抽样取证，样品送北京市农林科学院玉米研究中心进行真实性鉴定，经鉴定送检样品均与“潞玉13”之间没有差异，属于同一品种。之后，执法人员依法对当事人销往重庆境内的“成单19”和“科恩939”杂交玉米种子数量、下家及种子去向进行了调查核实，收集的证据表明：当事人四川某种业有限责任公司与重庆商人张某签订协议，约定张某在重庆境内总代理当事人的“成单19”杂交玉米种子，张某购进当事人种子后，于2006年11月16日至12月8日期间，先后批发给了重庆境内的璧山县、垫江县、丰都县等区县经销商，12月11日，当事人向张某发出了停止销售“成单19”杂交玉米种子的紧急通知，并主动招回销往重庆境内的该批种子共11313kg，未招回的1487kg，先后被重庆市有关区县农业、林业主管部门依法没收。当事人四川某种业有限责任公司与重庆种子商人杨某签订协议，约定杨某在重庆境内总代理当事人的“科恩939”杂交玉米种子，杨某购进当事人种子后，于2006年11月9日至20日期间，分别批发给了渝北区、江津区、梁平县等区县经销商，12月11日，当事人向杨某发出了停止销售“科恩939”杂交玉米种子紧急通知，主动招回销往重庆境内“科恩939”杂交玉米种子共11137kg，未招回的3823kg，先后被区县农业、林业主管部门依法没收。处罚机关认为，经营以此种品种种子冒充他种品种种子的行为，属经营假种子行为，系法律禁止行为。当事人在重庆境内销售“成单19”和“科恩939”杂交玉米种子的行为，违反了《种子法》第四十九条第一款的规定，并依《种子法》第七十五条的规定对其作出如下处罚决定：一、责令停止经营“成单19”和“科恩939”杂交玉米种子的行为；二、处罚款50000元。（重庆农业法制网）

评析：

该案是一件跨地区经营假种子案，其违法行为十分隐蔽，需要借助于现代高科技来进行鉴定。按照相关法律规定，经营以此种品种种子冒充他种品种种子的行为，属经营假种子行为，系法律禁止行为。当事人理应受到法律制裁。

相关法条：

《种子法》第四十九条规定，禁止生产经营假、劣种子。农业、林业主管部门和有关部门依法打击生产经营假、劣种子的违法行为，保护农民合法权益，维护公平竞争的市场秩序。下列种子为假种子：（一）以非种子冒充种子或者以此种品种种子冒充他种品种种子的；（二）种子种类、品种、产地与标签标注的内容不符的。

《种子法》第七十五条规定，违反本法第四十九条规定，生产经营假种子的，由县级以上人民政府农业、林业主管部门责令停止生产经营，没收违法所得和种子，吊销种子生产经营许可证；违法生产经营的货值金额不足一万元的，并处一万元以上十万元以下罚款；货值金额一万元以上的，并处货值金额十倍以上二十倍以下罚款。

因生产经营假种子犯罪被判处有期徒刑以上刑罚的，种子企业或者其他单位的法定代表人、直接负责的主管人员自刑罚执行完毕之日起五年内不得担任种子企业的法定代表人、高级管理人员。

案例12 引进新品种要学新技术——一起种子质量纠纷投诉案件的启示

案情：

2016年，南靖县山城镇坎仔村和岩前村陈志强等15名村民于今年元月间，先后向无证经销商黄某购买福州茄瓜种子4kg，每公斤价格600元，分别播种在近20亩瓜园里。孰料到3月中旬，瓜农们的茄瓜结出了畸形的瓜果，有的像手榴弹，有的像弯扁担，不仅产量低而且上市无人问津，损失2万多元。这15位农民认定黄某提供的是劣质瓜种，于4月中旬向南靖县12315消费者投诉台投诉，要求讨个说法，经县315投诉台和农技人员的调查取证和省种子专家鉴定，黄旺根销售的福州茄瓜种子是正牌的品种。但是这种高产型茄瓜需要较高的技术，种子经销者在销售时没有介绍说明种植管理知识，加上农民本身种植经验不足，引起茄瓜营养不良，长出的瓜条变型……。

评析：

这起茄瓜质量投诉案件给农民兄弟上了一课。农民要致富，科技必先行。在引进新品种的同时，必须要学习掌握农业科技知识，学会种植和管理技术，方能确保一分耕耘一分收获。这个案件也再次告诫农民朋友，种子的质量不仅是正牌与否，还包括每一种种子的种植方法的说明。因此，一定要到种子公司或有证照的种子经营店购买，才能保证种子质量。

案例13 虚假广告宣传包装与实物不符引起纠纷案

案情：

2015年2月10日，原告三人合伙承包内蒙古赤峰市翁牛特旗广德公镇井子村大庙村小组、黄谷屯村炒米房组、四分地村四分地组、兰巴地村大洼子村民的土地300亩，其中的77亩种植牛椒。原告从赤峰当地的种子推广人吕华处购买“金丹隆”牌（牛角椒）椒傲200袋。生产商为种子公司。该种子包装标明特征特性：牛角形，果长23～28cm，最长果可达35cm，果粗4.5cm左右。原告种植后，2015年7月，生长出来的果实并非牛角椒，更不具备上述特性。原告及时通过吕华与被告联系、交涉，被告却百般推诿。牛椒属季节性很强的农产品，原告立即向当地政府相关部门进行了反映，此事引起当地政府的高度重视，立即组织专家进行了鉴定，于2015年9月11日作出了鉴定结论，结论为，椒傲F1（牛角椒）的果形明显与包装上的说明不符，非羊角椒，更非牛角椒，造成损失在37万元左右。被告以假充真，销售假冒产品，是典型的卖假坑农行为，给农户造成严重损失。现诉至法院，要求判令被告王景远、被告种子公司连带赔偿三原告种子款6000元、土地承包费38500元、经济损失37万元。

评析：

2015年4月，三原告从吕华处以6000元价格购得椒傲F1（牛角椒）种子200袋用于种植。三原告种植后发现，生长出来的傲椒既非羊角椒，也非牛角椒。其后，三原告与吕华、王景远取得联系，协商善后事宜，但双方并未达成一致。三原告向当地政府反映后，当地政府主管部门对椒傲进行了鉴定。2015年9月11日，翁牛特旗农牧业局出具鉴定结论：（1）椒傲F1（牛角椒）的果形明显与包装上的说明不符，非羊角椒，更非牛角椒，产品商品性差，产品无市场。（2）椒傲F1（牛角椒）品种2008年在广德公镇种植77亩。（3）当地今年正常种植牛角椒的产值为4750元/亩，当事地块的总损失在37万元左右。翁牛特旗广德人民政府于2015年10月20日出具情况说明称，我镇兰巴地村大洼子组的村民陈国民通过多方联系，引进了山东临沂的种植大户，在我镇租地种植蔬菜（牛角椒），购进种子的包装是牛角椒，而种植出来的却非牛角椒，由于该村民没有此种椒的市场终端，至今未能将其售出，经济损失严重。

另查，本案涉诉椒傲种子系王景远从种子公司购得后出卖给吕华，吕华又将该种子出卖给三原告种植。

上述事实有下列证据证明：

（1）种子包装袋。

（2）购货发票。

(3) 汇款凭证。

(4) 情况说明。

(5) 鉴定结论。

(6) 照片。

相关法条：

《中华人民共和国种子法》、《中华人民共和国产品质量法》、《主要农作物种子质量现场鉴定办法》。

北京市丰台区人民法院依照《中华人民共和国产品质量法》第四十三条、第四十四条之规定，作出如下判决。

(1) 北京金丹隆种子有限公司、王景远、吕华于本判决生效后15日内连带赔偿陈国军、周厚广、赵学新经济损失37万元。

(2) 驳回陈国军、周厚广、赵学新其他诉讼请求。

案件受理费7518元，由北京金丹隆种子有限公司、王景远、吕华承担，本判决生效后7日内交纳。

案例14 知识产权（侵害技术秘密）纠纷经典案

案情：

新疆生产建设兵团农六师农业科学研究所研究培育的(8829)“新优六号”西瓜种子，于1995年11月21日取得了新疆维吾尔自治区农作物品种审定委员会颁发的品种审定合格证书。新疆生产建设兵团农六师种子公司在新疆建设兵团农六师农科所未公开制种方法亦未委托授权其繁殖该品种种子的情况下，以不正当的手段取得亲本并繁殖销售。原告认为被告侵权而起诉。被告辩称原告不享排他独占权。法院判决被告赔偿经济损失并决定没收被告非法生产的种子。

评析：

在审理新疆生产建设兵团农六师农业科学研究所诉种子公司侵权纠纷一案中，查明被告种子公司虽然在1999年取得了农作物种子（西瓜）生产许可证，但确未按《种子生产许可证》指定的作物种类生产种子，以不正当的手段取得(8829)“新优六号”西瓜种子的亲本，并违反《中华人民共和国种子管理条例农作物种子实施细则》的有关规定非法生产(8829)“新优六号”西瓜种子。依照《中华人民共和国种子管理条例农作物种子实施细则》第四十条、第七十三条之规定，决定如下：原告农科所研究培育的(8829)“新优六号”西瓜种子，于1995年11月21日取得了新疆维吾尔自治区农作物品种审定委员会颁发的品种审定合格证书，故原告农科所主张该品种的权属并无不当。被告种子公司在原告农科所未公开(8829)“新优六号”西瓜种子的制种方法亦未委托授权其繁殖该品种西瓜种子的情况下，以不正当的手段取得(8829)“新优六号”西瓜种子的亲本并繁殖销售，侵害了原告农科所的合法利益，应视为侵权行为。被告种子公司应按其销售种子的数量及所得利润赔偿原告农科所的损失。

相关法条：

《中华人民共和国种子法》、《中华人民共和国反不正当竞争法》、《中华人民共和国种子管理条例农作物种子实施细则》。

案例15 代销种子纠纷案

案情：

赵汉义从北京市丰台高立庄种子门市部购买某品种菜种有质量问题，经鉴定，该种子不具备本品种的特征特性，起诉。丰台高立庄种子门市部称是为北京市草桥种子站代销，赔偿应有北京市草桥种子站赔偿但未提供有力证据。

评析：

公民的合法权益应受法律保护。本案中赵汉义自高立庄门市部购买新一号白菜种子后，在种植过程中发现该种子有质量问题，遂委托农业部蔬菜种子质量监督检验测试中心鉴定，检验结论为该种子不具备新一号品种的特征，该检验报告具有法律效力，本院应予确认。故高立庄门市部应退还赵汉义购种子款，并应赔偿赵汉义合理的经济损失。关于高立庄门市部称其为草桥种子站代销种子，应由草桥种子站承担直接赔偿责任一节，因其未向法庭提交有力证据，本院不予采信及支持。

相关法条：

种子门市部从他人处购买种子后卖与甲。甲发现该种子有质量问题，其是否有权直接要求种子门市部承担赔偿责任？种子法第三十八条种子生产经营许可证的有效区域由发证机关在其管辖范围内确定。种子生产经营者在种子生产经营许可证载明的有效区域设立分支机构的，专门经营不再分装的包装种子的，或者受具有种子生产经营许可证的种子生产经营者以书面委托生产、代销其种子的，不需要办理种子生产经营许可证，但应当向当地农业、林业主管部门备案。第七十五条违反本法第四十九条规定，生产经营假种子的，由县级以上人民政府农业、林业主管部门责令停止生产经营，没收违法所得和种子，吊销种子生产经营许可证；违法生产经营的货值金额不足一万元的，并处一万元以上十万元以下罚款；货值金额一万元以上的，并处货值金额十倍以上二十倍以下罚款。因生产经营假种子犯罪被判处有期徒刑以上刑罚的，种子企业或者其他单位的法定代表人、直接负责的主管人员自刑罚执行完毕之日起五年内不得担任种子企业的法定代表人、高级管理人员。第七十六条违反本法第四十九条规定，生产经营劣种子的，由县级以上人民政府农业、林业主管部门责令停止生产经营，没收违法所得和种子；违法生产经营的货值金额不足一万元的，并处五千元以上五万元以下罚款；货值金额一万元以上的，并处货值金额五倍以上十倍以下罚款；情节严重的，吊销种子生产经营许可证。因生产经营劣种子犯罪被判处有期徒刑以上刑罚的，种子企业或者其他单位的法定代表人、直接负责的主管人员自刑罚执行完毕之日起五年内不得担任种子企业的法定代表人、高级管理人员。第八十条违反本法第三十八条由县级以上人民政府农业、林业主管部门责令改正，处二千元以上二万元以下罚款。

案例16　伪劣种子造成损失计算纠纷案

案情：

赵英威从北京市蓟门蔬菜种子公司购买荷兰豆160.5kg，播种43亩后，发现种子存在问题，提请权威部门鉴定，种子为劣种子，赵英起诉北京市蓟门蔬菜种子公司要求赔偿损失。关于赔偿额双方存在争议。

评析：

原告从被告处购买荷兰豆160.5kg。播种43亩后，发现有问题，提请有权部门鉴定，认定为伪劣种子。原告起诉，要求被告赔偿损失。一审法院认定赔偿数额为37万多元，被告不服而上诉，二审法院认定直接损失和可得利益损失共18万多元。如何判定农作物种子的优劣？伪劣种子造成的损害如何计算损失？

相关法条：

《中华人民共和国种子法》第七十六条。生产经营劣种子的，由县级以上人民政府农业、林业主管部门责令停止生产经营，没收违法所得和种子；违法生产经营的货值金额不足一万元的，并处五千元以上五万元以下罚款；货值金额一万元以上的，并处货值金额五倍以上十倍以下罚款；情节严重的，吊销种子生产经营许可证。

因生产经营劣种子犯罪被判处有期徒刑以上刑罚的，种子企业或者其他单位的法定代表人、直接负责的主管人员自刑罚执行完毕之日起五年内不得担任种子企业的法定代表人、高级管理人员。

参 考 文 献

[1] 刘振伟．中华人民共和国种子法导读．北京：中国法制出版社，2016.
[2] 中国法制出版社编．中华人民共和国种子法．北京：中国法制出版社，2015.
[3] 王法元，刘晓雪，徐辉．种子法规范理论与实务．北京：中国农业出版社，2014.
[4] 中国法制出版社编．中华人民共和国种子法．北京：中国法制出版社，2013.
[5] 郝建平，时侠清等．种子生产与经营管理．北京：中国农业出版社，2003.
[6] 向子钧．种子法300问．武汉：湖北科学技术出版社，2004.
[7] 胡晋．现代种子经营与管理．北京：中国农业出版社，2004.
[8] 姜轩彬，崔凯．国际农业标准化管理对国内农业经营的启示．安徽农业科学，2004，32（1）：179-180.
[9] 张则华．农业行政处罚程序规定．北京：中国广播电视出版社，2006.
[10] 周志魁．农作物种子经营指南．北京：中国农业出版社，农村读物出版社，2006.
[11] 蔡国友．种子销售技艺与实战．北京：化学工业出版社，2008.
[12] 颜启传．种子学．北京：中国农业出版社，2001.
[13] 杨晓涛．种子法与种子管理实务全书（第1、2、3卷）．哈尔滨：黑龙江人民出版社，2002.